城市轨道交通操作岗位系列培训教材

城市轨道交通车辆检修工

主　编　王建光
副主编　谢春华　吴安伟
主　审　张强锋

人民交通出版社股份有限公司
China Communications Press Co.,Ltd.

内容提要

本书为城市轨道交通操作岗位培训教材,全书分为基础知识篇和实务篇两篇,共17章。基础知识篇详细介绍了城市轨道交通车辆的十大系统中各设备的组成、作用、工作原理、运行方式和故障处理;实务篇介绍了车辆维护和日常检修流程。

本书可供城市轨道交通相关从业人员培训使用,亦可供职业院校城市轨道交通相关专业学生学习使用。

图书在版编目(CIP)数据

城市轨道交通车辆检修工 / 王建光主编. -- 北京:人民交通出版社股份有限公司,2017.8

城市轨道交通操作岗位系列培训教材

ISBN 978-7-114-14056-3

I.①城… II.①王… III.①城市铁路—铁路车辆—车辆检修—岗位培训—教材 IV.①U279.3

中国版本图书馆CIP数据核字(2017)第187439号

城市轨道交通操作岗位系列培训教材

书　　名:	城市轨道交通车辆检修工
著 作 者:	王建光
责任编辑:	吴燕伶
出版发行:	人民交通出版社股份有限公司
地　　址:	(100011)北京市朝阳区安定门外外馆斜街3号
网　　址:	http://www.ccpress.com.cn
销售电话:	(010) 59757973
总 经 销:	人民交通出版社股份有限公司发行部
经　　销:	各地新华书店
印　　刷:	北京市密东印刷有限公司
开　　本:	787×1092　1/16
印　　张:	17.75
插　　页:	10
字　　数:	369千
版　　次:	2017年8月　第1版
印　　次:	2017年8月　第1次印刷
书　　号:	ISBN 978-7-114-14056-3
定　　价:	51.00元

(有印刷、装订质量问题的图书由本公司负责调换)

PREFACE | 序

著述成书有三境：一曰立言传世，使命使然；二曰命运多舛，才情使然；三曰追名逐利，私欲使然。予携众编写此系列丛书，一不求"立言"传不朽，二不恣意弄才情，三不沽名钓私誉。唯一所求，以利工作。

郑州发展轨道交通八年有余，开通运营两条线46.6公里，各系统、设施设备运行均优于国家标准，服务优质，社会口碑良好。有此成效，技术、设备等外部客观条件固然重要，但是最核心、最关键的仍是人这一生产要素。然而，从全国轨道交通发展形势来看，未来五年人才"瓶颈"日益凸显。截至2016年年末，全国已有44个城市轨道交通建设规划获得批复，规划总里程7000多公里，这比先前50年的发展总和还多。"十三五"期间，城市轨道交通将处于飞跃发展时期，相关专业技术人才将面临"断崖"处境。社会人才储备、专业院校输出将无法满足几何级增长的轨道交通行业发展需求。

至2020年年末，郑州市轨道交通要运营10条以上线路，总里程突破300公里，人才需求规模达16000人之多。环视国内其他城市同期建设力度，不出此左右。振奋之余更是紧迫，紧迫之中夹杂些许担心。思忖良久，唯立足自身，"引智"和"造才"双管齐下，方可破解人才困局，得轨道交通发展始终，以出行之便、生活之利飨商都社会各界，助力国家中心城市和国际商都建设。

郑州市轨道交通通过校园招聘和订单班组建，自我培养各类专业技术人员逾3000人。订单班组建五年来，以高职高专院校的理论教学为辅，以参与轨道交通设计、建设和各专业各系统设备生产供应单位的专家实践教学为主，通过不断创新、总结、归纳，逐渐形成了成熟的培养体系和教学内容，所培养学生大都已成为郑州市轨道交通运营一线骨干力量。公司以生产实践经验为依托，充分发挥有关合作院校的师资力量，同时在设备制造商、安装商和设施设备维修维保商的技术支持下，编写了本套城市轨道交通操作岗位系列培训教材，希望以此建立起一套符合郑州市轨道交通运营实际且符合轨道交通行业发展水平的教材体系，为河南乃至全国轨道交通人才培养略尽绵薄之力。

教材编写过程中,得到了西南交通大学、大连交通大学、石家庄铁道大学、上海地铁维护保障有限公司、郑州铁路职业技术学院以及人民交通出版社股份有限公司的大力支持,在此一并表示感谢。

以羽扣钟,既有总结之意,也有求证之心,还请业内人士不吝赐教。

是为序。

张 洲

2016 年 10 月 21 日

FOREWORD 前言

随着社会的发展，城市化建设进程越来越快，现代城市交通问题成为各大城市重大难题，在寻求解决这一难题办法的过程中，人们的目光逐渐聚焦在城市轨道交通上。城市轨道交通的优势不言而喻，改善交通困局、节省土地、优化城市区域布局、促进国民经济和改善市民生活质量等。近年来，城市轨道交通建设在我国发展异常迅猛，各大城市都在如火如荼地建设。

车辆在整个城市轨道交通系统设备中占据着重要的地位，是城市轨道交通系统中最关键也是最复杂的设备，它是多专业综合性产品，涉及机械、电气、控制、材料、计算机等多领域，状态良好、数量充足的车辆是城市轨道交通运营的安全保障。为满足我国各大城市轨道交通蓬勃发展造成的车辆维护人才的需要，特组织编写本书，以满足各大院校培养城市轨道交通车辆维修相关人才的需要。

本书重点介绍了城市轨道交通车辆各系统专业的相关知识，简要介绍了车辆维修管理和车辆检修工的岗位安全，是按照理论结合实践的思路编写的，强调教材的全面性、系统性，突出各章节的独立性，既可供读者全面、系统地学习，又便于读者有针对性地查阅与选学。

本书由王建光担任主编，谢春华、吴安伟担任副主编，张强锋担任主审。其中第一篇的第一章和第五章由许大卫、李飞龙编写，第二章由王锡辉、王杭编写，第三章和第四章由程相勋、张亚彬编写，第六章由刘润田、杨玉凤编写，第七章和第八章由吴帅杰、刘腾飞编写，第九章由曹本星、陈思编写，第十章由孟磊、史磊编写，第十一章由高志良编写，第二篇由潘敏龙、仇艳松编写。张强锋来自西南交通大学，其余人员来自郑州市轨道交通有限公司。

本书编写过程中，得到西南交通大学、大连交通大学、石家庄铁道大学、上海地铁维护保障有限公司、郑州铁路职业技术学院以及人民交通出版社股份有限公司的大力支持，在此表示诚挚的感谢！

由于城市轨道交通车辆技术发展快、技术新，资料收集齐全较为困难，加之编写人员技术水平和实践经验的局限性，错误与不足之处在所难免，敬请广大使用单位和个人不吝赐教，提出宝贵意见。

编 者
2016 年 10 月

INTRODUCTION 学习指导

一、岗位职责

城市轨道交通车辆检修工主要从事城市轨道交通车辆的进段调试、操作检查、运行维护、故障处理、技术改造等工作,其岗位职责主要包括安全职责和工作职责。

(一)安全职责

(1)对本岗位的安全生产负直接责任。

(2)熟知本岗位工作环境,了解其作业场所和工作岗位存在的危险因素、防范措施及事故应急措施,确保自身安全。

(3)对公司安全生产工作提出建议,对工作中存在的安全问题提出批评、检举、控告;拒绝违章指挥和强令冒险作业。

(4)发现直接危及人身安全的紧急情况时,要停止作业或者在采取可能的应急措施后撤离作业场所。

(5)在作业过程中,严格遵守公司的安全生产规章制度和操作规程,服从管理,正确佩戴和使用劳动防护用品。

(6)接受安全生产教育和培训,掌握本职工作所需的安全生产知识,提高安全生产技能,增强事故预防和应急处理能力。

(7)检修作业前做好准备工作,全面落实检修作业的安全技术措施。

(8)严格执行检修工艺规程和检修标准,保质保量完成检修任务,坚持自检、互检、他检的安全互控制度,检修后应清理现场,做到工完场清。

(二)工作职责

(1)严格执行各项安全工作规程,牢固树立"安全第一"的思想,做好安全生产。

(2)落实执行公司的各项规章制度,做好电客车的进段调试、预防性检修、故障修复工作。

（3）熟练掌握车辆运用、检修、故障状态，协助专业技术人员对车辆故障技术攻关、改造等工作。

（4）积极参与车辆紧急演习，参加事故救援，协助完善救援控制程序及操作程序，并参与讨论救援过程中的经验教训。

（5）根据科室的安排，兼顾探伤检测和起重机械、电瓶车及叉车操作等特种作业。

（6）积极参加业务学习、培训，提高自身业务技能；根据要求，协助班组做好新到员工的传、帮、带工作。

（7）对上级部门下达的各种文件、通知应及时传达和学习，认真执行；积极参加科室的生产会议和安全学习。

（8）参与党、工、团组织的各项活动，搞好班组建设，做好班组宣传工作。

（9）及时完成领导交办的其他任务。

二 课程学习方法及重难点

车辆是城市轨道交通系统中最关键也是最复杂的设备，它是多专业综合性产品。本书基础知识篇主要介绍了城市轨道交通车辆十大系统中各设备的组成、作用、工作原理、运行方式及故障处理，这为实务篇的设备维修和岗位安全认知打下了一定的理论基础。实务篇主要介绍车辆检修工的一些日常生产检修，是基础知识篇在实际生产中的运用，学习完实务篇的内容后，再回头看基础知识篇的相关知识，就会对设备有更进一步的了解和认识。

本书基础知识篇的难点是掌握车辆各系统的工作原理和故障分析、处理；实务篇的难点是熟练掌握车辆的检修流程和日常作业的安全要点。这些内容需要反复学习，并与日常工作相结合，才能完全掌握。

三 岗位晋升路径

根据人员情况满足职级要求（包括工作年限、职称、学历、绩效考评）的人员按照一定比例定期进行晋级。员工晋升序列如下。

（一）技术类职级序列

由低到高依次为：技术员、助理工程师、工程师一、工程师二、工程师三、主管。

（二）操作类序列

由低到高依次为：初级工、中级工、高级工一、高级工二、技师一、技师二、高级技师。

CONTENTS 目录

第一篇 基础知识篇

第一章 概述 ………………………………………………… 2
  第一节 城市轨道交通的发展 …………………………… 2
  第二节 车辆的分类及基本组成 ………………………… 3
  第三节 车辆技术参数 …………………………………… 6

第二章 车体贯通道 ………………………………………… 12
  第一节 车体 ……………………………………………… 12
  第二节 内装 ……………………………………………… 19
  第三节 贯通道 …………………………………………… 23

第三章 转向架 ……………………………………………… 27
  第一节 转向架系统概述 ………………………………… 27
  第二节 转向架零部件及其重要功能 …………………… 35

第四章 车钩 ………………………………………………… 54
  第一节 车钩系统概述 …………………………………… 54
  第二节 车钩结构及其工作原理 ………………………… 58

第五章 车门系统 …………………………………………… 70
  第一节 客室侧门 ………………………………………… 70
  第二节 司机室侧门 ……………………………………… 89
  第三节 司机室通道门 …………………………………… 93

第六章 空调系统 …………………………………………… 94

第一节　车辆空调系统的基本功能和特点…………………94
第二节　车辆空调系统部件……………………………………98
第三节　制冷系统………………………………………………104
第四节　通风系统………………………………………………106
第五节　制暖系统………………………………………………108
第六节　控制系统………………………………………………108
第七节　空调系统常见故障处理………………………………110

第七章　空气制动系统……………………………………114

第一节　制动系统的发展和类型………………………………114
第二节　空气制动系统组成及控制原理………………………119
第三节　制动系统关键部件……………………………………123
第四节　防滑控制装置…………………………………………133

第八章　牵引系统…………………………………………140

第一节　牵引系统的发展及分类………………………………140
第二节　牵引系统的结构和工作原理…………………………144
第三节　牵引系统控制模式……………………………………161

第九章　辅助电源系统……………………………………164

第一节　辅助电源系统概述……………………………………164
第二节　辅助逆变器……………………………………………170
第三节　蓄电池…………………………………………………181

第十章　列车控制系统……………………………………186

第一节　控制系统概述…………………………………………186
第二节　列车低压控制电路……………………………………188
第三节　列车网络控制…………………………………………204

第十一章　乘客信息系统…………………………………223

第一节　PIS 概述………………………………………………223
第二节　设备介绍………………………………………………227
第三节　功能介绍………………………………………………231
第四节　典型故障处理…………………………………………238

第二篇 实务篇

- 第十二章　车辆维修流程 …………………………………… 242
- 第十三章　双日检作业流程 ………………………………… 248
- 第十四章　双周检作业流程 ………………………………… 250
- 第十五章　三月检作业流程 ………………………………… 253
- 第十六章　非自身动力转轨作业流程 ……………………… 256
- 第十七章　岗位安全 ………………………………………… 259

附录　城市轨道交通车辆检修工考核大纲 …………………… 269

参考文献 ………………………………………………………… 271

第一篇 基础知识篇

第一章　概述

> **岗位应知应会**
> 1. 了解城市轨道交通发展史,了解城市轨道交通车辆组成。
> 2. 了解城市轨道交通的由来以及组成结构。
>
> **重难点**
> 容易混淆车辆的类别及技术参数种类。

第一节　城市轨道交通的发展

在古代,人们在生产、生活过程中就开始使用原始的轨道,它的出现远远早于火车。在公元前 6 世纪,希腊就有一条横穿科林斯地峡的 6km 长的"滑道"(Diolkos)(图 1-1),用于运送船只。这条轨道用石灰石刻成,载运船只的车辆由奴隶拉着,沿着轨道行走。轨道相对平滑的接触面能够有效减小摩擦力,提升运输效率。

图 1-1　"滑道"Diolkos

1801 年首辆蒸汽汽车在英国问世,此时橡胶充气轮胎尚未出现,考虑到重型车辆对道路的可能性破坏,英国法律规定蒸汽汽车只能在专用轨道上行走。这项规定促成了城市轨道交通的出现。

1803 年英国工程师里查德·特里维西克制成第一台铁路蒸汽机车。煤矿工人的儿子斯蒂芬孙在 1812 年的博览会上看到了这台机车,便开始相关研究,成为了后来的"铁路之父"。1825 年 9 月 27 日英国的 Darlinton-Stockton(达林顿—斯托克顿)铁路开通,全长 32km,开创了铁路的先河。世界上第一列火车由斯蒂芬孙亲自驾驶,蒸汽机车牵引 32 节货车（其中 22 节装有座位）、1 节客车,载重 90t,载客 450 人,最高速度 24 km/h,旅行速度 7km/h,从伊库拉因车站到达林顿,行驶了 1h5min。斯蒂芬孙火车的问世,标志着"铁路时代"的到来,它的出现极大地推动了世界经济的发展。

世界上首条地铁是在 1863 年开通的伦敦大都会铁路（Metropolitan Railway）。当时电力尚未普及,地铁仍使用蒸汽机车,因而隧道每隔一段距离便设有与地面相通的通风槽,用于排放蒸汽机车排放出的有害废气。到了 1870 年,伦敦开通了第一条用于客运的钻挖式地铁,在伦敦塔附近穿过泰晤士河的伦敦塔地铁（Tower Subway）。但这条线路在数月后便因新通车的伦敦塔桥分担了大部分的客运量而被关闭。现存最早的钻挖式地铁则在 1890 年开通,也位于伦敦,连接市中心与南部地区。

20 世纪七八十年代是世界各国地铁的建设高峰。发达国家的主要城市,如纽约、华盛顿、芝加哥、伦敦、巴黎、柏林、东京、莫斯科等已基本完成了地铁网络的建设,而后起的中等发达国家和地区,特别是发展中国家的地铁建设相对滞后。

由于经济实力和技术水平的限制,我国的城市轨道交通建设起步较晚。北京是我国第一个建设城市轨道交通的城市,第一条线路始建于 1965 年 7 月 1 日,历经四年三个月建成通车。2000 年时,全国仅有北京、天津、上海、广州四个城市拥有城市轨道交通线路。近年来,随着社会经济的快速发展,居民对快速便捷的交通出行方式的需求越来越强烈,我国的城市轨道交通发展也进入了一个全新的时期。

自 2007 年起,国内各大城市纷纷制定城市轨道交通建设规划——第一批城市有 15 个（北京、上海、广州、青岛、深圳、南京、重庆、武汉、杭州、成都、苏州、西安、哈尔滨、大连、长春）;第二批有 10 个（宁波、无锡、长沙、郑州、福州、昆明、南昌、东莞、沈阳、厦门）,其中绝大部分城市都已获得国家主管部门的批准。截至 2016 年年底,全国已有共 30 个城市开通运营城市轨道交通,共计 133 条线路,运营线路总长度达 4152.8 公里。其中,地铁 3168.7 公里,占 76.3%;其他制式城市轨道交通运营线路长度 984.1 公里,占 23.7%。随着线路的不断建设,轨道交通系统已成为城市公共交通的骨干。

第二节 车辆的分类及基本组成

一、车辆分类

车辆是城市轨道交通系统的重要组成部分,也是技术含量较高的机电设备。城市轨道交通车辆具有载客能力强、动力性能好、可靠性高和节能环保的特点。

按车辆牵引动力配置,城市轨道交通车辆有动车（Motor,M）和拖车（Trailer,T）两种形式。动车本身带有动力牵引装置,拖车本身无动力牵引装置。动车又分为带有受电弓的动车和不带受电弓的动车。拖车通常设置有司机室,也可带受电弓。

按车体宽度和驱动方式,城市轨道交通车辆有 A（3m）、B（2.8m）、C（2.6m）、D、L 以及单轨六种车型。A、B、C 为不同车体宽度的钢轮钢轨系列车型；D 为低地板车型；单轨型为胶轮系列车型。以上五种均为黏着牵引系统车型。L 型为直线电机系列,是非黏着牵引系统车型。

城市轨道交通车辆一般采用动拖结合、固定编组的形式。6 节编组的列车常见的编组形式为 4 动 2 拖,首车和尾车为带有司机室的拖车,中间 4 节车为动车。

二、车辆编号

城市轨道交通车辆具有如下通用编号规则。

（一）车辆端部

为了对车门进行编号,每辆车的 1 位端和 2 位端的规定如下：
站于任意车厢,面朝直线距离最近的司机室,面前为 1 位端,背后为 2 位端。

（二）车辆侧部

当从车辆的 2 位端向 1 位端看去时,观察者的右侧定义为车辆的右侧,另一侧定义为左侧。

（三）列车侧部

面朝着驾驶方向,观察者的右侧即为列车的右侧,则运行时工作司机室内司机的左侧为整列车(6 节车)的左侧。更换工作司机室时,两侧颠倒。

（四）转向架和轴编号

每辆车的转向架都分为转向架 1 和转向架 2。
转向架 1 在车辆的 1 位端,转向架 2 在车辆的 2 位端。
轴从 1 位端最前端到 2 位端最末端,以 1～4 依次连续编号。

（五）空调单元编号

每辆车的车顶安装两个空调单元（A/C 单元）。位于 1 位端的空调单元称作空调单元 1,位于 2 位端的空调单元称作空调单元 2。

（六）座椅

每辆车都有 6 个长座椅纵向排列在车辆的侧部。这些座椅的编号是从 1 到 6,左侧是奇数字,右侧是偶数字。座椅1和座椅2离1位端最近,座椅5和座椅6离2位端最近。

(七)车门编号

车门是根据其两个门页的编号进行标识的。

沿着每辆车的左侧,门页用从1～15之间的奇数进行连续编号。

沿着每辆车的右侧,门页用从2～16之间的偶数进行连续编号。

左侧1/3号门,右侧2/4号门是最靠近1位端的车门。

三、车辆组成

城市轨道交通车辆一般由以下部分组成。

(一)车体

车体是容纳乘客和供司机驾驶(对于有司机室的车辆)的地方,又是安装与连接其他设备和部件的基础。其一般由底架、端墙、侧墙及车顶等组成。车体最初由普通碳素钢制造。为了减少腐蚀,提高使用寿命,随后耐候钢制造的车体得到广泛应用。为实现车体的轻量化,现代城市轨道交通车辆多用不锈钢、铝合金制造。车体个别部位也可采用有机合成材料制造。车体要有隔声、隔热、减振、防火以及在事故状态下尽可能保证乘客安全的逃生门等设施。

(二)动力转向架和非动力转向架

动力转向架和非动力转向架装置位于车体和轨道之间,用来牵引和引导车辆沿着轨道行驶,承受与传递来自车体及线路的各种载荷并缓冲其动力作用,是保证车辆运行品质的关键部件。转向架一般由构架、弹簧悬挂装置、轮对轴箱装置和制动装置等组成,其结构及各部件参数是否合理,直接影响车辆的运行品质、动力性能和行车安全。

(三)牵引缓冲装置

牵引缓冲连接装置包括车钩缓冲装置和贯通道装置。车钩是连接车辆使其编组成列车,并传递纵向力的装置,车钩后部装有缓冲装置,能够缓和车辆之间的纵向冲击。贯通道装置是车辆之间的客室连接通道。为便于相邻车辆间乘客的流动,调节客室的疏密,现代车辆之间都采用全贯通式,设有风挡及渡板。

(四)车门

车门是乘客上下车的通道。城市轨道交通作为城市公共交通,具有客流量大、乘客上下频繁的特点。城市轨道交通车辆通常在车体两侧安装有大量均匀分布的车门,以方便客流交换。车门具备障碍物检测功能,能够在夹住乘客或物品后及时打开,避免造成事故。

（五）空调系统

空调系统的作用是调控客室温度，为乘客提供舒适的乘车环境。空调装置通常安装在车顶，具备制冷和制热功能。

（六）制动装置

制动装置是保证列车安全运行所必不可少的装置。城市轨道交通车辆制动装置除常规的空气制动装置外，还有再生制动、电阻制动和磁轨制动等方式。

（七）牵引传动系统

牵引传动系统是列车运行的动力来源，根据采用的驱动电机不同，牵引传动系统可分为采用直流牵引电动机的直流传动系统和采用交流牵引电动机的交流传动系统。

（八）辅助系统

辅助系统的"辅助"是相对于牵引系统而言，辅助系统分为两大块：辅助供电系统和列车附属设备。辅助供电包括辅助逆变器和蓄电池两部分，为列车提供除了牵引和电制动之外的供电电源；列车附属设备包括低压分配箱、照明系统、火灾报警系统、刮水器与电笛等。

（九）控制系统

控制系统包括低压控制电路和网络总线控制两个部分。城市轨道交通车辆的控制电路电源以 DC 110V 为主，因此也称为 DC 110V 控制。

（十）乘客信息系统

乘客信息系统是一种依托多媒体网络技术，以为乘客服务为目的，为乘客提供以运营信息为主、商业广告为辅的多媒体综合信息系统。

第三节　车辆技术参数

一、车辆限界

（一）限界的定义

限界是限定车辆运行及轨道周围构筑物超越的轮廓线。限界分车辆限界、设备限界和建筑限界三种，是工程建设、管线和设备安装位置等必须遵守的依据。规定限界的目的，主要是防止车辆在直线或曲线上运行时与各种建筑物及设备发生接触，以保证车辆安全通行。

车辆限界就是一个限制车辆横断面最大允许尺寸的轮廓图形。无论空车还是重车，在直线地段运行时，所有突出和悬挂部分都应容纳在限界之内，因此车辆限界是车辆在正常运行状态下形成的最大动态包络线。车辆限界是根据车辆外轮廓尺寸和主要技术参数，并考虑车辆在平直线路上、正常运行状态下静态运动包络线和动态情况下横向和竖向偏移量及偏转角度，按可能产生最不利情况进行组合计算确定的。

建筑限界和设备限界是建筑物或设备距轨道中心和轨面所允许的最小尺寸所形成的轮廓。

（二）车辆限界的分类

车辆限界分为三种，即车辆制造轮廓线、车辆静态限界及车辆动态包络线。

（1）车辆制造轮廓线。该轮廓线是车辆设计制造出来的基本轮廓线，它包括车辆制造公差、弹簧悬挂系统的特性及规定的最大磨耗值等。

（2）车辆静态限界。静态限界是指已经造好的、新的、空载的、停在平直轨道上的车辆截面的投影轮廓，是由设计截面加上制造和安装误差而来的，即加上悬挂误差、挠度、高度与宽度误差、不对称的角度等。车辆静态限界比车辆轮廓线大。

（3）车辆动态包络线。动态包络线就是通常所说的动态限界，是以线路为基础的车辆基准轮廓线在车辆运行过程中的最外点，按车轮在线路上运行时车辆个别部件最不利的位置来考虑。

车辆动态包络线限界是在车辆静态限界基础上，考虑了车辆在运动中对各种最恶劣的不利因素论证、计算出来的，无法在车辆上直接测量。在车辆检修中，通过保证车辆静态限界来保证车辆动态包络线限界。只要车辆各尺寸不超过该静态限界，就能保证车辆在运动中不会超出车辆的动态包络线限界。

（三）影响车辆限界的因素

（1）车辆的主要尺寸，包括车辆长度、最大宽度和高度、车辆定距、固定轴距、地板面高度和受流器安装尺寸等。

（2）车辆制造公差、车辆因磨耗及弹簧变形等产生的静态偏移量。

（3）车辆在名义载荷作用下弹簧受压缩引起的车辆下沉，以及弹簧由于性能上的误差可能引起的超量偏移或倾斜。

（4）轮轨间隙和车辆自身各部分存在的横向间隙造成车辆与线路间可能形成的偏移。

（5）车辆在走行过程中因运动中的力的作用而造成车辆相对线路的偏移。它包括曲线区段运行时实际速度与线路超高所要求的运行速度并不一致而引起的车体倾斜，以及车辆在振动中产生的左右、上下各个方向的位移。

（6）线路在列车反复作用下可能产生的变形，如轨道不平顺等。

（7）线路构造与车辆运行速度。

二、车辆动力

车辆在运动过程中受到各种外力的作用会影响它的运行效果。如果把所有作用在车辆上外力的合力用 G 表示，根据力学原理：当 $G>0$ 时，车辆加速运行；当 $G=0$ 时，车辆静止或匀速运行；当 $G<0$ 时，车辆减速运行。

作用在列车上的诸多外力按其性质可分为 3 类：

（1）牵引力——使列车运行的动力；

（2）阻力——列车运行中受到的与运行方向相反的不可控力；

（3）制动力——与列车运行方向相反并使列车减速或停止的可控力。

这 3 个力作用于列车，并影响列车运行。一般情况下，这 3 个力不是同时存在的：在牵引工况下，牵引力、阻力同时存在；在惰性工况下，仅阻力存在；在制动工况下，制动力、阻力同时存在。

（一）牵引力 F_k

牵引力由两个因素决定，一是牵引装置传给轮对的转矩，它与牵引电机的牵引输出特性有关；二是动轮与钢轨的相互作用，主要是轮轨间的黏着系数以及动轮的载荷。当牵引转矩一定时，轮轨间的黏着就成为产生牵引力的决定因素，牵引力不能大于轮轨黏着力，否则动轮就会空转，列车不能前进，并造成轮对踏面和钢轨面擦伤。

图 1-2 牵引力的形成

牵引力的形成如图 1-2 所示，牵引电机的转矩通过转轴和传动装置（联轴节、齿轮箱），最后使车辆动轮获得转矩 M。车轮产生作用于钢轨的力 F，钢轨反作用于车轮的力 F_k 使列车发生平移运动。这种由钢轨沿列车运动方向加于动轮轮周上的切向外力 $\sum F_k$ 就是列车的轮周牵引力，简称列车牵引力。其作用过程如下：

牵引电机→联轴节→齿轮箱→车轮对钢轨的作用力 F →钢轨对车轮的反作用力 F_k →列车获得速度 v

（二）黏着系数

力 F 增大，反作用力 F_k 同样会随之增大。动轮与钢轨上的接触点没有相对滑动，即相对速度为 0 时，车轮与钢轨间的黏着力为：

$$F_N = \varphi G$$

式中：F_N——由轮轨间的黏着条件决定的黏着力；

φ——轮轨间黏着系数；

G——动轮载荷。

因轮轨间无相对滑动，车轮正常向前滚动。当 F 增大超过黏着力的极限值 $F_{N_{max}}$ 时，轮轨间的黏着被破坏，动轮因无足够的水平支撑力，会在钢轨上滑动，发生空转。这时钢轨对车轮的反作用力 F_k（牵引力）会由静摩擦力变为动摩擦力而急剧下降。随着轮轨间相对滑动速度的增加，动摩擦系数越来越小，黏着力的下降会更为严重，车轮会加速空转。

车轮空转易造成传动装置和走行部的损坏，并使钢轨与车轮接触面擦伤，在运行中必须尽量避免。列车牵引力最大值在任何时候都不得超过车辆各动轮与钢轨间黏着力最大值的总和。

黏着系数 φ 是一个由多种因素决定的变量，会在一定的范围内变化。当车轮在钢轨上滚动时，最大值 φ_{max} 接近静摩擦系数。φ_{max} 与轮荷重、线路刚度、传动装置及走行部结构、车轮与钢轨的材质及表面状态、车速等各因素有关。通常，钢轨的 φ_{max} 在 0.3～0.5 间变化，如果轨面有水，φ 就会下降；如果有油膜，φ 会急剧下降。影响 φ_{max} 变化的因素很多，所以很难准确计算，一般城市轨道交通车辆计算用的牵引黏着系数取 0.16～0.18，计算用的制动黏着系数取 0.14～0.16。提高黏着系数的措施有：减少轴重转移，减少簧下质量，轮对在构架内的定位刚度不能过大，牵引电动机无极控制，安装车轮踏面摩擦调整装置等。

（三）阻力

阻力是列车运行中与其运动方向相反的外力，根据阻力引起的原因，可把阻力分为基本阻力和附加阻力。列车阻力随所处环境的不同而变化，也与车辆结构设计、保养质量有关。影响阻力的因素复杂，变化也很大，难以准确计算。

（1）基本阻力。基本阻力是指列车在运动中始终存在的阻力。列车在平直线上运动时一般只有基本阻力。产生基本阻力的主要因素如下：

①滚动轴承及车辆各摩擦处之间的摩擦；

②车轮与钢轨间的滚动摩擦和滑动摩擦；

③冲击和振动引起的阻力；

④空气阻力。

产生基本阻力的诸因素对列车阻力的影响程度与运行速度有关。低速时，轴承、轮轨等摩擦的影响大，空气阻力影响小；高速时，空气阻力占主导地位，而摩擦的影响就不大。

对于城市轨道交通车辆而言，车辆主要在隧道中运行，由于车辆与隧道的横截面之比很小，在车辆与隧道的间隙中存在着强力的气流摩擦和车辆前后的空气压力差，使空气阻力成为车辆的主要运行阻力。列车运行速度越高，基本阻力越大。

（2）附加阻力。附加阻力是指列车运行在特定情况下（上坡、曲线行驶、起动）出现的阻力。

（3）坡道阻力 W_i。列车上坡时由列车重力产生的沿坡道斜面的分力称为坡道阻力。

（4）曲线阻力。曲线阻力是列车通过曲线区段时增加的阻力。引起曲线阻力的原因有：轮对与钢轨的横向及纵向滑动；轮缘与外轨头内侧的摩擦；圆柱滚子轴承的轴端摩擦；中心销及中心销座因转向架的回转而发生的摩擦。

曲线阻力的大小与许多因素有关,例如曲线半径、运行速度、外轨超高、车重、轴距、踏面的磨耗程度等。

(5)起动阻力。列车从静止状态起动时需克服的静摩擦力。

(四)制动力

制动性能很大程度上限制了车辆的载重和列车的运行速度。由于城市轨道交通车辆运行的速度不高,基础制动一般采用空气制动,空气制动也称为摩擦制动。在一定的闸瓦压力下,制动力的大小决定于闸瓦与车轮间的摩擦系数 μ 值。其中 μ 与闸瓦材质、列车速度、闸瓦压力、闸瓦温度、列车状态有关。增大制动力可缩短制动距离,提高行车的安全性,但制动力也和实现牵引力一样,必须遵守黏着定律,不能无限制地增大制动力。当制动力大于轮轨间的黏着力时,会发生轮轨间的滑行。列车一旦滑行,首先是使制动力下降,其次是会发生轮对踏面及轨面的擦伤。

为了保证正常制动,制动力必须不超过黏着力。

三、车辆动力学性能

车辆动力学研究的是车辆的运动规律,通过分析车辆和线路之间的相互作用,研究车辆在各种速度运行条件下的振动规律及其动作用力与阻力的影响,保证列车运行安全和乘坐舒适度。具体内容是研究车辆及其主要零件在各种运用情况下,特别是高速运行时的位移、加速度和由此产生的动作用力,借以解决下列主要问题:

(1)确定车辆在线路上安全和平稳运行的条件;

(2)研究车辆走行悬架装置和牵引缓冲装置的结构、参数和性能对振动及动载荷传递的影响,以提供设计或改进车辆有关装置的依据,研究和寻找合理的结构形式并优选关键参数。

车辆的动力学性能主要有运行平稳性、运行安全性、曲线通过性能等。

(一)车辆运行平稳性

车辆运行平稳性主要受车辆的垂向振动和横向振动影响。引起车辆振动的原因很多,如实际轨道不可能是绝对的平直和刚性的,轨道上存在各种各样的不平顺,实际的车轮也不是理想的几何圆形,因此车辆在轨道上运行时,轮轨之间会不断出现轮轨作用力,这些力会激起车辆振动,导致运行平稳性差。

评价车辆平稳性,一般参考标准《铁道车辆动力学性能评定和试验鉴定规范》(GB 5599—1985)。

(二)车辆运行安全性

车辆运行安全性只有在轮轨处于正常接触状态时才能得到保证。当轮轨分离,造成脱轨事故,则称为车辆失去安全性。

1. 脱轨原因

影响车辆脱轨的因素很多,如列车碰撞、线路和车辆最不利条件的组合以及车辆或线路的故障等,都可能引起脱轨。通常,车辆脱轨不是由单一因素造成的,而是由多种因素的不利组合造成的。综合起来,脱轨与以下因素有关:

(1)线路状态;

(2)车辆结构和参数;

(3)运行条件。

2. 防止脱轨的安全措施

为了提高车辆运行安全性,防止脱轨事故发生,就要合理地设计车辆,尤其是要合理地选择转向架的结构和参数,切实保证转向架的制造与维修质量,使其在各种不利条件组合的情况下减小轮缘侧向力和轮重减载量。例如,适当地增加轴箱弹簧的静挠度,使转向架运行于扭曲线路时不至于产生过大的轮重减载;在空气弹簧悬挂系统中安装压差控制阀。压差控制阀可控制左右侧空气弹簧压差,避免产生过大的轮重减载。

(三)车辆曲线通过性能

车辆通过曲线是依靠轮缘引导的。车辆通过曲线时会产生横向相互作用力,轴重越大,轴距越长,曲线通过能力越低。横向力越大,钢轨应力加大,轮轨磨耗越大,轨距胀宽,严重时可使车辆脱轨。车辆通过曲线时,特别是当 $R \leqslant 600\mathrm{m}$ 时,轮轨磨耗严重,走行数万公里轮缘就会磨耗到限值,钢轨 2~3 年必须更换。

第二章　车体贯通道

> **岗位应知应会**
>
> 1. 了解车体、内装及贯通道的功能。
> 2. 熟悉车体、贯通道的基本机构。
>
> **重难点**
>
> 精通车体模块化划分、内装部件种类、贯通道部件组成。

城市轨道交通车辆的车体,按照采用材质的不同,一般可分为普通碳素钢车体、高耐候结构钢车体、不锈钢车体和铝合金车体,按照承载方式的不同,可以分为底架承载、侧墙承载和整体承载 3 种形式。目前采用大型中空铝合金型材组焊而成的车体成为主流,其结构为整体承载的薄壁筒型结构,车体形式为鼓形车体,具有重量轻、承载量大、外形美观等优点。

车体分为 Tc 车、Mp 车、M 车 3 种车型,其中 Tc 车为带有司机室的拖车,Mp 车为带受电弓的动车,M 车为不带受电弓的动车。车体是车辆的主体结构,是安装与连接其他设备和部件的基础。在两节车之间,采用贯通道连接,使乘客能在整列车中自由移动。

第一节　车　体

一、车体的基本介绍

(一)铝合金车体的发展史

目前,世界各国的城市轨道交通车辆车体材料基本采用铝合金、不锈钢和耐候钢 3 种。前期的车体基本以普通碳钢为主,现在则以铝合金及不锈钢为主。1896 年,法国首先将铝合金用于铁道车辆客车的窗框。1905 年英国铁路电气化时,利物浦市内的一段高架线路电动车的外墙板和内部装饰采用了铝合金。1923～1932 年,美国有近 700 辆电动车及客车的外墙板和车顶等采用了铝合金。1952 年伦敦地铁、1954 年加拿大多伦多地铁的车辆均采用了铝合金。20 世纪 60 年代以后,德国科隆、波恩铁路的市郊电动车以及该国的客车也相继实现了铝合金化。1962年，日本从联邦德国引进了铝合金新技术，在山阳电铁首先采用了铝合金车。

1959年，原四方机车车辆厂曾以钢和铝为基材设计生产了一列8个品种的铆接和焊接混合结构的低重心轻快车辆。该车重量轻、重心低，是我国最早将铝合金用于车体上的轻量化车体结构，是车体轻量化的一次成功尝试，在当时已接近世界先进水平。

（二）纯铝合金车体的四种结构形式

（1）车体由铝板和实心型材制成，铝板和型材通过铝制铆钉、连续焊接和金属惰性气体点焊进行连接。这种形式与钢制车辆相比，只在板条与加圆骨架之间的连接方法上有所不同。

（2）使车体的生产方法与电阻焊的可能性相结合。所采用的车体结构是板条骨架结构，作为连接方法应用了气体保护下的熔焊。

（3）整体结构在车体结构中得到了应用。其板皮和纵向加固件构成了高强度大型开口型材的组成部分。

（4）车体结构由于采用空心截面的大型型材而变得更加简单。大型型材平行放置，总是在车体的全部长度上延伸，它们通过自动连续焊接互相连接。这种车体结构以多种截面的型材为基础。上述型材利用铝合金极好的机械性能，可最大限度地减少构件的多样性和数量。

除了上述纯铝合金车体外，还有钢底架的混合结构铝合金车体。这种车体侧墙与底架的连接基本都采用铆接或螺栓连接的方式。其作用有两个：一是可避免热胀冷缩带来的问题；二是取消了成本很高的车体校正工序。

采用铝合金材料可最大限度地减轻车体自重，从而带来诸多优点：提高车辆的加速度，降低运能消耗，牵引及制动能耗低，减轻了对线路的磨耗及冲击，扩大了输送能力。此外，铝合金车体还有以下特点：耐腐蚀性好（但在有湿气的潮湿地方便容易腐蚀，所以应特别注意排水和密封）；外墙板如不涂漆，不仅节能，还节省涂装费，而且不需设置油漆场地，可以缩短制造周期，并延长检修周期；可以采用长大宽幅挤压型材，与一般钢结构相比，人工费节省约40%，车辆重量减少30%。

（三）车体铝合金材料的特性

城市轨道交通车辆多为焊接结构，且在大气条件下工作，因此要求铝合金材料不仅应具有适当的强度和刚度，而且要求有良好的焊接性能，特别是焊缝性能要接近母材性能水平。如果采用热处理可强化形变铝合金系列，最好在焊后的自然时效状态即能达到固溶处理加人工时效状态的性能水平。此外，还要求材料的抗腐能力和抗应力腐蚀能力强、应力集中敏感性低、焊接接头处的抗脆断能力和抗疲劳能力高。

我国目前的铝合金系列大致有：

（1）Al-Mg系合金（5000系）：它是我国铝合金牌号中的防锈铝，具有良好的抗蚀性和焊接性能，属不可热处理强化合金，强度中等而塑性较高。

（2）Al-Mg-Si-Cu 系合金（6000 系）：它是我国铝合金牌号中的锻铝合金，可热处理强化，居中强合金，有极好的压力加工成型性，焊接性能和抗腐蚀性能也很好，无应力腐蚀倾向。

（3）Al-Zn-Mg 系合金（7000 系）：它是我国铝合金牌号中的超硬铝合金，属中强（高强）可焊合金。它是在 Al-Zn-Mg-Cu 系合金的基础上取消 Cu 而改善焊接性能，故焊接裂纹倾向性少，焊后不必经特殊的热处理，仅靠自然时效即可将焊后强度恢复到母材水平。合金中加入少量 Mn、Cr、Ti、Zr 等元素可减少裂纹倾向，细化晶粒，改善焊接性。该合金的缺点是应力腐蚀敏感性较大，Zn+Mg 含量越高，抗腐蚀性越差，因此规定 Zn+Mg ≤ 7.5%。

目前郑州城市轨道交通 1 号线、2 号线车体板材主要采用 Al-Mg 系合金（5000 系），边梁、顶盖、端墙立柱等型材主要采用 Al-Mg-Si-Cu 系合金（6000 系）。

（四）大型挤压型材铝合金车体的特点

铝合金的相对密度只相当于钢的三分之一，弹性模量也只有钢的三分之一。材料的刚度与弹性模量有关，也与材料的长细比有关。当长细比在 20 以内，材料的弹性模量对刚度不起作用；长细比超过 88，材料的弯曲应力仅是弹性模量的函数。因此，为了实现减重的目的，铝合金车体在实际设计中，不应采用钢质车体的设计形式，而应该充分利用新型铝合金的性能特点，采用大型中空挤压型材。

采用长大挤压型材使大多数焊缝接头位于长度方向上，因此可以集中焊接；与板梁结构相比较，其变形大量减少，并且机械化程度高，大大减少了人工，提高了劳动效率。

整体结构的铝合金车体有着非常好的耐冲击性能，因为其工作断面面积增大 2～3 倍，而零件的长细比也明显地减小。

车体两侧墙设置有多个门窗。由于侧墙门窗较多并且开口较大，侧墙采用大型开口弯曲型材对焊的结构。门与窗、窗与窗之间及门口周围采用大型开口弯曲型材。

门口及窗口采取补强措施。采用此种形式可以避免板、梁焊接结构引起的墙板变形。此种结构是为了提供车体刚度。

端墙完全采用板、梁焊接结构，四角立柱及端顶弯梁采用弯曲型材，端顶横梁采用矩形铝合金型材，外端板选厚 5 mm 的铝合金板，并考虑大小风挡结构的需要。

底架拟分边梁一种、中间 3 种，共 4 种宽幅挤压型材。缓冲梁规格一种两块。

底架各梁设置了座椅安装滑槽、侧门滑槽及底架吊挂滑槽。滑槽为 T 形。底架与转向架的连接件、车钩安装座使用铝合金锻件。锻件与底架型材开坡口焊接。

车顶边梁拟采用大型挤压型材，中间部分采用 3 种开口铝合金宽幅挤压型材，上边梁车顶与侧墙共用，并考虑边梁自带雨檐。组焊时，边梁带在侧墙上，并有矩形横梁将两边梁连接，保证车顶有足够的刚度。车顶开口型材在总装时，组焊即可。

根据以上所列型材的材质及规格，还要对车体结构的载荷及评定标准进行研究。就铝型材而言，只要长度不超过 18m，国内供应已不成问题，且国家发改委已就 26.5m 长型材生产线的改造立了项。所以，现在做好长大型材准备工作，还是有必要的。

(五)混合结构的铝合金车体

由于通长宽幅铝合金挤压型材在设计结构、工艺制造上具有无可比拟的优点,从而成为车体轻量化首选的结构形式。目前西南铝加工厂可以制造大型挤压型材,但规格应在18000mm×700mm×100mm×3.5mm以内。因此,如果目前生产长大挤压型材焊接的城市轨道交通车辆,则其长度不宜大于18m。

由于目前我国无法制造超过23m的挤压型材,所以可将底架制成钢底架。底架与侧墙及端墙的连接采用铆接或螺栓连接的方式,且连接处采取防腐蚀措施,以保证车体具有30年的寿命。

二、城市轨道交通车辆车体的组成与特点

(一)车体的功能

车体是城市轨道交通车辆的一个重要组成部分,是车辆结构的主体,是容纳乘客和供司机驾驶(对有司机室的车辆)的处所,也是安装其他设备和部件的基础。

车体的主要功能是运载旅客,承载和传递载荷,安装传动机构、电气设备及其他设施。为保障旅客乘车的安全舒适,车体还要安装防火、隔声、隔热材料,在事故状态下尽可能保证乘客安全。

车体的强度、刚度,关系到列车运行安全可靠性和舒适性;车体的防腐、耐腐能力,表面保护和装饰方法,关系到车辆的外观、寿命和检修制度;车体的质量,关系到能耗、加减速度、载客能力乃至车辆编组形式(拖动比),所有这些都直接影响到运营质量和经济效益。

(二)城市轨道交通车辆车体的特点

城市轨道交通车辆的车体与一般铁路客车车体有许多相同之处,但由于其特殊用途,又具有其自身的特征。

(1)城市轨道交通车辆一般为电动车组,有4节、6节和8节编组等多种编组形式,分别由拖车和动车组成,车的两端部设置有司机室。

(2)由于属于城市轨道交通范畴,在车内的平面布置上有其特征,如座位少、车门数量多且开度大,车厢内部的客用设备相对较为简单等。

(3)质量的限制较为严格,要求轴重小,以降低线路的工程投资。

(4)为使车体轻量化,对于车体承载结构一般采用大型中空铝合金型材,或高强度复合材料、不锈钢。对车体其他辅助设施也尽量采用轻型化材料。

(5)对车体的防火性能要求高,在车体的结构及选材上均采用防火设计和进行阻燃处理。

(6)车辆对隔声和降噪有严格要求,以最大限度地降低噪声对乘客和沿线居民的影响。

(7)车辆外观造型和色彩具有美观和与城市景观相协调的要求。

（三）车体的结构

目前，国内城市轨道交通车辆大多采用整体承载的刚性车体图（2-1），该类车体主要由底架、侧墙、端墙、顶盖和司机室结构等部分组成，承受垂直、纵向、扭转等载荷，传递牵引力与制动力。

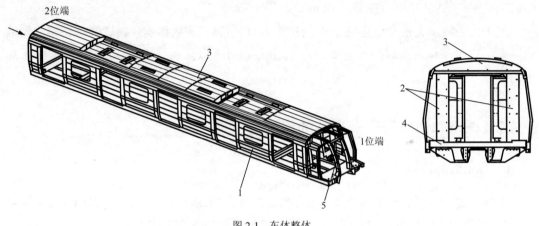

图 2-1 车体整体

1-侧墙；2-端墙；3-顶盖；4-底架；5-司机室

1. 底架

底架是车体结构的主要受力部件，由端部结构、边梁、端梁、长地板组成。其主要作用是承受车体上部载荷并传递给整个车体，承受因各种原因而引起的横向力和走行部传来的各种振动和冲击，并在车辆间传递牵引力和制动力。

车体通过底架枕梁与转向架连接。在底架下部两个枕梁之间区域主要用于悬挂牵引逆变器、辅助逆变器、高压箱、制动控制模块、蓄电池等部件。底架牵引梁则用于安装车钩。在装配时，将地板、隔热隔声材料、底架下管路和电线槽预先与底架组成一体，然后与侧墙和端部模块连接，底架边梁在整个长度上与侧墙模块连接（焊接），在底架的架车位置设置架车垫板进行局部加强。

Tc 车底架如图 2-2 所示，图 2-3 为 Tc 车与司机室连接端端部底架，主要是因为 Tc 车底架头端上部与司机室连接。

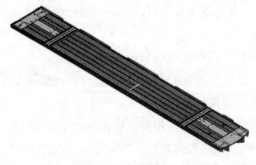

图 2-2 Tc 车体底架

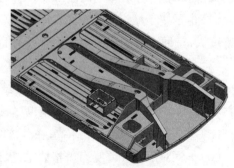

图 2-3 Tc 车头端端部结构

车体底架均采用防撞设计,在 Tc 车司机室端的底架上设置防爬器,如图 2-4 所示。车体底架和顶盖各设置了两根边梁,其作用是在严重撞击情况下,防止过载穿透到车体客室。防爬器是一种可承受压力相对客室区域较小的,可更换式吸能元件,用来吸收撞击时产生的能量,降低事故中乘客受伤的风险。

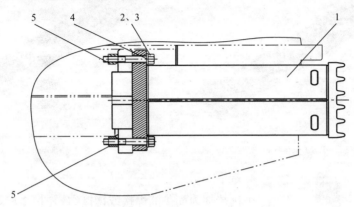

图 2-4 防爬器结构示意图

1-防爬器;2-六角螺栓(M24×120);3-润滑剂;4-自锁垫圈 SKM24;5-螺纹板

2. 侧墙

侧墙由上墙板、下墙板、窗间墙板三部分组成,主要由大断面挤压铝型材的侧墙板和门立柱焊接而成,在侧墙内侧预装有隔热隔声材料、车窗和内墙板。侧墙模块与底架和车顶模块之间采用焊接连接。侧墙内侧 C 形槽与车内装饰安装件安装在一起,门和窗户支柱均设有加强筋,也由挤压型材制成,为了减少扭曲变形,用铆钉将支柱安装在挤压型材上。第一个客室门和司机室模块之间的小侧墙模块,由于尺寸小及与司机室有特殊连接,仅设计有两个弯曲的挤压型材件(左和右),它也用焊接连接在一起。大侧墙结构如图 2-5 所示。

图 2-5 大侧墙结构

侧墙是决定车体高度的重要部件,侧墙与底架、车顶连接在一起,共同承受和传递来自车体的载荷。

3. 顶盖

顶盖由两根顶盖边梁及纵向圆弧顶盖等部件组成。顶盖预留了空调安装槽,Mp 车顶盖与 Tc 车、M 车顶盖结构不同,在 Mp 车上设置有受电弓安装地板,如图 2-6、图 2-7 所示。顶盖设置有排水槽,可以充分排水,防止积水。

车体顶盖结构采用中间集中式空调废排结构。空调安装于顶盖纵向 1/4 和 3/4 处。车体顶盖除了安装空调外，内部还用于安装风道、天花板以及悬挂电气线缆。车顶板与车顶侧梁和风道一起形成封闭的车顶。

图2-6 Tc/M车车体顶盖　　　　　　　　图2-7 Mp车车体顶盖

4. 端墙

车辆端部为简单的焊接或铆接结构图（2-8），过渡设备用框架固定。端墙的结构通常由墙板、支撑梁、隔热隔声材料和阻尼浆组成，与侧墙结构基本相似。

端墙主要用于贯通道、空调单元、司机室的连接。

5. 司机室结构

图2-8 端墙结构

司机室是车辆的一个重要组成部分，位于车辆两端。司机室不仅在造型上体现时代的气息，城市的风格，而且设备布置合理，在事故情况下可保障司机的安全。司机室结构与Tc车其他部件（底架、侧墙、顶盖）构成的空间内，可安装司机操纵台、司机室座椅及各种司机室设备。司机室头罩为整体式聚酯玻璃钢头罩，与车体之间采用胶黏连接方式。在头罩的设计过程中，预留出前窗玻璃、车灯和司机室侧门等的安装接口，在玻璃钢头罩的内侧镶嵌有安装司机室侧墙用的连接件，方便司机室侧墙与头罩之间的固定连接，如图2-9所示。

图2-9 司机室结构

第二节 内 装

随着人们生活水平和审美要求日益提高,人们对城市轨道交通车辆内装设计的人性化和舒适性要求与日俱增。合乎人机工程学原理的车辆内装是提高车辆安全性和舒适性的重要基础。因此车辆内装总体布局、装饰应具有现代美学观点;具有适合于乘客群体的人机工程学设计;内装颜色协调一致;具有良好的密封性以保证良好的防水、防尘性能;常接触易损部位表面具有耐磨性;采用的地板布不受气候条件的影响,防滑性好,易于维护和清洁,并具有良好的防火性能。

一、司机室

司机室内的布置各有差异,如有的司机驾驶装置放置在中间,有的布置在右侧,如图2-10 所示。司机室和客室之间设置有通道门,左右侧设置有司机室侧门,可以通过 7mm 方孔钥匙打开和关闭,方便司机进出。A 型车前端一般还设置有紧急疏散装置,用于紧急情况下快速疏散乘客。司机室前风窗玻璃一般设有电阻丝加热装置、刮水器和遮阳板等。

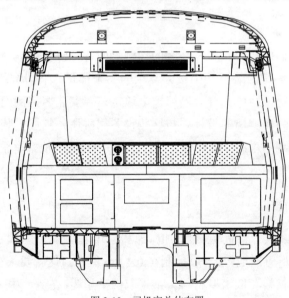

图 2-10 司机室总体布置

1. 导游罩

导流罩是装在车辆司机室底部的倒流装置。多采用聚酯玻璃钢材料分模成型,并预埋一定数量的安装骨架,通过螺栓安装到车体底架上。其主要作用是可以有效地减缓车辆在隧道内高速行驶时的空气阻力和降低电能消耗。这对于迎风面积大,行驶速度高,总体上流线性差的机动车辆,显得尤为重要。因此,高铁、城市轨道交通等的动车大都装有导流罩。

2. 前风窗玻璃、遮阳帘、刮水器

（1）前风窗玻璃采用电加热层压安全玻璃。前风窗玻璃通过结构胶黏接在聚酯玻璃钢头罩上，安装后前风窗玻璃和头罩在同一曲面上，以保证外观美观。

（2）遮阳帘在汽车、电客车、室内装潢上被大量使用，它在电客车上的主要功能除了具有阻挡司机室外热量流入到司机室内的功能外，还能够使强烈的阳光以漫射光的形式反射入司机室内，使司机室内光线明亮而不眩目。遮阳帘的结构包括卷轴、定位杆、两个固定座、复位弹簧、两个端塞等。

（3）刮水器是用来刮除附着于电客车风窗玻璃上的雨点及灰尘的设备，以改善司机的能见度，增加行车安全。

3. 司机台

司机操作台上有操作面板，水平面板上设有按钮、开关、司控器，前部倾斜面板上安装了旋钮开关、速度表、里程表、无线电控制器和显示器。

座椅和控制器的分布使得司机可从事日常工作，也可坐或站。此设计让外部视线非常清晰，从而使得司机可以达到视野要求，以便从事正常工作。

车顶面板用于安装照明、空调出风口以及 PA 和无线电系统扬声器。

二、客室内装

城市轨道交通车辆内装为整车与乘客的接触界面，内装需满足美观性、工艺性、轻量化和经济性的要求。侧墙是内装设计中较为复杂的一个部件，由侧墙板和门立柱组成，其装饰是车辆内部装饰的重要组成部分。侧墙板上通常需要安装客室侧门、车窗、门立柱罩、座椅、扶手立柱等设备，因此侧墙的设计要与这些设备相协调。侧墙安装以美观、安全为设计基础，力求结构严密紧凑，并且尽可能整合功能性相关的部位，使客室整体效果增强，空间宽阔、敞亮。

（一）侧墙材料特性

城市轨道交通车辆具有轴重轻、频繁加减速和超载运行等特点，要求车体钢结构在满足强度和刚度的要求下尽可能地轻，一般控制在 0.4 t/m 左右。这就要求在城市轨道交通车辆设计中采用轻型结构材料和低密度材料。常采取的措施为：在侧墙中采用铝蜂窝夹层板结构和玻璃钢。

1. 铝蜂窝板基本特点

铝蜂窝板是一种上、下面为铝板，中间夹心是蜂窝的板材。铝蜂窝板不仅具有强度高、隔热隔振性能好等优点，而且可以极大地减轻车体结构的重量，但同时也带来了结构复杂，计算分析困难，制造工艺复杂等问题。铝蜂窝板是由铝蜂窝芯材与表面材料黏接而成的复合材料，其具有以下基本特性：

(1) 重量轻，强度高，尤其是抗弯刚度高，同等重量的铝蜂窝板其抗弯刚度约为铝合金的5倍。

(2) 有极高的表面平面度和高温稳定性，易成型且不易变形，铝蜂窝板不仅能制成平面板，而且可以制成双曲、单曲面板，制成车辆零部件后拆装方便。

(3) 具有优良的耐腐蚀性、绝缘性和环境适应性，可适应铁路动车组和客车各种恶劣的运用环境；另外，根据需要，这类板材可以采用表面喷漆或表面黏贴防火板处理，达到良好的装饰性、防火性。

(4) 具有独特的回弹性，可吸收振动能量，具有良好的隔声降噪效果。

(5) 防火等级高，车辆内装选用材料的防火要求应符合 DIN 5510-1 的防火等级 3。DIN 5510，即铁路车辆防火保护措施。共包括六方面内容，即 DIN 5510-1：防火等级、防火技术措施和证明。DIN 5510-2：火车材料和部件燃烧性能和并发现象、分类要求和测试方法。DIN 5510-3：（国家暂未规定）。DIN 5510-4：铁路轨道车辆防火保护措施；车辆构造；安全技术要求。DIN 5510-5：轨道车辆防火保护措施；电气设备；安全要求。DIN 5510-6：铁路轨道车辆防火保护措施；附带的措施；紧急制动设备、信息系统、火灾报警设备、灭火设备的功能；安全技术要求。

为了区别车辆运行的风险程度，DIN 5510-1 标准对于车辆风险程度做了特别说明，车辆风险等级/防火保护等级又可分为 1 级、2 级、3 级、4 级。DIN 5510 车辆风险等级/防火保护等级是根据燃烧时逃生的可能性和由此产生的危险性而确定的。DIN 5510 载客车辆的风险等级/防火保护等级 1-4：

DIN 5510 风险等级 1 级要求：如果不是通过采用地下的距离长短来确定燃烧危险，则采用该等级。

DIN 5510 风险等级 2 级要求：如果主要通过采用地下的距离长短来确定燃烧危险和两个救急车站之间超过 2000m 时，则采用该等级。

DIN 5510 风险等级 3 级要求：如果主要通过采用地下的距离长短来确定燃烧危险和救急车站之间超过 2000m 内，则采用该等级。

DIN 5510 风险等级 4 级要求：如果主要通过采用无安全空间的距离来确定燃烧危险，则采用该等级。

车辆具体零部件防火要求及标准见表 2-1。

车辆零部件防火要求及标准表　　　　表 2-1

序号	部件名称	满足防火标准	材质
1	头罩	DIN 5510	玻璃钢
2	导流罩	DIN 5510	玻璃钢
3	司机室操作台	DIN 5510	玻璃钢
4	司机室座椅	DIN 5510	织物、泡沫等
5	司机室隔墙	DIN 5510	铝蜂窝

续上表

序号	部件名称	满足防火标准	材质
6	内装侧墙	DIN 5510	玻璃钢
7	门立柱罩	DIN 5510	玻璃钢
8	地板布	DIN 5510	橡胶
9	客室座椅	DIN 5510	玻璃钢
10	天花板	DIN 5510	铝蜂窝
11	胶粘剂	DIN 5510	—
12	门密封条	DIN 5510	EPDM
13	窗密封条	DIN 5510	EPDM
14	贯通道棚布及侧护板	DIN 5510	—
15	贯通道橡胶条	DIN 5510	EPDM
16	空调风道	DIN 5510	福乐斯
17	防寒材	DIN 5510	超细玻璃棉
18	灯罩板	DIN 5510	PC
19	端墙板（玻璃钢）及电器柜（铝蜂窝）	DIN 5510	玻璃钢、铝蜂窝
20	油漆涂料	DIN 5510	—
21	电线电缆	DIN 5510	聚乙烯
22	线缆套管/护套	DIN 5510	

（6）遭遇火灾后烟密度符合高等级的国际铁路防火标准，具有良好的自熄性；放热值较低，能够形成耐火层，能降低释放出的烟雾和有毒气体，具有优良的环保性能。

（7）优异的成型制造工艺性，可以满足铁道车辆内装零部件形状复杂、稳定性要求高的要求。

2. 玻璃钢的基本特点

玻璃钢又称纤维增强塑料，是以合成树脂为基体材料，以玻璃纤维及其制品为增强材料组成的复合材料。玻璃钢密度介于 $1.5 \sim 2.0 \text{g/cm}^3$ 之间，只有普通碳钢的1/4～1/5，比铝还要轻，但机械强度却很高。玻璃钢有良好的热性能，其比热是金属的2～3倍，但导热系数比较低，适用于制作形状复杂件和曲面结构件。聚酯玻璃钢具有一定的耐腐蚀性能，机械强度较高，黏结力较强，同时具有一定的低压电绝缘性能，另外在固化过程中没有挥发物逸出，能常温压成型，具有固化施工方便的特点，模具简单，生产周期短，费用相对较低，故常被选做侧墙板和门立柱罩的材料。土耳其伊兹密尔轻轨车辆门立柱罩为聚酯玻璃钢材质，侧墙板为铝蜂窝结构，侧墙背面粘贴三聚氰胺吸声材料，这种结构具有重量轻、强度高的特点，同时还可以增加整车的隔热隔声性能。

（二）内装主要设备

1. 客室侧门

为适应城市轨道交通大客流、停站时间短的需求，客室侧门的开度通常都比较大（1300～

1400mm），数量也较多（一般一辆车每侧设有 4～5 对车门）。

2. 车窗

一般在客室侧门之间的车体侧墙上设有车窗，就其结构形式而言，有单层玻璃和双层玻璃之分；有有窗框和无窗框之分；还有连续式和非连续式之分。

3. 门立柱罩位于客室门入口处

门立柱罩上留有紧急对讲装置和紧急开门装置的安装座，并留有门立柱扶手杆的安装接口。靠近车体外侧的门框两侧为门立柱外罩，门立柱罩和门立柱外罩将车体门立柱上安装的设备包围起来，起到安全、美观的效果。

4. 客室座椅、立柱和扶手

为容纳更多的乘客和方便乘客上下车，一般在客室两侧门之间沿车体侧墙设置纵向座椅。座椅的骨架采用铝合金、不锈钢或耐腐蚀钢制造，固定在地板或侧墙上。座椅、靠背一般采用不锈钢或玻璃钢制造，符合人体工程学要求。在座椅下部一般设置有气制动切除阀门、足部取暖器、灭火器等附属配套设备。

在客室内中部设有立柱和扶手，一般采用不锈钢或经喷塑处理的铝合金管制成。通常在立柱之间设置横杆和拉手，便于乘客扶靠。

5. 地板布

城市轨道交通车辆地板布一般为 2.0～4.0mmPVC 或橡胶材料，除需符合防火要求外还需具有耐磨、防滑、美观、易于擦净的特点并满足地板覆盖层与内墙板之间的踢脚、防水要求。地板布的黏接面即地板布的背面一般有两种形式：一种是地板布的 PVC 层或橡胶层背面直接经拉毛处理；另一种是在 PVC 层或橡胶层背面上植入绒线，通常称为植绒层。现场实验证明，背面拉毛比背面植绒对黏接更有利。原因为：

（1）地板布一般是多层压制而成，分为表面耐磨层、含花纹层、中间材质层、背面材质层和背面植绒层。若压制工艺控制出现问题，就容易出现质量问题而导致材料强度下降。

（2）背面植绒的地板布很难保证植绒层均匀一致，经常会出现较大面积无植绒，或者部分区域出现大量绒线汇集的现象。

第三节　贯　通　道

一、贯通道的基本介绍

贯通道是城市轨道交通车辆车体内部用于连接两节车厢且乘客可以自由通过的灵活可动部分，作用是连接两节车辆，使乘客可以沿全列车随意走动，有利于载重的均匀分布。通过它可以实现车辆之间的柔性连接，是车辆通过曲线时的关节部位。同时贯通道具有良好的密封性,具有防雨、防风、防尘、隔声、隔热等功能,所以也称风挡装置。贯通道包含两个单体风挡,是车辆上灵活可动的部分,可以让相邻的两个车厢相对运动,并提供乘客一个安全舒适的通道,并且基于风挡的结构,它拥有一个较长的使用寿命。

贯通道分为整体式(一体式)和分体式。上海、广州、深圳等城市的城市轨道交通车辆均为宽体封闭式贯通道采用分体式结构,即风挡装置的一半装在每辆车的端部;包括两个配对的可分解的波纹形折棚,两个渡板(车辆侧面)和车辆连挂的滑动支撑等。

郑州城市轨道交通 1 号线采用的是整体式(一体式)贯通道。贯通道采用带内饰板的单体式结构,在两辆车连挂和解钩时作快速解锁、分离与连挂、接合和锁定。

二、贯通道主要部件及功能

贯通道主要由折棚、螺钉框、踏板、顶板、侧墙(侧护板)等部件组成,如图 2-11 所示。

1. 折棚

折棚主要由内、外折棚,收紧绳构成,棚布由特殊材料做成并由折弯铝框连接起来。双层折棚两末端由棚布与连接框连接。每个连接框都有两组收紧绳挂钩来拴挂收紧绳。

2. 螺钉框

螺钉框由焊接的铝型材构成,作为一个独立部件通过螺钉与车体接口连接。螺钉框凹槽内轮廓安装橡胶型材。橡胶型材的安装方式为密封唇口面朝外,凹形面朝内。螺钉框与折棚连接框配装,安装方式为将折棚连接框放置到装有橡胶型材的螺钉框凹槽内,并通过锁紧压块夹紧折棚组成。

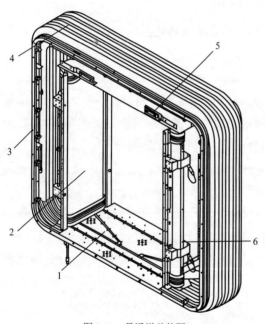

图 2-11 贯通道总装图

1-踏板;2-侧墙(侧护板);3-螺钉框;4-折棚;5-顶板安装座、顶板;6-转轴机构体

3. 踏板

踏板总成由两个支架、一块连接板、三块分体踏板面、铰链和磨耗条组成。连接板通过螺钉连接到车厢地板上,并通过两个支架用螺钉连接在车体端面接口。磨耗条安装在分体踏板面的前端边沿下面,使得分体踏板能够在相对的不锈钢踏板面上光滑移动。这样在实际运动中,踏板各件间有相对运动,可以抵消部分高度落差和滚动,以保证在工况运行中过道保持相对平坦。

4. 顶板安装座、顶板

顶板安装座是用来安装顶板的。有 4 种不同的顶板安装座安装在车体端面接口上。顶板由单棚板和双棚板两部分组成。单棚板插入双棚板内,并在内滑动。单棚板上下两表面贴有进口贴膜,以降低摩擦,使其更容易滑动。顶板通过铰链及顶板安装座与车体端接口连接。

5. 侧墙(侧护板)

该类型贯通道采用的一体式侧墙是由两个转轴机构体及柔性侧护板组成,这两个转轴机构绕垂直方向旋转。该机构通过转轴体中的弹簧(弹簧在转筒内)伸缩来实现面板的收缩、舒展,从而使得柔性侧护板能够适应车体的相对运动。通过螺钉将转轴机构体上安装座与车体接口孔连接。橡胶挡板用来覆盖侧墙与顶板之间、侧墙与踏板之间的间隙。

三、贯通道的其他性能要求

1. 防火性能

用于折棚的棚布防火性能应符合 DIN 5510-2 标准要求。

2. 隔声性能

根据实验室执行相似风挡的隔声试验,可以达到以下程度的隔声效果:R_W= 36dB。

3. 运行温度

运行温度在 −30 ~ +80℃之间,包括正常环境影响。

4. 使用寿命

根据运行条件,预计产品的寿命为 10 ~ 15 年(磨损件除外)。根据不同的路线参数,磨耗条的使用寿命 2 ~ 4 年。

四、贯通道常见故障处理

贯通道系统出现的一些常见故障为:螺钉框锁压板松动、侧墙转轴桶磨损、转轴机构的中心轴和铜套磨损出现异响、转轴安装座以及轴杆生锈、上踏板铰链铆钉垫与下踏板不锈钢板磨损等故障。

1. 螺钉框锁压板松动

原因分析:由于折棚连接框通过锁压板与螺钉框进行连接,连接框与密封条的过盈量理论上仅 1mm,由于此处受力情况比较恶劣,车辆长期运行产生振动且存在产品制造误差等因素,导致锁压板松脱。

采取措施:在锁压板上增加放松垫圈。

2. 侧墙转轴桶磨损

原因分析:这个是由于工艺调整螺栓松动,导致螺栓与铝桶磨损造成的。在运行过程中,由于车辆振动,导致调整螺母松脱,造成此工艺调整螺栓逃逸出来,并与卷筒在相对运动中干涉磨损。

采取措施:工艺调整螺栓只是在转轴组装时使用,在产品交付状态和车辆运行时无其他任何使用功能,可取消此调整工艺螺栓。

3. 转轴机构的中心轴和铜套磨损出现异响

原因分析:此处装配关系为转轴与轴套的间隙配合,且为滑动摩擦(转轴在扭力弹簧的作用下与轴套相对压紧,并在整车运行时转轴与轴套相对运动)。但是原设计此处没有增加润滑措施,造成干摩擦导致异响并使铜套磨损。

采取措施:

(1)根据其结构原理,鉴于此结构,添加一种高质量复合锂—钙基脂。该润滑脂不仅具有 45 号钢转轴抗磨损抗氧化添加剂,还含有极压添加剂,使之具有高性能润滑性。

(2)更改铜套结构,在铜套上增加注油嘴,满足不需采用工装即可方便进行维护的要求。目前此结构已经在其他项目上采用,效果较好,如图 2-12 所示。

图 2-12 新型铜套组装

4. 转轴安装座以及轴杆生锈

原因分析:由于存储环境过于潮湿,同时轴杆表面未做防护处理,导致生锈。

采取措施:轴杆表面进行镀铬处理。

5. 上踏板铰链铆钉垫与下踏板不锈钢板磨损

原因分析:由于下踏板不锈钢板未做倒角处理,比较尖锐,在运行过程中,与铆钉垫干涉。

采取措施:现场对下踏板不锈钢板三面进行倒角。

第三章　转向架

> **岗位应知应会**
>
> 1. 了解转向架的结构组成。
> 2. 熟悉转向架的基本功能及结构特征。
>
> **重难点**
>
> 转向架的主要技术参数及各部件作用。

第一节　转向架系统概述

铁路建设初期,铁路车辆只有前后两个轴距固定的轮对,轮对直接支承车体。为了使车辆能够顺利通过曲线,轴距不能过大,列车长度受限,载重量比较小。提升车辆载重量和增强车辆通过曲线的灵活性曾是一个互相矛盾的问题,转向架由此应运而生。装有转向架的车辆曲线通过能力得到提升,长度也可以增加,载重量得到了提高。

转向架是支承车体并担负车辆沿轨道运行的支承走行装置,由构架将两个轮对连接组成。车体支撑在前后两个转向架上,在转向架之间可以相对转动。

我国现有的城市轨道交通车辆主要包括:跨座式轻轨车辆、地铁车辆、低地板轻轨车辆、有轨电车车辆等。其中地铁车辆根据车体宽度的不同,分成A、B、C三种型号,与之相应的是A、B、C三种型号的转向架。从轴重方面看,轴重为16t的是A型转向架,轴重为14t的是B型转向架,轴重为14t以下的是C型转向架。从轴距方面看,A型转向架的轴距为2500mm、B型转向架的轴距为2300mm。现阶段由于我国地铁车辆在运营中,站与站之间的距离相对较短,故对车辆运行速度的要求不高,一般都将车辆的运行速度控制在80km/h左右。在机场线路,或者站与站之间的距离较大的城市轨道线路上,车辆的最大运行速度一般能达到100～120km/h。但是总体来说,除了广州、深圳、上海等一线城市,绝大多数首选的还是80km/h化速度级的B型地铁车辆。

一、转向架基本功能

转向架是车辆的走行部分,它对行车安全、运行速度及品质,乘车人员舒适度等均有着

重要的影响,其主要作用如下:

(1)增加车辆的载重、长度和容积,提高列车运行速度。

(2)转向架相对车体可自由回转,能使车辆灵活地沿直线线路运行以及顺利地通过小半径曲线。减少运行阻力与噪声,提高运行速度。安装转向架的车辆曲线通过性能大大增强,转向架可以围绕其中心相对于车体回转,能灵活地沿着直线线路运行或顺利通过一定半径的曲线,减少运行阻力和噪声,保证车辆安全运行。

(3)支承车体、传递载荷。转向架承受车辆自重和载重,并使这些重量均匀分布给各个车轮,传递给钢轨。轴重是指每根车轴在某个速度范围内允许负担的包括轮对自身质量的最大总质量。轮对作用于钢轨的作用力不应过大,否则容易破坏钢轨,影响车辆运行品质。轮对、一系悬挂、二系悬挂系统是转向架的主要承载部件,车体重量通过二系悬挂传给转向架构架,然后通过一系悬挂均匀地分配到各个轴箱上,最后经轮对作用于钢轨。

(4)便于安装弹性减振装置,使车辆具有良好的减振特性,以缓和车辆和线路之间的相互作用,减小振动和冲击,减小动应力,提高车辆运行的平稳性和安全性。

铁路轨道不可能是绝对平直和刚性的,轨道上存在着各种各样的不平顺。另外,车轮也不是理想的几何圆形。车轮圆跳动、踏面擦伤、轨道接头、轨道变形和局部不平顺,以及道岔、弯道等因素都会使轮对产生振动。这种振动可能导致转向架部件开裂失效,也可导致车轮跳上轨道出轨,进而造成车毁人亡的重大事故。此外,振动通过转向架传给车体,一方面降低了乘客乘坐舒适性,另一方面使车辆部件和线路容易损坏。

为了缓冲振动和冲击,一方面要保证钢轨和车辆的技术状态,保持轮轨良好匹配,另一方面要通过弹性减振装置缓和各种冲击,衰减各种振动。弹性减振装置主要分为四类:

①主要起均布载荷、缓冲冲击作用的弹簧装置,如一、二系弹簧;

②起弹性限位和缓冲作用的装置,如横向止挡、抗侧滚扭力杆等;

③主要起弹性约束作用的定位装置,如牵引拉杆橡胶关节等;

④主要起衰减振动的减振装置,如横向、垂向减振器等。

(5)充分利用轮轨之间的黏着,传递牵引力和制动力。

转向架上装有基础制动装置,动车转向架上还装有驱动单元。车辆运行时将电机或制动装置发出的力矩通过一定的方式分别转化为车辆牵引力和制动力实现车辆的牵引和制动。

在牵引时,动车转向架上的牵引电机产生转矩通过联轴节传到齿轮箱,再传到轮对,使轮对沿钢轨滚动,轮对与钢轨之间的黏着作用使车轮滚动力矩转化为向前的轮周牵引力,牵引力由轴箱经构架传给牵引拉杆、车体底架牵引梁,从而使车辆沿轨道平动。

制动时,电机或制动器给轮对作用一个与轮对转动方向相反的力矩,轮对与钢轨之间的黏着作用使该力矩转化为向后的制动力。制动力与牵引力传递过程相同,而方向相反,它使列车具有良好的制动效果,以保证列车能在规定距离内停车。

(6)作为车辆的一个独立部件,转向架结构简单,装拆方便,可以减少与车体之间的连接,便于独立制造和维修。车辆大修、架修中都需要对转向架进行重点的检查和维修。

(7)便于安装牵引电机及传动装置,驱动车辆沿着钢轨运行。

二、转向架的特征

转向架有摇枕转向架和无摇枕转向架之分,所谓无摇枕转向架就是取消了摇枕、摇动台等部件的转向架。目前地铁客车已经普遍采用无摇枕转向架。以中国中车株洲电力机车有限公司研究开发的集成式 ZMC080 型转向架(80km/h 化速度级的 B 型车辆转向架)为例,该转向架具有以下几点主要的结构特征:

(1)构架采用"H"形、无摇枕全焊接结构。
(2)采用两系悬挂系统:一系悬挂采用螺旋钢弹簧、垂向油压减振器结构,二系悬挂采用空气弹簧悬挂,并配有垂向、横向油压减振器。
(3)车轮形式:整体辗钢车轮,双 S 形辐板,EN 13715-S1002 踏面,并安装有降噪阻尼环。
(4)承载方式:中心牵引装置和空气弹簧。
(5)中心牵引装置:单牵引杆牵引。
(6)驱动装置由电机、联轴节、齿轮箱等组成。
(7)轮缘润滑方式:车载湿式润滑装置。
(8)基础制动方式:顶面安装式的踏面制动单元。
(9)转向架与车体之间设有抗侧滚装置。
(10)转向架上安装有整体起吊装置。
(11)驱动系统方式:每个动车转向架的驱动系统包括反对称布置的两个齿轮箱和两个牵引电机。

三、转向架主要技术要求

为了保证转向架的性能,必须确保转向架具有良好的运用性能和可维修性。转向架设计时应充分考虑以下要求。

1. 转向架应具有高可靠性

转向架是承载列车安全运行的关键设备,任何条件下,列车运行过程中不得出现断裂和影响功能的变形,所以转向架各部件必须具备良好的刚度,安装安全可靠。构架和各重要的受力部件都应该按照有关标准进行强度试验和疲劳强度试验。

2. 转向架应具有良好的动力学性能

转向架应降低自重,降低簧下质量;转向架要选择合适的一系弹簧、二系弹簧和抗侧滚扭力杆等弹簧件,以及阻尼系数合适的减振器,以建立良好的悬挂系统;为了避免共振,转向架固有频率(包括悬挂件的固有频率)应与车体及安装在其上的设备的固有频率分散;转向架各部件在允许磨损范围内,在各种运营条件下,应避免噪声及额外振动。

3. 要考虑刚度、柔度之间的关系

既要考虑合适的刚度,又要考虑合适的柔度,两者中任何一方面考虑的不充分都会影响转向架性能。一方面转向架各部件本身应由一定的刚度,以确保安全,又需要一定的弹性,以缓冲冲击,减少受力,提高寿命。另一方面各部件之间的安装和连接也要有一定的刚度和柔度,如牵引杆、吊杆等都通过橡胶关节来安装既可以保证良好的定位,又可以减少冲击。此外,转向架在横向运动、垂向运动、回转运动等方面应具有一定的自由度,同时也受到减振器、摩擦副、止挡等部件的限制,才能确保转向架的动力学性能和曲线通过性能。

4. 要确保良好的可维修性

转向架运用过程中承受的冲击和磨损使转向架成为列车各部件中维护工作量最多的部件,转向架运用到架修年限后就要分解检修,所以转向架设计时应考虑其可维修性。城市轨道交通转向架在可维修性方面应具备以下特点:

(1)无需拆卸转向架和转向架、车体上的任何部件,便能够在车轮上镟修设备,包括在不落轮镟床上镟修车轮。

(2)所有转向架及其相同功能的部件都应具有互换性,如转向架整件、构架、轴箱、弹簧等;不同位置的转向架基本上都可以互换。

(3)在确保性能的基础上,转向架结构应尽量简单,充分考虑维修空间,构架上各部件的对位、拆装、调整应简单易操作。

(4)转向架上的部件维护周期应尽量延长,最好能与列车架修和大修同步进行。

四、车辆防脱轨安全性指标

车辆防脱轨的安全性指标主要是车轮脱轨系数、轮对脱轨系数和轮重减载

1. 车轮脱轨系数

车轮脱轨系数是指车轮在外力作用下,踏面开始悬浮时,轮轨一点接触处的横向力与垂向力之比值。车辆脱轨系数可以作为判断车轮开始脱轨的依据。脱轨系数用于评定轨道车辆在轮轨横向力和垂向力的作用下,其车轮轮缘是否爬上或跳上轨头而导致脱轨的安全程度,除英国国铁外,西欧各国及北美日本等,都是以现实行走实验中测得的轮重和横向力数据为基础,对车辆的行走安全性进行评估的。

车轮脱轨系数主要与轮缘轮廓情况和轮轨摩擦系数有关。而轮缘轮廓的关键因素是轮缘拐点和轮缘角。

(1)拐点:轮缘轮廓由多段弧线组成,轮缘表面各点倾角不同,轮缘根部与中部圆弧连接处轮缘倾角最大的一点就是轮轨接触安全临界点,称为拐点。轮轨主要作用力的着力点越过拐点后,车轮就很可能脱轨。

(2)轮缘角:拐点处的轮缘倾角称为轮缘角。

车辆通过曲线时,钢轨给车轮的横向作用力也成为导向力,车轮给钢轨作用的与导向力

方向相反的横向力为 Q，车轮由于自重和承重给钢轨作用一个垂向力 P。钢轨给车轮的反向作用力为 N，以及阻止车轮滑动的摩擦力 μN。轮轨摩擦系数为 μ，轮缘角为 α。

一定横向力下，如果轮轨接触点未达到拐点，轮轨接触点顺着轮缘往上爬时，由于轮缘倾角增大，轮缘爬轨力 μN 减小，轮缘可以重新恢复到稳定位置。如果轮轨接触点越过拐点而达到轮缘中上部的圆弧时，轮轨接触角将会减小，轮缘爬轨力 μN 会迅速增大，钢轨作用于车轮的导向力减小，轮缘在横向力作用下将会沿着轨道往上爬，轮缘失去自动恢复正常轮轨接触的能力，列车将会脱轨，如图 3-1 所示。

脱轨系数计算公式为：

$$\text{车轮脱轨系数} = \frac{Q}{P} = \frac{\tan\alpha - \mu}{1 + \mu\tan\alpha}$$

Q/P 称为车轮脱轨系数，根据我国有关标准，当 $\alpha = 68°$ 时，μ 一般取值 0.3，当横向力作用时间大于 0.05s 时，Q/P 的最大容许值是 1.2。为了确保列车运行安全，要求 $Q/P \leqslant 1$。若横向力作用时间小于 0.05s，横向力属于瞬时冲击，则不能用以上标准衡量。

轮缘角不是越大越好，一般安全范围是 60°～80°。当轮缘角过大时，车轮与钢轨接触面会痕陡峭，并失去应有的圆弧，车轮运行时钢轨很容易贴靠到轮缘上，钢轨离轮缘顶部或拐点安全空间过小。在道岔或弯道处，这段安全空间尤其重要。否则轮缘中上部紧贴钢轨，很容易出现轮缘上部与钢轨接触的情况。在曲线区，增加了轮轨接触点越过轮缘拐点而达到轮缘上部，发生车轮爬轨的危险，在道岔区，由于轮缘紧贴钢轨，且接触点过于靠近轮缘中心，因而增加了轮缘挤岔或者撞击岔尖的可能性，以及辙叉处车轮撞上叉心的可能性。

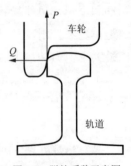

图 3-1 脱轨系数示意图

2. 轮对脱轨系数

由于轮对处于脱轨临界点时，非爬轨侧轮与钢轨的摩擦力是阻止轮缘往下滑，阻值车轮下降的力，所以，非爬轨侧车轮起到增大爬轨侧车轮脱轨可能性的作用。设轮对所受横向力为 H，爬轨侧车轮垂向力为 P_1，摩擦系数为 μ_1，非爬轨侧车轮垂向力为 P_2，摩擦系数为 μ_2，μ_2 取值为 0.24，当横向力作用时间大于 0.05s 时，可以推导出轮对脱轨系数：

容许值：$$\frac{H + 0.24P_2}{P_1} \leqslant 1.2$$

安全值：$$\frac{H + 0.24P_2}{P_1} \leqslant 1.0$$

3. 轮重减载率

影响脱轨的主要参数为作用于车轮的垂直力 P 和侧向力 Q。轮对的侧向外力过大固然可能导致脱轨，但有时尽管整个轮对侧向外力很小，而某个车轮垂向作用力小到一定程度时也会导致脱轨。由于车辆总重是不变的，轮重偏载就可能导致某个车轮的轮轨垂向力过小（轮重减载）。为了避免轮重不均导致车轮脱轨，用轮重减载率 $\Delta P/P$ 来横梁这种影响车辆安全的因素，$\Delta P/P$ 不宜过大。

往往减载过大的车轮爬轨时,整个轮对并不需要很大的横向外力,但对爬轨侧车轮来说,其横向力还是不小的。转向架通过曲线时,车轮运动方向与曲线方向不能完全一致,内轨侧车轮会通过车轴对外轨侧车轮施加一横向力,若外轨一侧的车轮减载严重,其脱轨系数就可能超过 1.2,车轮就很容易爬上钢轨,所以轮重减载导致的脱轨,归根到底还是由于某个车轮脱轨系数过大。

为了确保轮重载荷均衡,除了要确保车辆组装精度,车体各个支撑点高度、转向架各支撑点高度基本一致外,还要确保各系弹簧具有较好的柔度,且同一转向架一系弹簧的刚度要基本一致,确保车辆运行在不平直的线路上,或受到一定的冲击和振动时,也能保证轮重的基本均衡。新型车辆设计完毕后要进行轮重减载试验。

五、影响牵引力和制动力的黏着系数

普通城市轨道交通车辆牵引力和制动力不能无限度加大,在车重一定的情况下,过度地制动和牵引都可能导致轮轨打滑。黏着系数是最大牵引力和制动力的决定性因素。黏着系数是车轮不打滑、不空转时,最大轮周力与轮轨接触点垂向力的比值。黏着系数直接影响车辆最大牵引力和最大制动力。

车轮踏面和钢轨间得最大摩擦力称为黏着力。在任何情况下,车轮的牵引力或制动力至多只能等于不能大于黏着力,否则动轮就会在钢轨上空转(打滑),使牵引力(制动力)急剧下降甚至消失。

黏着系数 μ、轮轨垂向力 P_μ 和黏着牵引力 F_μ 得关系如下:

$$F_\mu = \mu P_\mu$$

一般地,城市轨道交通列车牵引黏着系数为 0.165,制动力计算黏着系数为 1.4～1.5。车轮运动过程中,轮轨接触点处的摩擦并不完全时静摩擦,而是静摩擦和滑动摩擦的混合。从微观上看,轮轨接触点是一个接触面,牵引时,接触面的前部分主要是静摩擦,后部分主要是滑动摩擦。摩擦系数同许多因素有关,主要因素如下:

(1)车轮踏面和钢轨表面的状态:踏面、轨面越是平整、干燥,黏着系数越大。
(2)车轮受力状态:车轮受到得牵引力矩或制动力矩的力越是均衡、稳定,黏着系数越大。
(3)车轮直径和装配精度:转向架各车轮得直径越一致,装配越准确,黏着系数就越大。
(4)车辆运行速度:黏着系数随机车运行速度的提高而降低。
(5)线路的曲线半径:曲线半径越小,黏着系数越低。

六、转向架主要技术参数

根据城市轨道交通车辆有动车、拖车两种形式,转向架一般分为动车转向架和拖车转向架,分别配置在动车和拖车上,如图 3-2 所示。相比于拖车转向架,动车转向架主要安装

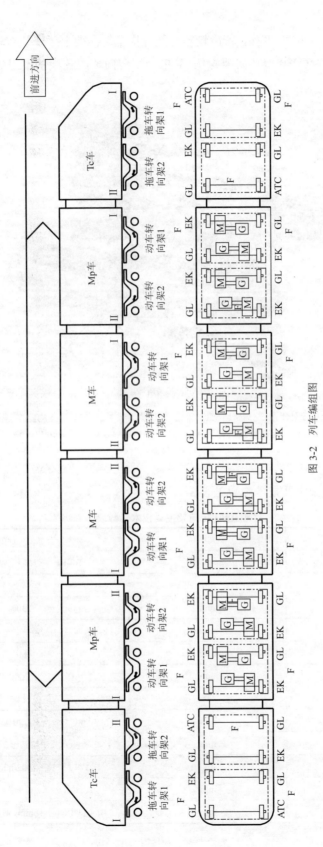

图 3-2 列车编组图

GL-安装 BECU 速度传感器；EK-安装接地装置；ATC-安装信号速度传感器；M-牵引电机；G-齿轮箱；F-高度调节阀

有牵引驱动装置(牵引电机、联轴节、齿轮箱),此外拖车转向架上还安装有轮缘润滑装置和TIA天线。下面以ZMC080型转向架为例,简单介绍转向架的各项基本组成部分,如图3-3所示。

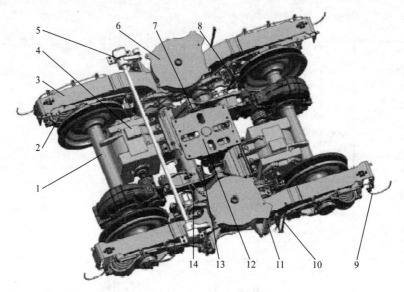

图3-3 ZMC080动车转向架

1- 动车轮对轴箱组装;2- 一系悬架装置;3- 构架;4- 驱动单元;5- 抗侧滚装置;6- 二系悬挂装置;7- 横向悬挂装置;8- 基础制动单元安装;9- 动车转向架布线;10- 高度调节装置;11- 二系垂向减振器安装;12- 牵引装置;13- 起吊装置;14- 动车转向架空气管路

ZMC080型转向架主要技术参数见表3-1。

ZMC080转向架主要技术参数表　　　　表3-1

参　数	单　位	数　值
轴式	—	B0-B0(动车)/2-2(拖车)
轨距	mm	1435
轴距	mm	2300
构造速度	km/h	90
最大运营速度	km/h	80
转向架中心距	mm	12600
最大轴重	t	14
车轮滚动圆直径	mm	840(新轮)/770(全磨耗轮)
轮对内侧距	mm	1353±2
车轮踏面	—	EN 13715-S1002/h28/e32/6.7%
一系垂向止挡间隙	mm	37±3
二系横向止挡间隙	mm	40(自由间隙15mm,弹性间隙25mm)

第二节　转向架零部件及其重要功能

总地来说,不同转向架结构差别比较大,很多部件也不一样,但其基本作用和基本组成部分是一样的。动车转向架和拖车转向架区别主要在于是否安装有牵引电机和齿轮变速装置。转向架主要由构架、轮对、轴箱组装、驱动装置、基础制动装置、一系悬架装置、二系悬架装置、牵引连接装置、辅助装置(包括抗侧滚装置、轮缘润滑装置、整体起吊装置、TIA 天线装置)九大部分组成。

一、构架

城市轨道交通车辆转向架构架普遍采用 H 形轻量化低合金高强度钢板焊接结构,主要由两根侧梁和一根横梁焊接而成。为了保证强度,构架内部设有多块筋板,部分形状复杂的区域采用铸造结构。有些构架横梁采用无缝钢轨,管的两头封闭,并与空气弹簧连通,作为空气弹簧附加风缸,增加空气弹簧的柔度。一般的构架侧梁是中间下凹的鱼腹箱型结构,中间凹下去为空气弹簧提供充足的安装空间。侧梁中间隔板的位置根据受力情况而定,以保证侧梁的抗弯抗扭能力。侧梁上有垂向减振器安装座、抗侧滚扭杆安装座、金属螺旋弹簧座和横向减振器安装座。

横梁采用无缝钢管,其上焊接有牵引拉杆安装座和制动器安装座。动车构架横梁上还装有电机安装座、齿轮箱吊挂座,拖车构架横梁上装有 TIA 天线安装座。动车构架、拖车构架分别如图 3-4 和图 3-5 所示。所有关键安装座的位置精度均通过转向架构架的整体加工获得。

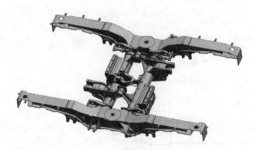

图 3-4　动车构架

图 3-5　拖车构架

构架主要用于转向架部件的安装,如轮对、一系悬挂装置、二系悬挂装置、牵引电机、齿轮箱、牵引装置、基础制动单元、减振器等,同时也具有传递牵引力、制动力和承担车体重量及传递各部件之间作用力的作用。

构架主要技术要求:

(1)具有较高的可维修性。由于转向架本身结构紧凑,其部件质量又比较大,在转向架的可维修性方面的微小疏忽都可能导致维修时间的延长,甚至无法维修。构架设计好后,转向架的基本结构就固定了,构架上的各部件及附加装置的安装和拆卸应该是便捷的。

(2)必须符合互换性需求。构架以及构架上安装的各部件应能互换,以便于生产和维修。

(3)具有足够大的强度—质量比。为了既能够承受并传递牵引力、制动力以及车体重量及各种冲击、振动,又能够给车辆提供优良的运行品质,构架一方面要保证强度,另一方面又要降低自重,整体应力分布必须合理,以满足优秀的动力学性能。

(4)必须具有足够的抗疲劳性能。构架需要长期承受各种复杂而强烈的冲击和振动,其板材要采用弹性和耐疲劳性能均良好的低合金钢,结构内部、各条焊缝内部要尽量避免内应力,以提高其抗疲劳性能。

(5)加工精度要求高。构架上各部件的安装位置与转向架性能密切相关,由于部分尺寸精度和部分安装孔、安装座定位要求高,因而使各部件安装具有较高的定位精度、使转向架达到较高的运行性能。

二、轮对

轮对由车轴与车轮压装而成,分为动车轮对和拖车轮对,分别如图 3-6 和图 3-7 所示。

图 3-6　拖车轮对　　　　　　　　图 3-7　动车轮对

动车车轴和拖车车轴结构基本相似,不同之处是动车车轴上有齿轮箱安装座。车轴主要包括轴颈、轮座、齿轮箱座(动车车轴)、轴身等,如图 3-8 所示。

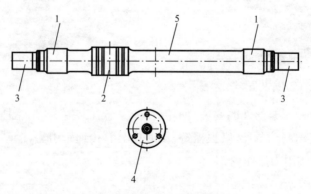

图 3-8　ZMC080 转向架动车车轴

1- 轮座;2- 齿轮座;3 轴颈;4- 轴端面;5- 轴身

车轴采用优质碳素钢加热锻压成型,经过热处理和机械加工制成。目前实心车轴仍比较普遍。

轴颈用于安装滚动轴承、负担着车辆重量,并传递各方向的静动载荷。

轮座是车轴与车轮配合的部位。有些轮对的轮座采用 1∶300 的锥度与轮孔配合,这样有利于提高冷压装轮和注油退轮的成功率,但要求轮孔和轮座的光洁程度比较好(Ra0.8)。不少车轴仍采用圆柱形轮座,但也要求轮座处有一定的导向锥度。

齿轮座用于安装齿轮箱,由于齿轮座安装部位凹槽较多,超声波探伤时应注意避开其影响。

轴身是车轴的中央部分,该部位受力最小。

车轮普遍采用整体碾钢轮,用钢锭制坯,经锻压和加热辗轧后,再经机械加工而成,制造过程中对车轮进行淬火和热处理,以提高强度。

为了降低噪声,减少簧下重量,有些车辆还采用弹性车轮、消声车轮、S 形辐板车轮等新型车轮。

一般精加工的车轮需要进行静平衡实验,车辆运行速度低于 120km/h 时,车轮静不平衡量要求小于 125g·m,车辆运行速度大于 120km/h,且小于 200km/h 时,车轮不平衡量要求小于 75g·m。

车轮主要由轮辋、辐板、踏面、轮缘和轮毂、注油孔、轮饼磨耗到限标志、车轮降噪阻尼环等组成,如图 3-9 所示。

(1) 轮毂:轮与轴互相配合的部分,中央的轮毂孔与车轴上的轮座部分相配合。

(2) 注油孔:与轮毂内孔中两个环形油槽相连,用于车轮和轮轴拆装作业。

(3) 辐板:连接轮辋和轮毂部分。

(4) 车轮降噪阻尼环:由具有缺口的环体构成,环体缺口处装有弹性接头,环体断面为圆形。车轮发生振动时,阻尼环与车轮摩擦,产生界面阻尼耗能,起到抑制车轮径向和横向模态振动的作用,提供良好的降噪效果。

(5) 轮饼磨耗到限标志:用于对轮饼磨耗进行检查。磨耗极限直径为 770mm。

(6) 轮辋:踏面沿径向的厚度部分。

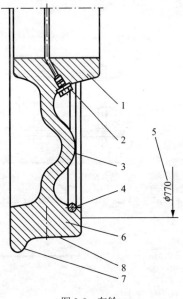

图 3-9 车轮

1- 轮毂;2- 注油孔及螺堵;3- 辐板;4- 降噪阻尼环;
5- 磨耗极限直径;6- 轮辋;7- 轮缘;8- 踏面

(7) 轮缘:内侧沿整个圆周突出的圆弧部分,是保持车轮沿钢轨运动、防止脱轨的重要部分。

(8) 踏面:车轮与钢轨的接触面。

目前进口车轮普遍采用国际铁路联盟标准(UIC812-3 标准),其材质采用 R8 或 R9,郑州地铁 1 号线和 2 号线均采用 R9 材质车轮。国产 S 形辐板车轮普遍采用 CL60 钢,采用间歇淬火或三面淬火工艺提高其淬透性。

车轮钢要求强度高,韧性好,运用中不会发生崩裂,且要求具有与钢轨相匹配的硬度,要尽量降低轮轨磨损,减少踏面疲劳剥离。

不同车型的车轮踏面轮廓形式可能不同,但踏面轮廓基本都具备一定的锥度,采用锥形踏面的主要原因有以下三点:

(1)便于通过曲线。

车辆在钢轨上运行的时候,不是严格意义上的直线或者曲线运动,而是一种蛇形运动,如图3-10所示。蛇形运动产生的原因是两根钢轨之间的距离(轨距)大于左右轮对轮缘间的距离。蛇形运动会导致车轮和钢轨接触是有一定的冲击角,如图3-11所示,冲角的存在会导致轮对的横向蠕滑,使轨道易出现横移,造成曲线轨道的侧面磨耗,同时产生摩擦噪声危害。由于踏面锥度的存在,在外轨上的车轮滚动直径较大,而内轨上的车轮滚动直径较小,同一轮对两边车轮滚动角速一样,滚动直径大的外轨车轮走的路程比内轨车轮长,这样,不但可以让车轮或转向架沿着曲线转一定角度,减少轮缘与钢轨的冲角,降低曲线阻力,而且正好和曲线区间线路外轨长、内轨短相适应,减少车轮打滑。曲线半径越小,冲击角越大,车轮、钢轨互相"啃"导致轮对与钢轨磨耗越大,锥形踏面可以使轮对较顺利地通过曲线,减少外轨车轮在钢轨上的滑行。

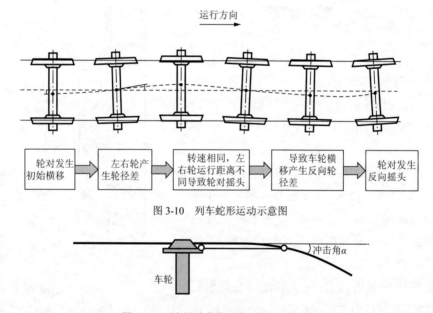

图3-10 列车蛇形运动示意图

图3-11 列车通过曲线时轮对与钢轨的冲击

(2)可自动调中。车轮在直线线路上运行时,如果车辆中心线与轨道中心线不一致,同样会引起轮对两车轮滚动圆直径的不同,锥形踏面轮对在滚动过程中能自动纠正偏离位置。

(3)由于踏面与钢轨接触面可以不断变化,使踏面磨耗沿宽度方向比较均匀,车轮踏面必须有一定的斜度,但踏面斜度也是轮对以至整个车辆发生自激蛇行运动的原因。

绝对的锥形踏面容易导致蛇行运动,且容易磨损,镟轮后损耗比较大,现已被磨耗行踏面代替。磨耗型踏面是在锥形踏面的基础上,一开始就把车轮踏面做成类似磨耗后的稳定形状,此时踏面形状与轨道配合性能良好,列车运行品质较好,磨耗处于相对较小的状态。

目前应用比较广泛的磨耗型踏面形式主要有 DIN 5573 踏面和 LM 磨耗型踏面两种。DIN 5573 踏面符合 DIN 5573 标准,其形状及尺寸见图 3-12;LM 磨耗型踏面按 TB/T 449 标准,其形状及尺寸如图 3-13 所示。这两种踏面均属于磨耗型踏面,即把车轮踏面从一开始就做成类似磨耗后的稳定形状,可明显减小轮与轨的磨耗,减少车轮磨耗过限后修复成原形时镟切掉的材料,延长车轮的使用寿命。DIN 5573 踏面与 LM 磨耗型踏面与钢轨的几何形面匹配性能均较好,但在直线运行稳定性(抗蛇形运动能力)和曲线通过性能方面略有差异。相比较而言,车轮踏面为 LM 磨耗型踏面的转向架曲线通过能力略优;而车轮踏面为 DIN 5573 踏面的转向架临界失稳速度更高,抗蛇行运动能力更好,因此直线运行稳定性及横向平稳性更优。

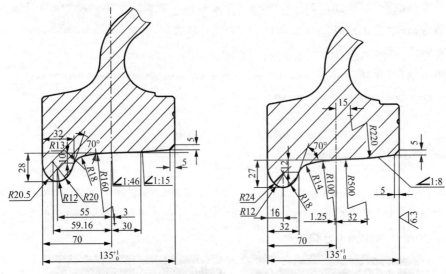

图 3-12　DIN 5573 踏面(尺寸单位:mm)　　图 3-13　LM 磨耗型踏面(尺寸单位:mm)

目前,这两种车轮踏面在国内的地铁车辆上均有广泛应用。其中 LM 磨耗型踏面主要使用在北京地铁、深圳地铁等的各条线路上,而 DIN 5573 踏面主要使用在上海地铁、广州地铁等的各条线路上。此外,郑州地铁 1 号线采用的是欧标 EN 13715 踏面。相关参数如图 3-14 所示。

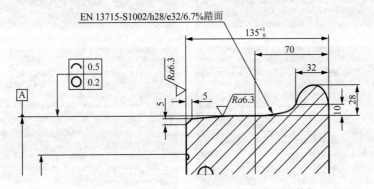

图 3-14　EN 13715-S1002/h28/e32/6.7% 踏面外形尺寸(尺寸单位:mm)

踏面外形主要包括以下几个参数：

(1)轮辋宽度：以车轮内侧面为加工基准面，内侧面和外侧面之间的距离称为轮辋宽度，标准车轮的轮辋宽度为135mm。

(2)车轮的名义直径：由车轮内侧面向外70mm处踏面上一点称为基点，通过基点沿车轮一周组成的圆称为滚动圆，以滚动圆为直径作为车轮名义直径。轮辋的厚度、踏面的圆周磨耗、车轮的直径都在此处测量。目前地铁维护种普遍采用每三个月对车轮尺寸进行检查：同一轴轮径差不大于2 mm，同一转向架轮径差不大于4 mm，同一辆车轮径差不大于7mm，如有超限，则需要进行轮径镟修。

(3)轮缘厚度：由车轮踏面基点做一水平线，向上10mm处轮缘内外侧交点之距离称为轮缘厚度。

(4)轮缘高度：由轮缘顶点到车轮踏面基点水平线之垂直距离为轮缘高度。

(5)圆度：指工件的横截面接近理论圆的程度，是限制实际圆对理想圆变动量的一项指标，其公差带是以公差值 t 为半径差的两同心圆之间的区域。

(6)线轮廓度：线轮廓度是对曲线形状的要求，是一项限制实际曲线对理想曲线变动量的指标，是对非圆曲线的形状精度要求。

三、轴箱组装

轴箱组装由轴箱体、轴承、轴圈、轴承压盖、外端盖及电气部件组成，如图3-15所示。其中郑州地铁1号线轴箱体为整体铸钢结构，轴箱轴承为紧凑型自密封双列圆锥滚子轴承，轴箱定位方式采用转臂式轴箱定位。

图3-15 轴箱组成

根据轴端电气部件的不同分为三种：安装 BECU 速度传感器的轴箱组装、安装信号速度传感器的轴箱组装、安装接地装置的轴箱组装，如图 3-16～图 3-18 所示。

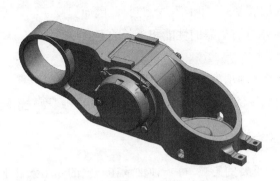

图 3-16　轴箱组装（装 BECU）

图 3-17　轴箱组装（装接地装置）

轴箱是轮对导向装置的组成部分。它装在车轴两端轴颈上，具有以下主要功能：

（1）连接轮对与转向架构架，支撑一系弹簧，支撑转向架构架。

（2）承受和传递轮对与转向架之间的各种载荷，承受车体重力，传递牵引力、制动力。

（3）给轴承内外圈定位，保持轴颈和轴承的正常位置，从而保证车轴正常安装位置。

（4）使轮对沿钢轨的滚动转化为车体沿线路的平动。

图 3-18　轴箱组装（装信号速度传感器）

（5）轴箱采用紧凑型圆锥滚子轴承单元，在提高承载能力的同时，降低了轴箱摩擦系数，减少了车辆启动和运行的阻力，以适应城市轨道交通车辆高速运行、启动频繁、行车密度大的要求。

（6）保持轴承油脂润滑，保证轴承良好的润滑性能，并具有良好的密封性，防止尘土、雨水等物侵入或油脂甩出，从而防止油脂润滑作用被破坏，避免烧轴事故。

城市轨道交通车辆普遍采用滚动轴承，滚动轴承按滚子形状可分为圆柱滚子轴承、圆锥滚子轴承。根据轴承结构特点，有可分为整体式轴承和分体式轴承。轴承由外圈、内圈、滚子、保持架组成。进口轴向轴承的主要品牌为 SKF 和 FAG，我国大连瓦房店、北京南口、哈尔滨等轴承厂生产的轴承也在我国铁路上广泛应用。

1. 圆柱滚子轴承

圆柱滚子轴承的滚子是圆柱形的，一般属于双列分体式轴承，采用聚合物保持架，用迷宫环对润滑脂非接触式密封。轴承滚子技能承受径向力，又能承受轴向力。但圆柱滚子轴承的轴向力主要靠滚子端面和挡边承受，滚子端面与挡边之间的摩擦是滑动摩擦，摩擦力较大，容易导致轴温升高，降低润滑脂使用寿命，轴承使用寿命也会受到影响。

2. 圆锥滚子轴承

圆锥滚子轴承目前运用比较广泛，一般为整体式轴承，也采用聚合物保持架，其主要轴向载荷由滚道承受，一般采用传统的接触式橡胶密封，即卡紧式密封件，因而提高了润滑脂对污染的防护能力，延长了油脂寿命，并使轴承具有更好的性能和更长的寿命。

轴承装置横向力的传递顺序：

右端：车轴→防尘挡圈→轴承内圈→滚子→轴承外圈→轴箱体→转向架→车体。

左端：车轴→螺栓→内圈压板→轴承内圈→滚子→轴承外圈→轴端后盖→螺栓→轴箱体→转向架→车体。

轴承游隙包括径向游隙和轴向游隙。

（1）轴承径向游隙对轴承工作性能有着重要的影响，每一种轴承在一定的作用条件下都有最佳的径向游隙。最佳的径向游隙能使轴承寿命延长、摩擦阻力小、磨损小。

（2）径向游隙分为原始游隙、配合游隙、工作游隙。原始游隙是未装配的轴承内外圈间的径向游隙。轴承装配后，内圈胀大，径向游隙减少，轴承工作后随着温度升高，润滑油膜形成，径向游隙还需要进一步减小。

游隙过小会使轴承工作温度升高，不利于润滑，影响力的正常传递，甚至会使滚子卡死；游隙过大，使轴承压力面积减小，压强增大，使轴承寿命减少，振动与噪音增大。所以，选择合适的径向游隙是重要的。一般载荷大的轴承要求游隙大，圆柱滚子轴承原始径向游隙一般为 0.11～0.19mm。

轴向游隙的作用是避免滚子端部与内外圈挡边经常接触，所以轴向游隙也不宜过小，一般成对圆柱轴承轴向游隙为 0.8～1.4mm。圆锥滚子轴承由于滚道承受轴向载荷，轴向游隙可以更小，其径向游隙和轴向游隙均可通过垫片调整到最佳状态。

滚动轴承润滑脂一般采用锂基润滑脂，润滑脂的性能好坏直接影响轴承性能和使用寿命。列车检修时要注意检查润滑脂的状态，如有结块、明显融化、发臭等现象，应拆下轴承检查并更换润滑脂。更换润滑脂时要注意其填充量，保证保持架内部有足够的润滑脂，通常润滑脂填充量为轴承内自由空间的 30%～50%。润滑脂过少，轴承润滑不足，加剧轴承磨损，导致轴温升高；若填充过多，在高速情况下，特别容易引起轴承温度升高、油脂融化，并可能导致烧轴。

四、驱动装置

动车转向架有驱动装置，为列车提供牵引力和制动力，拖车转向架没有动力驱动装置。地铁车辆主要采用旋转电机驱动，其驱动装置主要由牵引电机、联轴节、齿轮箱组成，如图 3-19 所示。

城市轨道交通车辆动车转向架每根车轴设有一个牵引电机，一般采用架悬式安装，能有效地减轻簧下重量。电机一般为笼式三相异步交流电机。与直线电机相比，交流电机具有维护简单、故障率低、调速方便等优点。

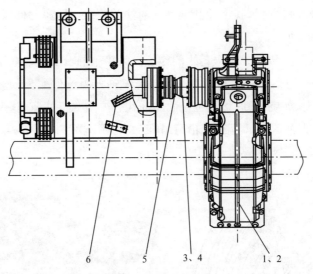

图 3-19 驱动单元装置

1-齿轮箱；2-齿轮箱油；3-联轴节；4-联轴节油；5-联轴节安装螺栓；6-牵引电机

电机的转矩通过联轴节传递给齿轮箱，从而驱动车轮。联轴节由两个单元组成：电机端单元和齿轮箱端单元，每单元都由互相啮合的齿轮外圈和内圈组成。联轴节内圈通过过盈配合压紧在电机输出轴或齿轮箱输入轴上。联轴节内部采用润滑油或润滑脂润滑。联轴节的设计可以保证在由单个对中偏差重叠所引起的最大轴对中偏差条件下，在运行过程中实现完整的转矩传输。联轴节将转矩从驱动电机传输至齿轮装置，在运行过程中可补偿电机与齿轮装置轴的垂直、水平及横向对中偏差。联轴节内出现的任何移动将得以补偿，可以避免电机及/或齿轮装置和联轴节发生碰撞的风险。

联轴节部件由经高强度退火及硬化处理的钢材制成。为了减少振动，螺形齿面将对着尖端中心方向。所需的齿隙产生的偏心度将降至最低。拧入齿轮装置侧的轮毂部件将起到附加的齿轮装置相关的密封作用。联轴节电机侧可以相互替换，同时联轴节齿轮装置侧也可以互相替换。

齿轮联轴节由一个电机侧的半联轴节以及另一个齿轮装置侧的半联轴节组成，如图 3-20 所示。

电机侧的半联轴节由轮毂部件、联轴节部件、法兰套筒及带 DUO 密封圈的外盖组成。齿轮装置侧的半联轴节包括轮毂部件、带密封带的联轴节部件、法兰套筒及带 DUO 密封圈的外盖。轮毂部件焊接在法兰套筒上，并通过齿轮副和联轴节部件相连。联轴节部件通过端齿正向连接并采用一组螺钉连接进行固定。可轴向移动的组件由联轴节部件组成，并通过轮毂部件及盖上的转位进行置中。盖内的 DUO 密封圈对联轴节部件的曲线部分上的联轴节进行密封。通过密封带对联轴节部件及外圈上的端齿进行密封。转矩从通过锥形热套连接的电机轴传输至轮毂部件。焊接在轮毂部件上的法兰套筒通过齿轮副将转矩传输至联轴节部件。联轴节部件通过端齿牢固地用螺栓固定在联轴节部件上。这样转矩将通过齿轮副经联轴节部件传输至同时焊接在轮毂部件上的法兰套筒。轮毂部件通过锥形压接配合将转矩传输至齿轮装置轴。

齿轮箱主要起减速、传递并增大转矩的作用。齿轮箱的一端支撑在车轴上，另一端由齿轮箱吊杆连到转向架构架上。齿轮箱的大齿轮与车轴采用过盈配合，通过加热膨胀准确地套在车轴相应位置上，如要拆卸，可通过在其注油孔内注油并将其退出。

齿轮箱组件主要包括：齿轮箱，齿轮箱吊杆，齿轮箱防落销，如图 3-21 所示。其内部结构如图 3-22 所示。

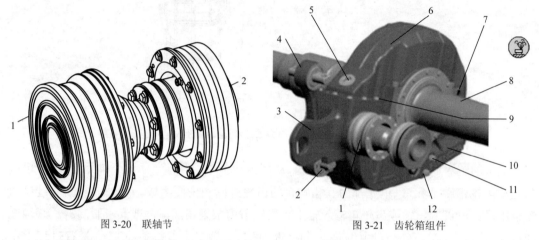

图 3-20 联轴节

1- 齿轮箱侧半联轴节；2- 电机侧半联轴节

图 3-21 齿轮箱组件

1- 联轴节；2- 弹性块；3- 安全挡块；4- 吊杆；5- 观察孔；6- 上箱体；7- 呼吸阀；8- 轮对轴；9- 合箱螺栓；10- 下箱体；11- 注油孔；12- 放油孔

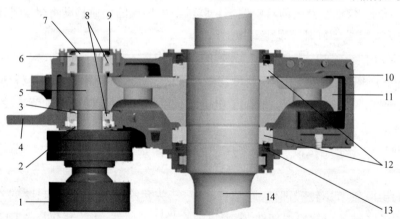

图 3-22 齿轮箱内部结构

1- 联轴节；2- 输入端迷宫密封；3- 挡油环；4- 安全挡块；5- 齿轮轴；6- 四点接触球轴承；7- 端盘；8- 输入端圆柱磙子轴承；9- 轴承盖；10- 箱体；11- 大齿轮；12- 输出端圆锥磙子轴承；13- 迷宫环；14- 轮对轴

齿轮箱机箱材料为球墨铸铁，并具有良好的密封性能。机箱部件采用非接触、无磨损式迷宫密封，可以防止润滑油流出。输出侧采用附加接触密封，输入侧采用 FEY- 层状密封，可以防止灰尘和飞溅水进入。机箱、外盖和密封塞之间的静态密封采用密封胶、O 形圈和平垫片等。轮对轴也是齿轮箱的输出轴。弹性层状扭力臂齿轮装置和转向架构架之间的反作用力引入转向架。当扭力臂出现故障时,齿轮箱机箱中的突出部分和转向架上的安全装置可作为紧急导杆。内外布置的附加挡边支撑扭转刚度和良好的振动特性。储油箱和挡油环油槽保证了滚柱轴承的最佳油量供应。

齿轮部件采用高合金表面硬化钢制成。传动齿轮采用渐开线轮齿,表面硬化和研磨式齿轮齿。轮齿质量和齿廓修正可以保证安静、可靠的运行。斜齿轮轴安装在两个圆柱滚柱轴承及1个四点轴承中,轨道轮轴安装在两个圆锥滚柱轴承中。齿轮的润滑采用飞溅润滑的方式,通过挡油盘和齿孔或通过轴承盖中的连接孔以精确的喷油方式向轴承供油。挡边保留轴承中的残余油以在启动时保证充分的润滑,通过齿轮装置面以对流和辐射的方式进行散热。

一般情况下,新齿轮箱投入使用运行25000km后应更换润滑油,主要是由于齿轮箱内新加工的部件经过第一次装配后,磨合初期会有一定的磨损,磨损产生的铁屑混入润滑油中,容易损伤齿轮箱内各部件,需要更换新的润滑油。此后,一般每年更换一次齿轮箱润滑油。

五、基础制动装置

目前城市轨道交通车辆的基础制动装置主要包括两种方式:踏面制动和盘式制动。

郑州地铁1号线采用的是踏面制动,制动器型号是PEC7-EXLBX和PEC7-EFLBX。踏面式制动器PEC7是气动操纵的制动设备,由制动气缸、变速机构和磨损补调器组合而成。其结构紧凑、节省空间,分为卧式和立式设计形式,特别适合安装在空间狭窄的转向架上。无论是带半悬挂的弹簧式储能器类型还是带手制动杆的类型,都可以作为常用制动器或停放制动器使用。弹簧储能器由压缩空气控制,这使得列车中所有停放制动器都可以从驾驶台上集中启动和缓解。具有结构紧凑,无连杆;通过单作用气缸容量调节器自动修正闸瓦和轮子磨耗造成的闸瓦间隙;空气消耗量稳定;通过压缩空气可在驾驶台上集中操纵弹簧储能器;在更换闸瓦时无需进行调整工作等特性。

每个转向架设有4个踏面制动单元,其中两个带有储能制动器,成斜对角布置,制动单元吊挂在横梁上的制动器座上,如图3-23所示。储能制动器用于施加停车制动。

图3-23　基础制动装置(右图为带储能制动器的制动装置)

六、一系悬挂装置

一系悬挂装置的主要功能是将轮对定位在构架上,从而连接轮对与构架、传递牵引力和制动力、缓冲牵引力和制动力的冲击、支承构架及车体质量。一系悬挂用于衰减轮对的垂向运动,并确保轮对的平行。如果垂向载荷超过一系弹簧的弹簧力,则转向架构架和轴箱将压在一起。4个一系垂向止挡用于缓冲这种接触力,此外它们还可以防止损坏轴箱和转向架构架的金属表面。

为了约束轮对和构架之间的相对运动,确保一系弹簧减振性能和转向架曲线通过性能,避免运动部位过度磨损,需要妥善设计轴箱定位方式。轴箱定位方式主要由一系弹簧形式决定。

铁路上的轴箱定位有很多种方式,如人字金属橡胶弹簧定位、双圆锥金属橡胶弹簧定位、转臂式定位等。

人字形橡胶弹簧结构如图3-24所示。人字形橡胶弹簧取代金属弹簧,作为一系轴箱弹簧,可以在纵向、横向及垂向得到不同匹配的弹簧刚度;并且这种橡胶弹簧有重量轻、结构简单、吸收高频振动及减少噪声等优点。因此,人字形橡胶弹簧常应用于城市轨道车辆上,如我国的某些A型地铁车辆。采用人字形橡胶弹簧的一系悬挂,由于人字簧是倾斜装在轴箱上,其尺寸的偏差及刚度的偏差对构架安装高度的影响非常显著,另外橡胶的蠕变对系统也会造成影响。实际制造中也出现过由于各种原因造成构架无法落到预定高度的情况,为保证采用人字簧的转向架能顺利制造和安全运行,一系悬挂的各部件的尺寸控制就需要非常严格。

采用锥形金属橡胶弹簧的一系悬挂结构如图3-25所示。该弹簧在起到弹性悬挂的同时又起到轴箱定位作用。通过在弹簧橡胶内部开口,可以得到不同的纵向、横向刚度,并满足设计需要。此外,这种结构相对简化,尤其在整车轮重调整时,不用分解转向架,采用千斤顶顶起构架就可以进行一系加垫调整轮重。

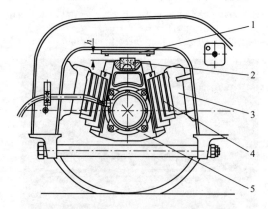

图3-24 采用人字金属橡胶弹簧的一系悬挂

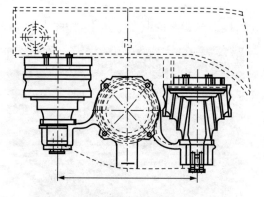

图3-25 采用锥形金属橡胶弹簧的一系悬挂

1-调节板;2-辅助弹簧;3-人字弹簧座;4-人字弹簧;5-轴箱体

橡胶弹簧性能离散大,一系弹簧的刚度均衡性直接影响轮重减载率和车辆动力学性能。一系弹簧装配前应进行选配,一般降刚度差值在2%范围内的橡胶弹簧归为一组,在装车时,同一转向架只能安装同组刚度的橡胶弹簧。

由于橡胶弹簧具有蠕变特性,新人字金属橡胶弹簧装车后需要经过48小时静态沉降才能满足预定的性能。新一系弹簧装车运用初期的60天,一系弹簧还会进一步沉降,伺候沉降就比较少了。由于橡胶弹簧存在沉降,为了确保转向架性能和联轴节的正常工作,应定期检测轴箱间隙。若轴向间隙过低,可通过在轴箱的支撑座上增加垫片进行调整。

郑州地铁1号线一系悬挂装置主要包括一系弹簧、转臂橡胶关节、一系垂向止挡和一系垂向减振器。一系弹簧采用螺旋钢弹簧结构,螺旋钢弹簧位于轴箱体侧面,在每轴箱处设一个垂向减振器,如图3-26所示。一系悬挂的垂向刚度由其螺旋钢弹簧决定,一系悬挂的垂向阻尼由一系垂向油压减振器提供,一系悬挂的横、纵向刚度由转臂橡胶弹性节点处的刚度提供,允许轴箱与构架之间有较大的垂向位移。其轴箱定位采用转臂式轴箱定位,一系弹簧通过轴箱和轮对将车体和转向架的重量(垂向载荷)传递到轨道上。

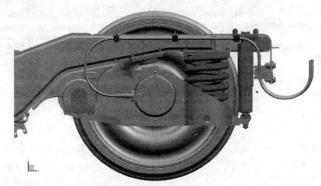

图3-26 采用螺旋钢弹簧的一系悬挂

一系弹簧主要包括一个一系钢弹簧组,由一系橡胶垫和一系弹簧板定位,如图3-27所示。每个一系钢圆弹簧组包括长度相同的内、外弹簧各一个。每个弹簧均配有一个标志带。标志带标示出一系钢圆弹簧组的安装方向。一系橡胶垫的上部用来分开内、外弹簧,还可以用来降噪。在一系弹簧板和转向架构架之间,可以使用弹簧垫片。一系弹簧组在运营期间一般不需要调整,仅在更换转向架构架作业后才有必要对其进行调整。可以通过整体更换每个轴的两个一系弹簧组,而不需要通过弹簧垫片进行调整。

城市轨道交通车辆弹性减振器一般采用液压减振器,它通过把振动机械能转化为热能散发掉来减少振动。液压减振器主要是利用液体黏滞阻力所做的负功来吸收振动能量。它的优点在于它的阻力是振动速度的函数,其特点是振幅的衰减与幅值大小有关,振幅大时衰减量也大,反之亦然。这种"自动调节"减振的性能,非常符合城市轨道交通车辆对振动性能高要求的特点。按安装部位不同,减振器主要由安装在轴箱与构架之间的一系减振器和安装在构架与车体之间的二系减振器。按衰减振动的方向不同,减振器主要有横向减振器、垂向减振器、抗蛇形减振器(主要用于高速列车)。

一系垂向液压减振器与一系悬挂系统的螺旋弹簧并行布置,用于减小各轮对的垂向运动,从而保证轮对的平行。此外,一系垂向液压减震器还可用作上升止挡,实现脱轨和复轨时车体的小量提升。

不同类型减振器内部结构不同,但无论哪种液压减振器,都是通过车体振动时带动其活塞的上下运动,驱动油液流经节流阀节流而产生减振阻力,系统的振动机械能因此转化为油液热能而逸散,从而达到减振目的。垂向减振器结构如图3-28所示。

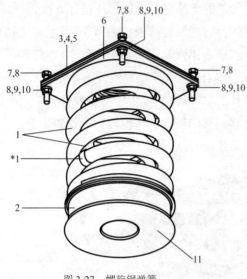

图3-27 螺旋钢弹簧

1-一系弹簧组;2-一系橡胶垫;3~5-弹簧垫片;6-一系弹簧板;7~10-安装螺栓;11-一系基础垫

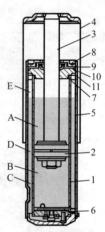

图3-28 油压减振器

1-压力油缸;2-活塞;3-活塞杆;4-保护套管;5-油缸管及基座;6-基座阀门;7-活塞杆引导装置;8-活塞环;9-活塞杆密封;10-O形圈;11-垫圈;A-活塞上面的工作室;B-活塞下面的工作室;C-环形储油室;D-储油室下端;E-储油室上端

七、二系悬挂装置

二系悬挂装置包括空气弹簧、二系垂向减振器、二系横向减振器、高度调节装置、横向止挡等,如图3-29所示。

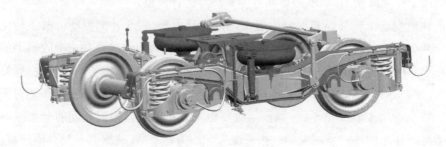

图3-29 二系悬挂装置

每个转向架设置两个空气弹簧,左右两侧各一个。空气弹簧位于构架的侧梁上,车体支撑在这两个空气弹簧上。每一空气弹簧包含一个橡胶气囊和一个辅助弹簧,其结构如图3-30所示。当空气弹簧气囊泄气时,辅助弹簧可作为保护装置保证车辆能够继续前行,但乘坐舒适度会有所降低。当车体负载变化时,空气弹簧通过高度阀调节进行充放气,确保车体地板高度在允许的范围内。

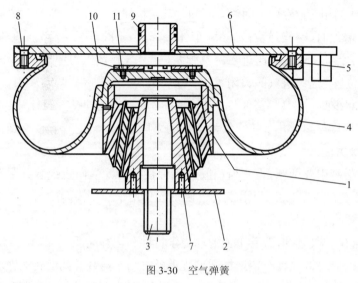

图3-30 空气弹簧

1-紧急弹簧;2-底版;3-销钉;4-气囊;5-环;6-顶板;7、8、11-安装螺钉;9-O形圈;10-滑板

空气弹簧的主要特点如下:

(1)具有较高的柔度,可以降低车辆的自振频率,提高车辆乘坐的舒适性。

(2)具有非线性特性,可以根据车辆振动性能需要,设计成具有比较理想的弹性特性曲线,载荷加大时,刚度变大,根据振动频率公式,可以保证列车在空、重载情况下振动频率一致,从而使列车在不同载荷下运行平稳性接近。

(3)通过与高度阀并用,可使车辆地板面在不同的载荷下,保持高度基本一致(±10mm),保证车辆在运行时不超过车辆动态包络线。

(4)可以承受三个方向的载荷,使车辆各方向具有一定的柔度,提高列车运行性能。

(5)空气弹簧和辅助风缸之间由高度阀连通,车辆振动时,高度阀调节空簧充放气,使空气弹簧具有减振作用。

(6)空气弹簧具有良好的吸收高频振动性能和隔声性能。

空气弹簧主要由空气囊和金属橡胶紧急弹簧组成,其结构如图3-26所示。二系悬挂装置的高度可以通过添加或去除底板下方的二系悬挂垫片进行调整。空气弹簧底部时紧急弹簧。紧急弹簧一方面能有效增加空气弹簧的柔度和挠度,增加列车乘坐舒适性;另一方面,紧急弹簧在空气弹簧爆裂时也能支撑列车继续运行,直至列车退出运营。转向架安装好后进行家在试验时,若发现转向架两侧紧急弹簧座高度偏差过大(一般不大于3mm),可以在紧急弹簧底部加垫片调整。若因镟轮或车轮磨耗导致车体地板面下降过多,也可在转向架两侧紧急弹簧安装座处加垫片补偿地板面高度。

高度阀安装在构架与车体之间,可根据载客量自动控制空气弹簧的充排气,确保不同载荷下空气弹簧的性能基本稳定,确保车辆的地板面高度在调整好后不随载荷的改变而发生变化。考虑安装的对称性,三点式悬挂的系统需要两种高度阀,其工作原理完全一致,只在手柄结构以及手柄与阀体的相对位置两方面略有不同。其结构简单,采用可接入管路的设计形式。

当车辆载荷增加时,空气弹簧被压缩,车体下降,由于阀杆长度一定,迫使杠杆转动将进气阀打开,压力空气通过进气阀进入空气弹簧,使空气弹簧压力增加,车体随之上升,直到杠杆处于水平位置,这时进气阀关闭。

当车辆载荷减少时,空气弹簧伸长,车体抬高,杠杆转动使排气阀打开,空气弹簧压力空气通过排气阀从排气口排出,使空气弹簧压力下降,车体随之下降,直到杠杆处于水平位置,这时排气阀关闭。

横向止挡位于牵引座两侧,设有自由间隙和弹性间隙。横向止挡装置限制二系悬挂装置横向变形,以免超出正常自由范围,其弹性阻尼元件用来减小横向冲击。

二系悬挂装置具有以下功能:
(1)为车辆提供空气悬挂,改善车辆的动力学特性和运行品质;
(2)通过设置高度阀,可使车辆地板面高度调整好后不随载荷的变化而改变;
(3)将簧上载荷准确地测量并提供给车辆控制系统,为列车的有效牵引和精确制动打下基础。

八、牵引连接装置

转向架构架通过一套牵引装置向车体传递牵引和制动力,并绕车体特定中心回转,牵引装置主要由中心销、牵引拉杆等部件组成。牵引座通过螺栓固定在车体底架上,牵引拉杆一端固定在牵引座上,另一端固定在转向架构架横梁支座上,如图3-31所示。牵引杆的作用相当于一个推拉杆,它借助于牵引橡胶关节将车体和转向架连接起来。由于牵引橡胶关节是橡胶件,所以它能够缓冲车体和转向架构架之间的相对运动。

图3-31 牵引装置

无摇枕的地铁车辆转向架结构简单,有利于降低转向架质量,主要依靠空气弹簧直接承受车体垂向和横向载荷,其牵引装置主要作用如下:

(1)连接车体和转向架构架,并传递牵引力和制动力。

(2)通过横向止挡对中央牵引装置的限位作用,中央牵引装置还可以避免车体过度的横向运动,并向构架传递一定的横向载荷。

(3)使转向架具有合适的回转柔度。牵引连接装置一方面要限制转向架的运动,另一方面要让车辆在通过曲线时,转向架可以沿曲线方向相对于车体偏转,让转向架顺利通过曲线。

九、辅助装置

辅助装置包括抗侧滚装置、轮缘润滑装置、整体起吊装置、TIA 天线装置等。

城市轨道交通车辆通过一系、二系悬挂来满足车辆更好的性能要求。为了提高乘坐舒适性,二系悬挂采用较小的刚度。但车体受到离心力、侧向力、偏载等因素影响时,刚度较小的二系悬挂不能保证车体维持正常姿态,车体两侧容易出现相对于转向架的高度差,即车体相对于转向架发生侧滚运动,这会大大降低车辆乘坐舒适性和运行平稳性,并且可能使车辆超出列车的动态包络线。在车体和转向架之间设立抗侧滚装置,可以限制车体相对于转向架的侧滚运动,提高车体抗倾覆稳定性,提高列车的乘坐舒适度。其结构主要由一根扭杆和两根拉压杆组成,如图 3-32 所示。

图 3-32 抗侧滚装置

在构架横梁中穿有一根抗侧滚扭力杆,两端装有力臂杆和边杆,最后连接在车体上,当车体发生侧向振动倾斜时,在两力臂杆端部作用一力偶,使抗侧滚扭力杆产生扭转变形,利用扭力杆的弹性来实现其减小和缓和车体侧滚振动的功能。

轮对与钢轨的磨损会导致巨大的耗费,磨损到一定程度后就必须进行镟修恢复或者更换轮对,否则就会有列车出轨的危险,严重时会酿成灾难性事故。较铁路而言,城市轨道交通的轨道弯道的半径比大铁路要小很多,列车在进入弯道时会发出刺耳的尖厉声。在两拖车前段安装车载式润滑装置,具有减小轮对与钢轨磨耗的特点,润滑脂可减小轮缘的磨耗,降低轮缘、轨道的磨耗，由于摩擦系数减小，能耗也得到降低，使出轨的危险性有所降低，同时由于降低了行车噪声，可以提高行车舒适度。

REBS生产的湿式轮缘润滑装置，主要由安装在车体上的电控箱、弯道传感器，以及安装在构架上的油箱、泵、油气分配器和喷嘴组成，如图3-33所示。其安装方式如图3-34所示。电控箱与油箱之间有软管连接。控制方式为时间控制+弯道控制模式，控制系统以时间为基础，在弯道上通过完整的离心力检测开关（弯道传感器）增加额外的弯道润滑（此时时间控制停止）。

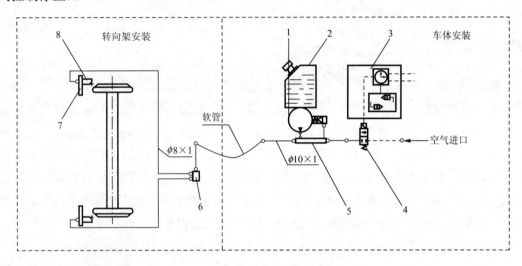

图3-33　REBS轮缘润滑装置

1-气动泵；2-油箱；3-电控箱（带弯道传感器）；4-电磁阀；5-混合块；6-分配器；7-喷嘴支架；8-喷嘴

轮缘润滑装置主要是通过控制油脂/压缩空气混合物传递至车轮踏面与轮缘过渡部位（轮缘根部）来完成润滑作用。压缩空气和润滑油通过同一根管子输送，在压缩空气的推动下，高比例固体颗粒的润滑剂被精细地喷射到轮缘上。由压缩空气驱动的泵将润滑剂输送到油气混合块，在混合块中，借助于流动的紊流状的压缩空气的作用，润滑剂和压缩空气形成油气混合物并沿着管壁输送，到达喷嘴后，通过喷嘴的加速作用喷射到轮缘上，因此润滑剂能精细覆盖在轮缘上而不会洒落到别处。润滑后的轮缘通过和轨道的接触，轨道也得到了部分润滑剂，轨道上的润滑剂又会传到后面的车轮上。

整体起吊装置上部通过钢丝绳连接牵引座，下部与构架相连，如图3-35所示。转向架可通过钢丝绳与车体被一同吊起，起吊限位钢丝绳的上端被压紧端子箍成一个绳圈。索环保证起吊限位钢丝绳达到要求的刚度。在起吊限位钢丝绳的尾端压紧另外一个压紧端子。垫圈装在压紧端子上面。在吊装开始时，首先转向架

图3-34　轮缘润滑装置在转向架上的安装

牵引座和起吊限位钢丝绳随车体一并吊起。起吊钢丝绳与构架之间有一定的活动行程,当上升距离超过活动行程时,垫圈接触到安装在横梁焊接件上的最下面的调整垫片。随着吊装过程的继续,转向架将与车体一并被吊起。列车起复救援时可用C形块填充该行程,以提高转向架顶升高度。

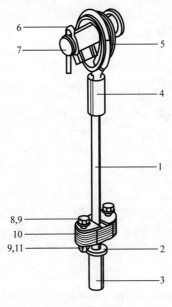

图3-35 整体起吊装置

1-起吊限位钢丝绳;2-垫圈;3-压紧端子;4-压紧端子;5-索环;6-弹簧锁销;7-插杆销;8、11-六角螺母;9、10-垫片及垫圈

第四章 车钩

> **岗位应知应会**
>
> 1. 了解车钩的安装布局及结构组成。
> 2. 熟悉车钩的基本功能及结构特征。
>
> **重难点**
>
> 熟悉车钩的主要技术参数及能量吸收原理。

第一节 车钩系统概述

车钩缓冲装置是连接车辆的基本部件,对于列车车辆而言,它是一个起着非常重要作用的部件。车钩缓冲装置的作用是连接车辆,使得单节车辆能连挂成一列编组列车,并使车辆之间保持一定距离,可以传递和缓和列车在运行中所产生的纵向力和冲击力。此外,通过车钩还可以实现车辆间的电路和气路连接。

车钩缓冲装置包括车钩和缓冲器两部分,车钩用于实现牵引联挂,缓冲器用于缓冲牵引连挂时所产生的冲击和振动。缓冲器的原理是借助于压缩弹性元件来缓冲冲击作用力,同时在弹性元件变形过程中利用摩擦和阻尼吸收冲击能量。

车钩按其结构类型大体可分为密接式车钩和非密接式车钩。非密接式车钩允许两相连挂车钩钩体在垂直方向上有相对位移。因此,这类型的车钩是一种非紧密型连接,车钩间隙远大于 3mm。此类车钩普遍应用于一般铁路客车、货车上。密接式车钩不允许两相连接车钩钩体在垂直方向上有相对位移,所以这类车钩都是紧密连接式的,车钩间隙在 3mm 以下。密接式车钩属刚性自动车钩,车钩连挂后,车钩面紧密贴合,没有上下和左右的移动,而且纵向间隙也限制在很小的范围之内,在保持列车运行平稳性和降低车钩零件的磨耗方面具有良好的效果。车钩连接表面的间隙越小,就越能提高列车的运行平稳性,降低列车的纵向力,减少牵引制动产生的噪声。但连接表面间隙越小,意味着制造工艺及维护要求越高,同时成本也相对较高。所以这类车钩适用于高速运行的列车和对运营列车行驶环境要求较高的城市轨道交通车辆。按车辆编组用途分为三种类型:全自动车钩、半自动车钩和半永久车钩。

全自动车钩和半自动车钩都是依靠相邻车钩头上的凸锥和凹锥口互相插接,起着紧密连接的作用。这种车钩使列车的电和气同时连接,优点是节省人力,保证安全;缺点是构造复杂,强度较低。所以它仅能用于地铁、轻轨等轻型轨道交通车辆上。

半永久牵引杆则利用上下两个套筒联轴节把两个钩杆的法兰紧密地连接在一起,其优点是构造简单,缺点是耗费人力,不宜拆装,仅适用于固定编组车辆的连挂。

目前城市轨道交通车辆车钩上常用的缓冲器形式有橡胶缓冲器、胶泥缓冲器、气液缓冲器和压溃管等,不同的缓冲器配置直接影响车钩的缓冲和能量吸收性能。缓冲器用于缓和列车在正常运行中出现的纵向冲击,提高列车运行平稳性和舒适性以及吸收列车在非正常状态下以较高速度撞击时的冲击能量,保护车底架不受损坏。

一、全自动车钩的特性

全自动车钩的功能特性为:实现车辆的机械自动连接、电路自动连接、气路自动连接。连挂时无需人工辅助,即使水平方向和垂直方向有一定的角位移,也可以通过对中装置的调节实现自动连挂。解钩时可通过操作司机室的解钩按钮,实现自动气动解钩,也可在车钩旁拉动解钩绳实现手动解钩。

全自动车钩一般设置在列车的端部,在两列车连挂运行、救援以及库内调车时使用。

二、半自动车钩的特性

半自动车钩的功能特性为:能够实现车辆自动机械连挂,无需人工辅助,实现气路和部分电路自动连挂。对中装置可使半自动车钩在水平方向和垂直方向有角位移的情况下自动连挂。当车钩机械连挂在一起的同时自动把风管连接起来。电动车钩的固定/移动触点被压向其中一个反向车钩,同时建立电气连接。电缆与电气钩头外壳的接头密封且无拉力。解钩时,可以通过解钩按钮对机械车钩进行自动解钩,也可以在轨道旁手动解钩。

半自动车钩一般设置在列车中部,用于列车的分段运行。

三、半永久牵引杆的特性

半永久牵引杆的功能特性为:无自动机械解钩功能,人工电路连挂,风管在牵引杆的两部分对上时会自动连接上。牵引杆由卡环连接,这种连接方式刚性佳、无松脱、安全性高。车辆的电路连接通过跨接电缆实现。解钩作业需在车辆段手动进行。

半永久性牵引杆用于车辆编组时永久性连接,除非紧急情况或车辆维护,不需要分离车辆,半永久牵引杆的分离只能手动进行。

四、车钩及缓冲器布置形式

郑州轨道交通 1 号线车辆为 6 辆车编组,车钩连接方式为:

=Tc-Mp-M*M-Mp-Tc=

式中:Tc——带司机室的拖车;

　　　Mp——带受电弓的动车;

　　　M——动车;

　　　=——全自动车钩;

　　　-——半永久牵引杆;

　　　*——半自动车钩。

车钩及缓冲器布置如图 4-1 所示。

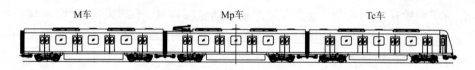

全自动车钩	半永久车钩	半永久车钩	半永久车钩	半永久车钩	半自动车钩	车钩类型
机械自动连接	机械连接	机械连接	机械连接	机械连接	机械自动连接	连接功能
气动自动连接	气动连接	气动连接	气动连接	气动连接	气动自动连接	
电气自动连接	—	—	—	—	电气手动连接	
EFG3	EFG3	EFG3	EFG3	EFG3	EFG3	能量吸收
可压溃筒体300mm	可压溃筒体200mm	—	—	可压溃筒体200mm	可压溃筒体100mm	
过载保护装置						

半自动车钩	半永久车钩	半永久车钩	半永久车钩	半永久车钩	全自动车钩	车钩类型
机械自动连接	机械连接	机械连接	机械连接	机械连接	机械自动连接	连接功能
气动自动连接	气动连接	气动连接	气动连接	气动连接	气动自动连接	
电气手动连接	—	—	—	—	电气自动连接	
EFG3	EFG3	EFG3	EFG3	EFG3	EFG3	能量吸收
—	可压溃筒体200mm	—	—	可压溃筒体200mm	可压溃筒体300mm	
—					过载保护装置	

图 4-1　车钩及缓冲器布置

五、车钩的主要技术参数

车钩的主要技术参数包括车钩的压缩强度、拉伸强度、能量吸收参数等。下面以 330 型车钩为例,分别介绍三种不同类型车钩的主要技术参数,见表 4-1～表 4-3。

330型全自动车钩主要技术参数　　　　表4-1

	压缩强度(屈服强度)		1250kN
	拉伸强度(屈服强度)		850kN
	车钩长度(从连挂面到安装面)		(1454±5)mm
压溃管	冲击负载	缓冲	800kN
	行程	缓冲	300mm
	能量吸收(动态)	缓冲	约240kJ
过载保护装置	冲击负载	缓冲	约1000kN
	行程	缓冲	约5mm
车钩的最大摆动		水平	±25°
		垂直	±6°
气动对中装置		重定心角	±15°
	连挂所需要的最小速度		0.6km/h
	质量		约385kg

330型半自动车钩主要技术参数　　　　表4-2

	压缩强度(屈服强度)		1250kN
	拉伸强度(屈服强度)		850kN
	车钩长度(从连挂面到安装面)		(1454±5)mm
压溃管	冲击负载	缓冲	800kN
	行程	缓冲	100mm
	能量吸收(动态)	缓冲	约80kJ
车钩的最大摆动		水平	±25°
		垂直	±6°
气动对中装置		重定心角	±15°
	连挂所需要的最小速度		0.6km/h
	质量		约300kg/280kg

330型半永久牵引杆主要技术参数　　　　表4-3

	压缩强度(屈服强度)		1250kN
	拉伸强度(屈服强度)		850kN
	车钩长度(从连挂面到安装面)		(1125±5)mm
压溃管	冲击负载	缓冲	800kN
	行程	缓冲	200mm
	能量吸收(动态)	缓冲	约160kJ
	质量(带压溃管半永久牵引杆/刚性杆牵引杆)		约300kg/280kg

第二节　车钩结构及其工作原理

一、全自动车钩

全自动车钩的主要目的是紧急情况下，当列车由于故障不能自行运行，为保证其他列车的安全通过，采用良好车连挂救援故障车，将其拖走或于厂内非自身动力调查时与工程车过度车钩进行配合。全自动车钩可实现机械、电路、气路连接。本书主要介绍330型车钩的相关知识。

全自动车钩的结构主要包括车钩头、解钩装置、风管连接、电子车钩头操作装置、钩身、橡胶垫钩尾座、电子车钩头、端盖、对中装置、车钩控制、过载保护、卡环连接件车钩头的电气装置、接地系统等。其结构如图4-2、图4-3所示。

图4-2　全自动车钩

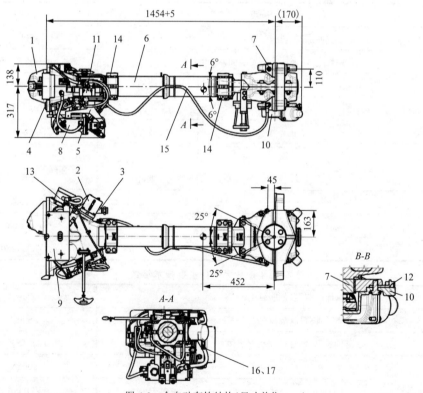

图4-3　全自动车钩结构（尺寸单位：mm）

1-车钩头；2-解钩气缸；3-管接头；4-风管接头；5-电动车钩头操作装置；6-钩身；7-橡胶垫牵引装置；8电动车钩头；9-端盖；10-对中装置；11-气动装置；12-防旋转锁；13-电气装置；14-卡环连接件；15-接地系统；16-减径管；17-转动接头

全自动车钩能实现列车的自动连挂,在无需人工协助时车钩可以实现车组之间的机械连挂,在水平和垂直失准的情况下,自动连挂也是可能的。车钩使列车能适应竖曲线和水平曲线的情况,并允许转动。

两组列车连挂时,驱动第一列车连接到第二列车上,可以同时实现两列车机械、电气线路和空气管路的自动连接而无须手动操作,一旦列车完成电气连挂,连挂状态将会通过相应指示灯按钮显示在司机操作台上。解钩作业可以在司机室遥控操作或在轨道侧手动操作完成,当列车解钩分离后,车辆即恢复到待连挂状态。其连挂范围取决于凸锥面与凹锥面的轮廓配合,即车钩凸锥可以进入对面钩的凹锥即可正常连挂。连挂范围从理论上确定,当连挂条件及车钩状态满足:

(1)直线轨道;
(2)车钩表面洁净,凸锥或凹锥上无杂质;
(3)连挂车钩的前表面相平行;
(4)车钩的滑动表面润滑良好;
(5)钩锁润滑良好,拉动手动解锁装置,钩锁转动良好无卡滞;
(6)连挂速度满足要求($1km/h < v \leqslant 3km/h$)。

全自动车钩的可连挂理论范围如图 4-4 所示,即当对应车钩的中心(M)处于交叉阴影线范围内,便可进行并完成连挂。两车钩连接后可以通过一定的曲率半径的竖向及水平方向曲线并容许有相对转摆。

车钩设有能量吸收部件,该部件在经受严重冲击后会发生变形。同时,车钩还设有过载保护装置,该装置位于车钩缓冲器的后面,包括一组可压溃和可折断的紧固件。该装置在能量吸收部件和橡胶缓冲器两者的能量吸收容量全部耗尽之后才起作用,因而可以保护车体底架免受损失。

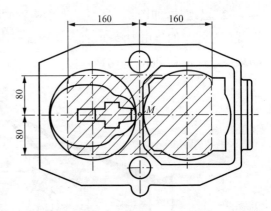

图 4-4 全自动车钩理论连挂范围(尺寸单位:mm)

1. 车钩头

车钩头连挂可实现两节车厢之间的机械连接。车钩钩头由钩头壳体、钩舌、凸锥、凹锥、钩锁及钩锁连接杆、钩锁弹簧、解钩风缸组成。车钩钩头表面有凸锥和凹锥,在水平和垂直方向的连挂范围内,可实现车钩自动连挂对齐和同心。车钩头面配有一只宽而平的边缘以吸收推进时的力,牵引和推进负荷从钩头通过钩锁传递到钩杆,并通过钩杆和橡胶缓冲装置传递到底架上。载荷通过橡胶缓冲装置被减缓到一个指定值,如果载荷(比如因碰撞引起的载荷)超过缓冲装置的减振能力,该载荷将通过一个特殊的保护装置被吸收。车钩头结构如图 4-5 所示。

车钩锁有如下三个操作位置：

（1）准备连挂，如图4-6所示。钩舌腹板靠近于凸锥边缘。钩板通过拉簧压入，顶住车钩头外壳里的止挡。

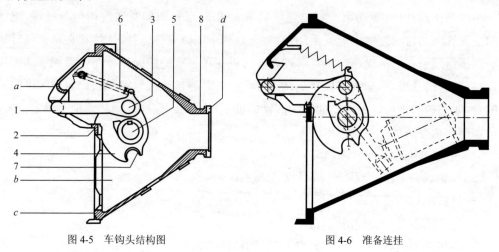

图4-5 车钩头结构图　　　　　图4-6 准备连挂

a-凸锥；*b*-凹锥；*c*-车钩端面；*d*-卡环法兰；1-钩舌；2-止挡；3-钩舌销；4-钩板；5-中枢；6-拉簧；7-钩锁虎口；8-车钩头外壳

（2）已连挂，如图4-7所示。当车钩表面配合时，钩舌被压向对侧车钩的钩板上。车钩锁抵抗拉弹簧的作用力转动，直至将钩舌与钩板槽啮合。此后钩板受拉弹簧的作用，向后转动到已连挂位置，车钩锁闭锁。车钩锁的位置分成准备挂连模式和已挂连模式。

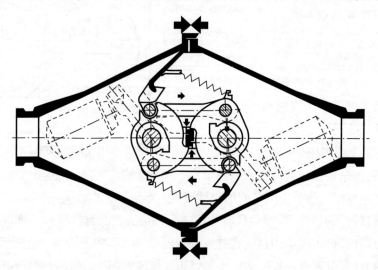

图4-7 已连挂

当车钩连挂后，锁紧装置会形成一个平行四边形形状，这样可以将牵引荷载均匀地分布在两个钩锁装置上，不会出现意外解锁现象。钩锁承受均匀分布在两个连接链上的张力载荷，车钩锁只受到拉伸负荷的影响，普通的磨损不会影响车钩锁的安全使用。连挂运行时,车钩受拉力作用,由于钩锁牵引杆牵引负荷均匀,因而使钩舌始终处于锁紧位置,保证了连挂牢固可靠。当推进运行时,车钩受推力作用,由车钩壳体的密贴平面传递推力。

(3)解钩,如图4-8所示。解钩时,车钩锁抵抗拉簧的作用力转动,直至将连杆从钩板槽中释放出来。当其中一个钩舌在钩板槽后部啮合时,车钩锁保持在这个位置。车辆分离后,解开上锁的钩舌,通过使用拉簧允许钩锁向后转,把车钩舌推前,车钩锁再次准备连挂。

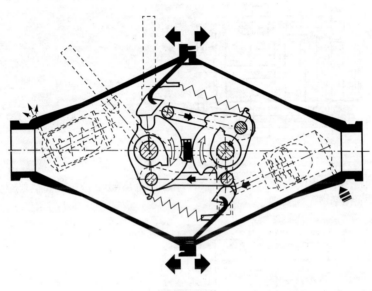

图 4-8 解钩

2. 解钩装置

解钩装置的作用是解除钩锁装置锁紧状态。解钩可以通过司机室内解钩按钮或手动解钩。紧急情况下可进行手动解钩,通过拉扯钩头上的解钩拉环解钩。解钩时,司机操作按钮控制电磁阀,使解钩风缸动作,风缸活塞杆推动钩舌作顺时针转动,张紧弹簧拉伸,使车钩的钩锁脱开相邻车钩的钩舌,车钩处于解钩状态,动车拉动一组车辆,车钩分开。两辆车完全分离后,弹簧力使车钩恢复到待挂状态。车钩下部为电气连接部分,由电气车钩等附属件组成,可前后伸缩。

3. 风管连接

主风管连接器固定在车钩头上,布置在车钩头下方,在车钩连挂时,自动风管自动连挂,阀门自动打开。解钩后,阀门自动关闭。其结构如图4-9、图4-10所示。

接头的接口管设计高出车钩端面约8mm,在连挂过程中对应的接口管被压下,为空气连接提供密封,止动弹簧防止接口管从气缸筒内滑出。

总储气管的风管接头配备有压力阀,在车钩解钩时可以确保 MRP 的闭合。在连挂期间,配套车钩的簧压阀杆确保 MRP 开启。

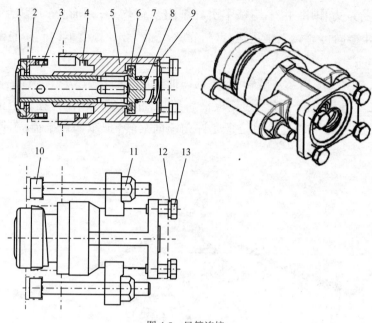

图 4-9 风管连接

1-垫片;2-套筒;3-橡胶管;4-压缩弹簧;5-阀套;6-橡胶圈;7-阀门挺杆;8-压缩弹簧;9-O 形圈;10-内六角螺钉;11-六角螺母;12-防松垫圈;13-六角头螺钉

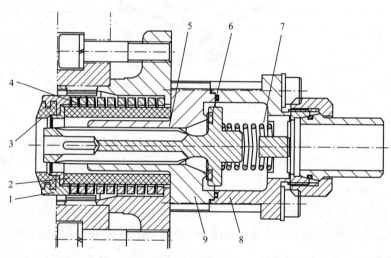

图 4-10 主风管连接结构示意图

1-前盖;2-橡胶柱;3-前端密封;4-压簧;5-阀杆;6-阀杆密封圈;7-阀杆弹簧;8-后安装座;9-阀体

4. 电子钩头的操纵机构

电气钩头操纵机构使电动头前后向移动。连挂时,先进行机械连接,后进行电钩连挂。解钩时,电钩头先解钩分离,然后机械解钩。电气钩头向前推的同时,推进机构移入死点位置,以避免运行期间电动头退回。

如果电气车钩出现故障,则可以停用电气车钩的自动控制装置,通过操作车钩控制球阀,排除气缸内的空气,使电钩头保持在缩回的位置,此时只能机械及气动连挂车钩。

5. 钩身

钩身采用车钩牵引杆将车钩头和橡胶垫钩尾座连接起来,包含压溃装置。牵引杆的前后端配法兰,通过使用容易分开的卡环,连挂到车钩头和橡胶垫钩尾座,如图4-11所示。

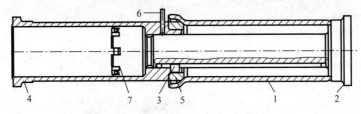

图4-11 带压溃管的车钩杆

1- 压溃管;2 - 牵引杆;3- 销;4- 中间块;5- 冲头;6- 弹簧圆柱销;7- 防松螺母

如果超过了已定义的释放载荷（例如重冲击和碰撞）,压溃装置能够对能量进行消耗。压溃装置由预载压溃管和冲头组成。冲头压入压溃管使其扩开变形,从而将缓冲能量转换为变形能量。全自动车钩吸能曲线如图4-12所示。

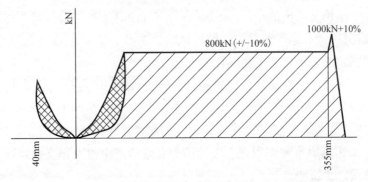

图4-12 带压溃管的全自动车钩吸能特性曲线

6. 橡胶垫钩尾座

橡胶垫钩尾座包括一个缓冲装置（EFG3）和一个垂向支撑及支座。它的特殊设计能够允许车钩进行一定范围的竖向、横向摆动以及回转运动。橡胶垫钩尾座可以对限定的牵引力和缓冲力进行缓冲,如果超过了限定的冲程,将把牵引力和缓冲力传向车体。

EFG橡胶缓冲装置安装于车钩座内,采用的是环形的橡胶缓冲件。EFG橡胶缓冲器的工作原理是借助于橡胶分子内摩擦和弹性变形起到缓和冲击和消耗能量的作用,在牵引和压缩方向均具有能量吸收功能,目前在城市轨道交通车辆车钩系统中普遍采用。EFG橡胶缓冲器可吸收列车正常运行和连挂时的冲击,同时结合胶泥缓冲器或压溃管还可以满足较高速度下列车碰撞的能量吸收要求

缓冲装置（EFG3）包括上下壳体、橡胶垫和挂钩。它安装在轴承座上,配有轴颈和免维护衬套,保证车钩的水平旋转机动性。橡胶垫放置在壳体内并且受剪切力,它对牵引力和缓冲力进行缓冲,如图4-13所示。

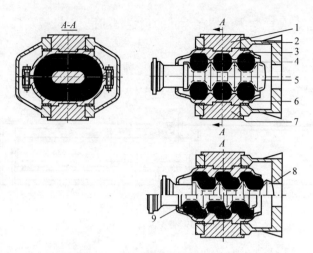

图 4-13 EFG3 缓冲装置的工作模式

1-轴颈;2-轴承座;3-上壳;4-橡胶垫;5-拉杆;6-下壳;7-轴颈;8-缓冲状态;9-牵引状态

橡胶缓冲装置吸收规定的缓冲载荷和牵引载荷,并把超出吸收范围的部分载荷传递给车辆底架。缓冲器和支撑座组合在一起,允许车钩在水平方向和垂直方向摆动以及扭转运动。缓冲器安装于车钩支撑座的上方,采用的是两个半环形对接的橡胶环形缓冲件,属于可复原的能量吸收部件,吸收第一级能量。环形橡胶缓冲器不仅可缓和冲击作用力,而且可以吸收冲击能量、削弱冲击力,提高车辆运行的平稳性。

橡胶缓冲装置通过 4 个螺栓把支撑座固定在车辆底架的固定板上。缓冲装置带有轴箱和免维修的套管,保证在水平方向上可以旋转。缓冲装置的自由端形状像法兰,套管连接安装在法兰上,把缓冲装置连接到车钩杆上。牵引载荷和缓冲载荷由安装在缓冲单元的 3 个环形橡胶吸收。车钩的质量和作用在它上面的垂直载荷都由橡胶和支撑弹簧吸收,车钩通过两个六角螺钉固定在缓冲器下面。

解钩的车钩由橡胶垫和位于橡胶垫钩尾座下面的垂向支撑竖直支承。车钩距轨面的高度可以通过垂向支撑的调节螺母来调节。

垂向支撑的结构如图 4-14 所示。

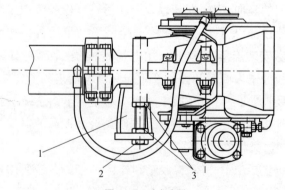

图 4-14 垂向支撑

1-垂向支撑安装座;2-调节螺母;3-橡胶垫

7. 电子钩头

车钩连挂时,电气钩头操纵机构使电动头推出,利用活动和固定触点将电气钩头相连。电缆与电钩头外壳的接头密封且无拉力。成功连挂后,两个对置的电钩头外壳紧紧压在一起,同时将活动触点压在固定触点上,如图4-15所示。

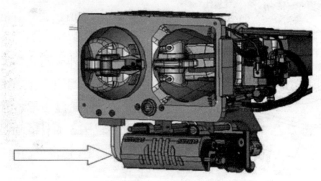

图4-15　电钩(箭头所指)

电子车钩通过电气的方式连接两辆列车,电气车钩可在列车连挂时自动启动,也可以手动操作。电气车钩配有护盖,可以防止触头被触摸或受到尘土污染。机械钩头配有一个弹性吊架及导向销,可确保电器触头的安全连接。触头排表面周边配有一个橡胶垫圈,当车钩连挂后,橡胶垫圈起到密封防水的作用,防止电气触点受到各种有害元素和尘土的污染损害。触头排装有活动式和固定式触头。触头有的镀金,有的镀银,以减少电阻。触头和箱体之间成弹性连接,靠弹簧压力来保证触头处于可伸缩状态,以及有相互良好的接触,保证电流畅通。电气车钩箱体的一侧由一定位销,对称侧由定位孔,两列车连挂时定位销插入对应的定位孔,以保证触头的准确连接;密封条是防雨水和灰尘的。解钩后,电子钩头的盖板可以自动合上,防止触头损坏。电气车钩箱体内设有接线板,使触头的接线和相应的布线一致。

8. 盖板

在机械钩头的上方设有不锈钢的盖板,以保护车钩部件。通过螺栓将盖板固定在钩头上。在电钩头向前及向后动作时,该护盖可以自动开启及闭合,如图4-16、图4-17所示。

图4-16　连挂时电钩保护盖打开

图4-17　未连挂电钩保护盖关闭

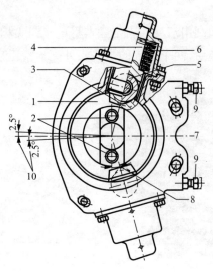

图 4-18 对中装置

1- 凸轮盘;2- 平行销;3- 开槽;4- 心轴;5- 滚子;6- 碟形弹簧;
7- 车辆纵向轴线;8- 重新复位角;9- 六角头螺钉;10- 调整角

9. 对中装置

对中装置将解钩的车钩保持在车辆的纵向轴线上,并防止它横向摆动。它通过螺钉固定在钩尾座轴承座下方。对中装置结构如图 4-18 所示。

在对中装置外壳内安装有一个凸轮盘 1,对中装置外壳与橡胶垫钩尾座的下轴颈刚性连接,而下轴颈在车钩水平摆动时会发生旋转。凸轮盘 1 配备有两个外围凹槽 3,两个带辊子 5 的杆 4 通过盘形弹簧 6 压入外围凹槽中,它将车钩保持在车辆的纵向轴线上。

在解钩并将车辆分开之后,车钩会自动地回到中心角内。在此角度之外,车钩会保持外摆。

10. 车钩控制

车钩控制装置可对车钩的机械和电气连挂进行控制。根据车钩锁位置分为:准备连挂位置、连挂位置、解钩位置。以福伊特车钩控制工作原理为例,如图 4-19 所示。

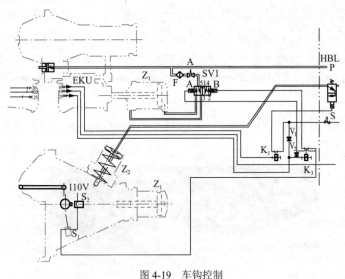

图 4-19 车钩控制

A- 带通风口管的管塞;V_1、V_2- 二极管;S- 解钩按钮;K_1、K_3- 继电器;EKU- 电动车钩头;Z_1- 电动车钩头操作装置气缸;S_1、S_2- 开关;Z_2- 气动解钩气缸;SV1-Z_1 控制阀

在准备连挂位置,二位五通阀将压缩空气直接引入将电动车钩头固定在缩回位置的气压缸部。MRP 接头被密封起来,使 MRP 保持加压状态。

进行自动连挂时,车钩锁在连挂位置旋转。控制装置启动二位五通阀。二位五通阀将压缩空气直接引入将电动车钩头前移动或固定在该位置的气压缸部分。两个 MRP 风管接头彼此相互连接,阀门挺杆打开。允许 MRP 中的压缩空气经过。

自动解钩时,解钩装置被启动。解钩气缸将车钩锁旋转至其解钩位置。控制装置启动二位五通阀。二位五通阀将压缩空气直接引入收缩电动车钩头或将其固定在后部位置的气压缸部分。当车辆分离时,车钩锁的准备连挂位置自动恢复。

车钩头上的电气装置包括:中心枢轴处的位置开关、位于钩舌上的位置开关、接线盒、电缆和紧固件。中心枢轴处的位置开关检测车钩锁的位置。使用相应信号控制车钩。钩舌上的位置开关感测是否存在对应车钩。使用相应信号控制车钩。中心枢轴上的位置开关通过中心枢轴旋转触发。当中心枢轴达到预定范围时,操作位置开关,将车钩锁的位置信号发送到列车控制系统。位于钩舌的位置开关通过对应车钩的钩舌进行操作。一旦对应车钩的钩舌锁定在钩板槽内且对应车钩锁旋转至其连挂位置,则位置开关将对应车钩的感测传送至车钩。

11. 过载保护

过载保护装置可充当辅助吸能元件,在受到强烈冲击和碰撞时,防止底架受损。

冲击能量首先由橡胶缓冲装置吸收。在消耗了橡胶缓冲的吸收能力之后,压溃管(安装在车钩柄内)来吸收冲击能量。如果超过了前两级的吸收能力,则释放位于橡胶缓冲装置轴承托架后方的过载保护装置。

过载保护装置采用内部剪切的方式,在大于 15km/h 的速度碰撞时,过载保护套被剪切。过载保护装置动作如图 4-20 所示。

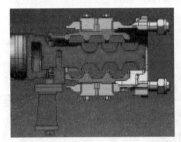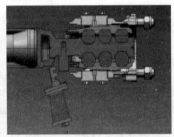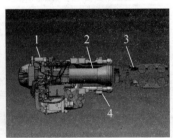

图 4-20 过载保护装置动作图

1- 前端;2- 压馈管;3-EPG3 橡胶底缓冲装置外壳;4- 轴承座

12. 卡环连接

卡环由两个套筒组成。低位的套筒配有一个排水孔。用 4 个六角头螺钉和带有锁紧垫圈的六角螺母将两个套筒连接在下面,如图 4-21 所示。

13. 接地系统

接地线连接到车钩,以分路电流和绕过非传导性的元件。它们位于车钩牵引杆与车钩头之间;车钩牵引杆和车钩牵引杆之间;电动头与车钩头之间;轴承座和车厢底架之间;车钩牵引杆和车厢底架之间。

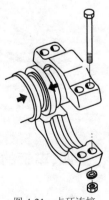

图 4-21 卡环连接

二、半自动车钩

半自动车钩与全自动车钩相似,没有电动车钩,但设有四触点电连接器。半自动车钩包括车钩头、解钩装置、风管连接、钩身、橡胶垫钩尾座、四触点电连接器、对中装置、卡环、接地线等组件,如图4-22所示。其中除四触点连接器外其他部件均与全自动车钩相似。以下只介绍四触点连接器。

图4-22 半自动车钩

图4-23 4触点电连接器

四触点连接器利用不同类型的触点通过车钩与列车配线相连。它设置在车钩表面的内孔中,并包含2个活动触点和2个固定触点,如图4-23所示。当车钩头连挂时,固定/活动触点被压向其中一个反向车钩,同时建立电气连接。

三、半永久车钩

半永久车钩用于一节和另一节车之间的连接形成一个单独的3节车单元。连挂和解钩操作只能在车间进行。半永久车钩有两种,一种带有压溃管,一种不带压溃管,如图4-24和图4-25所示。半永久车钩包括:风管连接、钩身、橡胶垫钩尾座、卡环、接地线。其结构及工作原理见全自动车钩对应部件的描述。

图4-24 带压溃管的半永久车钩　　　　图4-25 不带压溃管的半永久车钩

四、车辆的机械能量吸收

车辆的机械能量吸收主要由车钩系统起作用,设有四级能量吸收。

1. 第一级能量吸收

第一级能量吸收是由可复原的能量吸收装置,车钩橡胶缓冲装置完成。当一列 AW0 的列车以小于或等于 7km/h 的速度与一列 AW0 处于停放制动的列车相撞时,完全由弹性缓冲器吸收能量,能量吸收可恢复,车体和车钩不产生任何损坏或残余变形,并保证不损坏车体上的任何设备。

2. 第二级能量吸收

当一列 AW0 的列车以 7～15km/h 的速度与一列 AW0 处于停放制动的列车相撞时,车钩及缓冲器系统能有效地吸收其碰撞能量,除可压溃变形管外,车体及车钩其他部件均不会损坏。可压溃管通过压溃变形吸收能量,是不可恢复的能量吸收装置。列车两端底架端部的能量吸收装置或结构变形区吸收车钩缓冲器无法吸收的剩余能量。

通过以上两级能量吸收装置,可以防止车体在上述冲击力以及冲击速度作用下发生永久变形,保护车体和乘客的安全。

3. 第三级能量吸收

当一列 AW0 的列车以大于 15km/h 的速度与一列 AW0 处于停放制动的列车相撞时,前两级能量吸收装置无法完全吸收所产生的机械能,则第三级能量吸收装置,如过载保护装置动作。

自动车钩系统上设有过载保护装置,当冲击力超过一定范围,在前两级能量吸收容量完全耗尽后它才起作用,该装置起到对车体的过载保护作用,使车体不受到损坏。

4. 第四级能量吸收

第四级能量吸收则是通过适当设计司机室底部的底架及边梁的刚度使其成为能量耗散区,最大限度地保护客室和乘客的安全。

发生撞车事故的冲击速度大于 15km/h 时,可压溃变形管产生永久变形后必须立即更换,同时要立即检查车体、转向架、贯通道、设备箱及支承,必须对车辆尤其是电气连接进行全面检查。

第五章　车门系统

> **岗位应知应会**
>
> 1. 了解客室侧门的发展历史及司机室侧门、客室塞拉门、通道门的结构组成。
> 2. 熟悉司机室侧门、通道门、客室塞拉门的机械连接。
>
> **重难点**
> 各种车门的技术参数及区别。

车辆车门系统包含客室侧门、司机室侧门以及司机室通道门。客室侧门是乘客上下车的通道，安装数量较多、开关动作频繁，是车辆重要部件之一。客室侧门的可靠性、密封性、隔音性等直接关系到乘客的乘坐舒适度。司机室侧门和通道门是工作人员进出司机室的通道，安装在首尾两端的头车上。三种车门中，客室侧门结构相对复杂，是车门系统的学习重点。

第一节　客室侧门

一、客室侧门分类

1. 移动门与塞拉门

客室侧门按照结构形式主要分为移动门和塞拉门。移动门按照安装位置又可分为内藏式滑动移门和外挂式滑动移门。三种车门广泛应用于城市轨道交通车辆中，在结构和性能上各有优缺点。

内藏门的门页只能在车辆外墙与内护板间的夹层中移动，关闭后门页外表面凹陷于车体外表面。内藏门的驱动机构安装在车体内侧，结构相对简单，部件数量较少。内藏门最大的优点是易于关门，面对大客流时故障率较低。缺点是侵占客室面积，且密封性能一般。

外挂门的门页和悬挂机构安装于车体外侧，关闭后门页外表面凸出于车体外表面。外挂门的驱动机构与内藏门相似，也具有结构简单的特点。外挂门最大的优点是留出的客室空间大。缺点是增加列车运行阻力，且密封性能较差。

"塞拉门"一词来源于英文"Sliding Plug Door",形象说明了车门的运动轨迹为平移与塞动(垂直于平移方向)的合成。开门时,门页先向外推出再平移打开,关门时相反。车门打开后,门页位于车体外侧。车门关闭后,门页外表面与车体外表面平齐。塞拉门具有锁闭后外形美观,密封隔音效果好的优点,但其结构复杂,执行机构零部件繁多,成本较高。

2. 国内外塞拉门发展史

塞拉门的发展与高速列车的发展息息相关。高速列车的运行速度普遍在 200km/h 以上,甚至可以达到 350km/h。当车辆以如此的高速在轨道上行驶时,空气动力学效应将会对车辆产生显著的影响,尤其是车辆进出隧道、隧道中会车时产生的空气压力波,将影响车门结构、旅客的舒适性、运行安全。例如:以 187km/h 速度运行的 TGV 列车与以 190km/h 速度运行的 RTG 列车在隧道交会时,压力波幅值达到 7900Pa。在这么高的压力条件下,普通折页门和平移门无法保证其密封性和锁闭安全性;而塞拉门的出现,解决了高压力条件下车门的密封和锁闭安全等问题,满足了高速、准高速列车的要求。

凭借其自身的优势和特点,塞拉门首先在铁路车辆上得到了广泛应用。例如:德国的 IEC,法国的 TGV,日本的新干线列车,西班牙、意大利高速列车和瑞典的 X2000 等都使用塞拉门。通过三十年的飞速发展,塞拉门的品种不断壮大,并已形成系列,目前已可满足不同车辆的要求。根据驱动方式的不同,塞拉门可分为手动塞拉门、气动塞拉门和电动塞拉门;根据控制方式的不同,可分为手控塞拉门、气控塞拉门和电控塞拉门;根据门页的数量,可分为单页塞拉门和双页塞拉门;根据门页形状的不同,可分为平门、折门和弯门。目前,国外主要的塞拉门系统供应商有奥地利 IFE 公司、法国 Faiveley 公司和德国的 Bode 公司。

随着城市轨道交通事业的迅速发展,城市轨道车辆的行车速度不断地提高,这对车门的安全性、密封性、防噪性也提出了新的要求。因此,国际著名的车辆制造商和车门供应商都逐渐开始使用塞拉门系统。例如,法国阿尔斯通公司的"都市"系列地铁、德国西门子公司和加拿大庞巴迪公司的高档地铁均已使用了塞拉门系统。同时塞拉门系统本身的技术和性能也在不断提高。例如,自动门系统正在代替手动门系统,电动门系统正在代替气动门系统。由于城市轨道车辆自动塞拉门系统在机械、电动、控制和制造工艺等方面具有高技术集成的技术特征,而且城市轨道交通车辆自动塞拉门系统的可靠性、安全性、实用性和维修性要求较铁路车辆自动塞拉门系统的要求要高得多。

我国最早建成的城市轨道交通系统是 20 世纪六七十年代开始建设的北京地铁,其车辆上配置的客室侧门系统是电控风动内藏门。伴随着我国地铁客运的不断发展,世界各国铁路客车不同形式的车门,包括塞拉门开始纷纷涌入我国。为了选择适合中国地铁车辆运输系统的塞拉门,国内几家车辆制造厂陆续试装了国外多家公司的塞拉门产品。其中,奥地利 IFE、康尼、德国 Bode 及法国 Faiveley 四家公司生产的车门代表了当前国际城市轨道交通车门技术发展的现状。随后国内又有多家公司对塞拉门系统进行自主研发,其中康尼公司首先成功研制出国内第一套客车电控气动塞拉门系统,并通过了部级鉴定,为我国塞拉门的自主研发和生产奠定了基础。

二、塞拉门的结构及特点

(一) 总体视图

本节主要以康尼公司生产的 MS130DW10-2 型塞拉门为例,对其结构组成及控制原理进行介绍。

MS130DW10-2 型客室侧门单元包含的主要部件如图 5-1 所示。

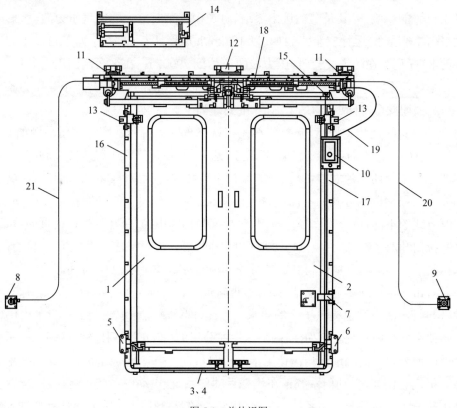

图 5-1　总体视图

1- 左门页;2- 右门页;3- 嵌块;4- 门槛;5- 摆臂组件(左);6- 摆臂组件(右);7- 隔离开关组件;8- 紧急入口装置(左);9- 紧急入口装置(右);10- 紧急出口装置;11- 安装架(两侧);12- 安装架(中);13- 平衡轮组件;14-EDCU 部件;15- 上压条;16- 左侧压条;17- 右侧压条;18- 机构;19- 内操作钢丝绳组件;20- 外操作钢丝绳组件;21- 外操作钢丝绳组件

(二) 主要部件

按照功能特点可将客室侧门主要部件划分为 6 大类,分别是机构安装部件、承载驱动部件、限位导向部件、解锁隔离部件、门页组成部件和电气控制部件。

1. 机构安装部件

机构安装部件是客室侧门与车体联结的机械过渡部件,包括安装架(3 件)、上压条、左右侧压条和嵌块、门槛。

1)安装架

安装架用于车体与承载驱动机构之间的连接,安装架分为安装架(两侧)和安装架(中)。通过安装架的连接(图5-2),承载驱动机构被固定在车体上。

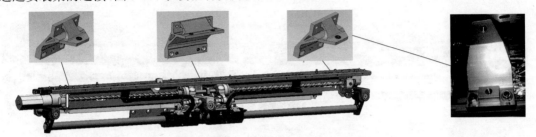

图 5-2　机构安装架与承载驱动机构的连接

2)压条与门槛

压条与门槛安装在车体预留的门框内(图5-3)。压条分别安装在门框的上部和左、右两侧,门槛安装在下部。车门关闭后,门页的周边胶条与压条和门槛配合,可以保证整个系统的防水密封性。

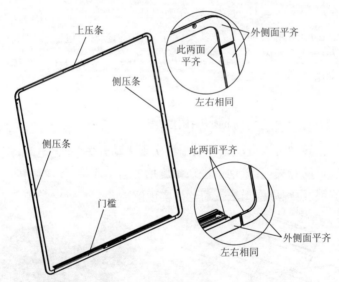

图 5-3　压条与门槛

门槛上安装有嵌块(图5-4),车门关闭时,嵌块与安装在门页上的挡销相配合,可以在门页下部受力时防止其向外摆出。

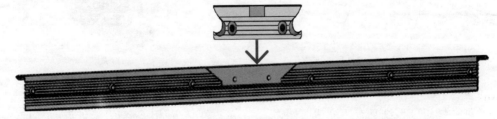

图 5-4　门槛与嵌块

2. 承载驱动部件

承载驱动机构是客室侧门的核心部件（图 5-5），是车门的驱动机构和执行机构，由机构安装架、驱动组件（电机、联轴器）、丝杆、长导柱、短导柱、携门架、螺母副组成。

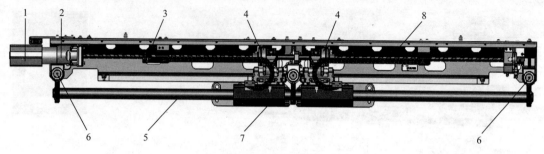

图 5-5 承载驱动部件

1- 电机；2- 联轴器；3- 丝杆；4- 螺母副；5- 长导柱；6- 短导柱；7- 携门架；8- 机构安装架

1）丝杆

丝杆是车门系统能实现开关门动作的动力传递部件。通过三个支承（前支承、后支承和中间支承）固定在机架上。丝杆的螺旋槽分为三段：一段是螺旋升角大于摩擦角的工作段，一段是螺旋升角小于摩擦角的锁闭段，以及介于这两者之间的过渡段（图 5-6）。

丝杆一半为右旋，另一半为左旋，其转动时带动两端螺母副作反向运动，实现两扇门页的对开运动，即车门的开关。

2）螺母副

螺母副中，有 2 只滚动销沿丝杆螺旋槽中滚动（图 5-7）。滚动销位于螺旋槽的工作段中，电机驱动时，丝杆转动可以带动螺母副平移实现电动开关门，无电时，螺母副平移也可以带动丝杆转动实现手动开关门；滚动销进入螺旋槽的自锁段中，仅丝杆转动能带动螺母副平移以实现锁闭或解锁，而螺母副无法带动丝杆实现解锁。

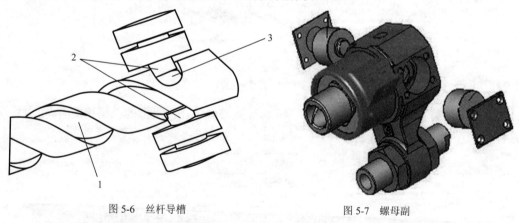

图 5-6 丝杆导槽

1- 工作段；2- 滚动销；3- 锁闭段

图 5-7 螺母副

丝杆—螺母副系统具有环境适应性强、安全可靠性高、使用寿命长、柔性好、车门系统的维护作业量小等优点。

3)长、短导柱

长导柱安装在3个挂架上,3个挂架分别在3根短导柱上移动,3根短导柱固定于机架上(图5-8)。长导柱为门的纵向开闭提供自由度并保证在开/关门过程中门页与车体平行,短导柱承受门页的重量并为门提供内外横向移动自由度。

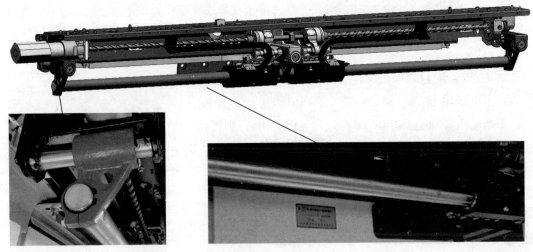

图5-8 长短导柱

4)携门架组件(图5-9)

携门架通过直线轴承在长导柱上滑动,将开/关力最终传递至门页。门页通过螺钉与携门架紧固在一起,门页的所有重量和动力均由其传递至长导柱。携门架组件上共有两个偏心轮,分别用于调节门页"V"形及门页与车体的平行度。

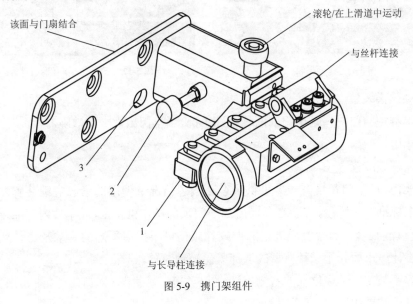

图5-9 携门架组件

1-偏心轮2;2-缓冲头;3-偏心轮1

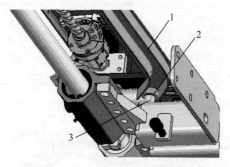

图 5-10　上部导轨

1- 上部导轨；2- 携门架滚轮；3- 携门架

3. 限位导向部件

限位导向部件在车门的正常工作中起到限定位置与运动导向的功能，其组成部件有：上部导轨、平衡压轮、下摆臂组件、下滑道、下挡销。

1）上部导轨

通过上部导轨（呈一定的形状，实现相关的横向和纵向运动）实现门页沿设定的轨迹运动。上部导轨安装在顶部机构上。携门架上有一滚轮在滑道内运动。（图 5-10）

2）平衡压轮

平衡轮组件固定于车体（图 5-11），车门关闭时，平衡轮与安装在门页上部后沿的压板配合（压紧），以防止任何可能的垂直向上力使门页偏移。压板上的凸缘同时也具备防止门页上部内外横向移动的作用。

3）下滑道与下摆臂组件

下滑道安装在门页上并与安装在车体上的下摆臂组件相配合，提供门页下部的运动导向（图 5-12）。摆臂体上设有防脱销，当滚轮意外断裂时，仍能保障门页下部不脱离车体。该组合仅承受内外横向力，不承受纵向或垂向力。

图 5-11　平衡压轮

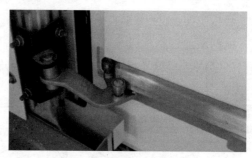

图 5-12　下滑道与下摆臂组件

4. 解锁隔离装置

门紧急解锁与门隔离是车门的两种特殊工况，当车门出现一定故障时，起安全保障与降低影响的作用。

1）端部解锁装置

在车辆内，每个门都设有一个可供乘客在紧急情况下使用的紧急解锁装置。紧急解锁装置是一个标准的子系统，安装在车辆内部车门顶部操作机构上，或车体内部靠近车门的地方，以方便疏散乘客。紧急解锁装置的形式和结构可根据用不同的要求及车体安装位置进行不同的设计。下面介绍一种典型的端部紧急解锁装置。

端部解锁装置安装在丝杠的右侧末端（图 5-13）。紧急出／入口装置（图 5-14）通过钢丝绳与端部解锁装置相连，共同实现解锁功能。

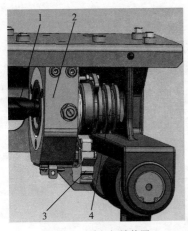 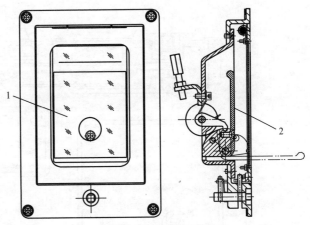

图 5-13 端部解锁装置　　　　　　　　图 5-14 紧急出口装置

1- 丝杆；2- 解锁装置；3- 紧急解锁开关；4- 解锁轮　　　1- 透明罩；2- 手柄

在门锁闭到位的情况下，操作紧急出口装置将通过钢丝绳旋转解锁轮（图 5-15）。当解锁轮往解锁方向旋转时，通过手动解锁装置转动丝杆从而使门机械解锁，同时解锁轮的旋转将触发紧急解锁开关，此时司机室 HMI 上将显示相应车门紧急解锁信息。

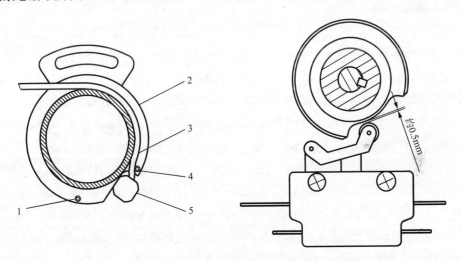

图 5-15　钢丝绳、解锁轮、紧急解锁开关

1- 弹性销Ⅱ；2- 拉线盘；3- 钢丝绳；4- 弹性销Ⅰ；5- 夹头

当紧急出/入口装置操作到位后，解锁装置将通过内部特定装置脱离丝杆，丝杆可以自由转动，乘客可以手动将门打开。

2）门隔离装置

在车门关闭状态下，操作门隔离开关（图 5-16），可将车门隔离。电气上通过 S_2 行程开关的动作从安全互锁回路中隔离，机械上通过隔离锁舌与侧压条的啮合限制门页运动。隔离后的车门，即不受列车控制系统的控制，也无法手动打开。

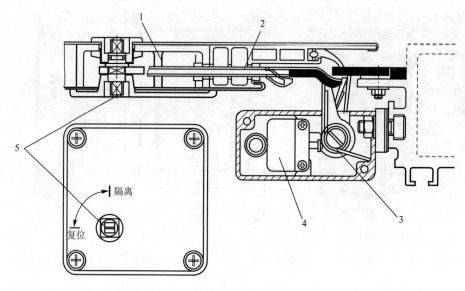

图 5-16 门隔离开关

1- 退出服务锤；2- 锁闩；3- 凸轮；4- 隔离开关 S_2；5- 方钥匙操作

5. 门页组成部件

门页是一个复合结构,由门页框架、内外面板、蜂窝填充材料等组成。门页框架由铝制型材拼接而成,面板通过结构胶黏接至框架上,使门页表面光滑平整。门页内部的蜂窝填充材料具有较高的阻燃防水性能,其不仅可以大幅度降低车门的重量,而且可以明显提高其隔热、隔声和气密性。当车门关闭并且锁定时,门页能够承受以下的载荷而不削弱其功能。

(1)在车厢内,若乘客以 1500N 的推力均匀地作用在车门一半高度处 200mm 宽度范围内,关闭的车门门页的挠度< 8.3mm。

(2)在门页一半高度处 200mm 范围内,作用一个 3500N 的力,释放后,永久变形不超过 0.1mm。

整个门页的配色与车辆外部和内部的颜色相协调。每个门页上设有一个双层、中空钢玻璃(厚 4mm)的透明固定窗,并做了相应的标记,窗玻璃符合中空玻璃标准 GB 11944 及钢化玻璃标准 GB/T 9963,门窗采用粘接或向前形式固定在门页上,在车门窗玻璃一半高度处 200mm 范围内,能承受 1900N·m 的载荷而不脱落。

门页周边装有橡胶密封条,防止灰尘、水、噪声等进入车内。两门页之间装有护指胶条,其在提高车门密封性的同时也会保护关门时被夹障碍物不受太大损害。

6. 电气控制部件

车门单元中参与电气控制的主要部件有:门控器组件、驱动电机组件、$S_1\backslash S_2\backslash S_3\backslash S_4$ 行程开关、蜂鸣器和状态指示灯,分别承担着指令控制、动力输出、状态监控、报警提示的作用。

1)门控器组件

门控器(EDCU)能够根据接收到的车门控制指令,全面控制车门动作,并且具备安全保护功能,如障碍物检测、安全互锁电路等。门控器还具有自动故障监视、诊断和报告功能,能够及时将状态信息和故障数据传递给车辆信息系统。门控器支持多种网络通信类型,如MVB、CAN、RS485等,可根据车辆设计需要进行选择。

EDCU可以稳定地控制电机电流和电机电压,使门的运动快速、平稳。开关门均具有二级缓冲功能,门在接近全开或全关时转为低速运动,其余区段为高速运动,高、低速区段可以通过软件设定。正常开关门时间可以通过软件进行调节。

初次上电时,EDCU不能监控门的位置(门关闭位置除外)。因此,对于打开的车门,将启动一次初始化程序,该程序将以较低的速度关门(在此运动中,具有障碍物检测功能)。

2)驱动电机

驱动电机组件包括一个带减速装置的直流电机和一个齿轮联轴器(图5-17)。驱动电机是车门实现开关动作的动力来源。通过联轴器,电机的旋转运动传递到丝杆并最终带动门页运动。应用于城市轨道交通车辆的门驱电机一般为有刷或无刷直流电机,具有寿命长,免维护的特点。

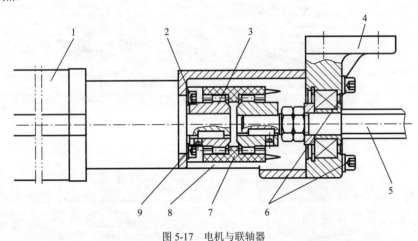

图5-17 电机与联轴器

1-电机;2-电机固定螺钉;3-联轴器内圈;4-丝杆支撑座;5-丝杆;6-固定螺钉;7-联轴器外圈;8-电机连接套;9-紧定螺钉

3)状态指示灯

门驱盖板上通常装有两个车门状态指示灯,用于直观地显示车门重要状态,其点亮、熄灭所代表的含义见表5-1。

常见车门指示灯状态　　　　表5-1

车门状态	橙色指示灯状态	红色指示灯状态
车门在关闭过程中	闪烁	熄灭
车门在打开过程中	点亮	熄灭
本地车门打开到位	点亮	熄灭
本地车门关闭到位	熄灭	熄灭
本地车门被切除	熄灭	点亮

4)关、锁到位开关

车门的关、锁检测装置包含2组限位开关(图5-18),用于检测螺母副是否进入关闭或锁闭位置,并提供"门关闭或锁闭"信号。

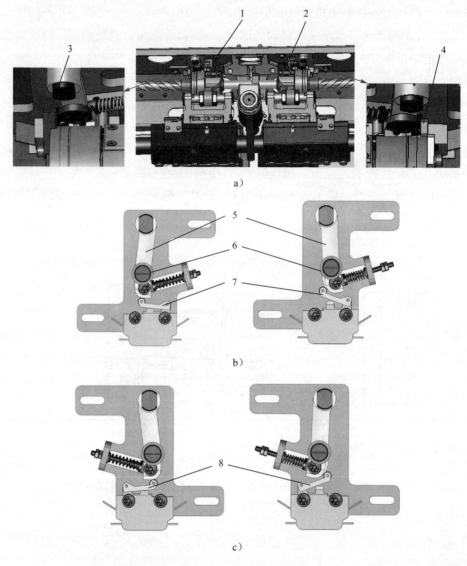

图5-18 限位开关组件

a)开关组件安装图;b)关门到位开关状态图;c)锁到位开关状态图

每一个开关均有常开及常闭触点,机械上联动,而电气上互相独立。常闭触点用于列车安全回路,常开触点用于门内部的检测电路。

在机构顶部安装有关到位开关组件1与锁到位开关组件2当门到达关闭位置时,左螺母副上的撞板3拨动开关组件中的滚轮6使铰链臂5旋转脱开,释放关到位开关7当螺母中滚动销进入锁闭位置时,右螺母上的撞板4拨动开关组件中的滚轮使铰链臂旋转,释放锁到位开关8开门时,当螺母中的滚动销离开锁闭位置时,右螺母上的撞板4脱开开关组件中的滚轮,铰链臂在弹簧的作用下旋转触发锁到位开关8,发出解锁信号。当门离开关闭位置时,左螺母上的撞板脱开开关组件中的滚轮,铰链臂在弹簧的作用下恢复触发关到位开关7发出开门信号。

(三)工作原理

由车门的结构可知,车门系统通过安装架将机构安装在车体门框顶部的侧墙上,通过长短导柱传递开关门的力。车门的左、右门页与携门架连接,通过携门架套筒在长导柱上的滑动实现其纵向运动,并通过这种连接实现门页和携门架与长导柱之间重量的传递。长导柱通过套在短导柱上的挂架与短导柱连接,实现长导柱与车门的横向运动。门页通过携门架组件的滚珠直线轴承上的铰链与丝杆连接,使丝杆—螺母副装置可以将电机的转动转换成螺母的直线运动并成为门页运动的动力来源。当然,门页在摆动和平移运动过程中的控制,除了受长短导柱的导向作用外,还受车门机构上滑道、车门门页下滑道的导向作用。其中,携门架上的滚轮与可安装在机构底架上的滑道接触,实现滚轮在滑道上的滚动;下滑道安装在门页的内部下端,使安装在车体结构相应位置的滚轮摆臂装置可沿下滑道运动。

车门的工作原理见图5-19,当车门需要打开时,门控器收到信号,使门页从完全关闭状态开始运动,电机带动丝杆螺母结构运动,引起携门架、长导柱、挂架、下摆臂组件动作,最终使门页在导向系统的引导下向外做摆出运动。当门页完全摆出后,门页仍然要受导向系统控制以实现门页地直线平移,保证门页始终平行于车辆侧面运动,而不致使其超过限界或与车体发生接触或碰撞。门页的运动过程一直延续到其满足要求的完全打开状态,此时相关部件会触碰到车门到位开关,使电机停止工作,车门实现静止打开。同理,当车门需要关闭时,门控器接到信号,使电机反向运动,门页从完全打开状态开始关闭。同样,电机带动丝杆螺母副,引起携门架、长导柱、挂架、下滚轮导向部件中的转臂动作,实现车门的关闭动作。直到门页达到完全关闭状态触碰到车门到位开关后,电机停止工作,车门实现静止关闭。

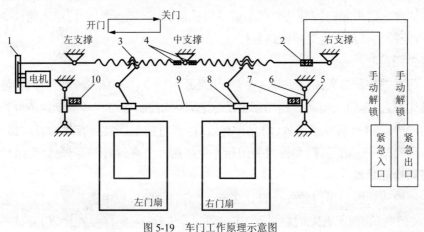

图5-19 车门工作原理示意图

1-联轴器;2-解锁装置;3-螺母副;4-锁到位行程开关;5-挂架;6-短导柱;7-开到位行程开关;8-携门架;9-长导柱;10-开到位行程开关

为了防止紧急情况的发生，每个车门系统都装有紧急解锁装置，操作该装置可以手动打开车门。当出现紧急情况在列车速度为零的情况下，便可操作解锁装置，使螺母副脱离丝杆锁闭段，进而可以手动打车门。

（四）塞拉门的特点

通过上文的介绍，总结塞拉门的结构特点主要包括：

（1）门页由携门架、平衡轮、下滚轮摆臂和车门挡销四点定位。车门关紧后，门页受到这四点的压紧力作用，使系统在受较大外力作用时，仍能保持关紧状态，而不至发生门页变形和脱落的现象。

（2）车门的重量由长短导柱同时承受，使整个机构的受力均匀分布。保证车门在运动过程中，门页与车体侧墙保持平行，同时使车门在打开的状态下门页能够很好地满足车辆限界要求，又不至与车体发生接触造成车体表面的划伤甚至损坏等。

而车门系统主要的运动特点是：当车门处于完全打开状态时，门页悬挂在车体侧墙的外侧，而为了使门页关闭后车门表面与车体表面平齐，当车门接近关闭终点时，门页有一个向车内的塞紧动作。可见，塞拉门运动过程中门页一直处在车体外侧，而不占用车内空间。因此，在使用相同车体的情况下，采用塞拉门可以增大车内有效空间。并且塞拉门关闭后门页与车体表面齐平，因此与安装其他车门的车辆相比，安装塞拉门的列车具有更好的整体美观性和空气动力学性能。但是，也正是因为塞拉门多了这个塞紧动作，使其运动机构更复杂，零部件数量更多，整套门重量更大。

三、电气控制原理

从上文对电气控制部件的介绍中可以看出，门控器是车辆电气与车门机械机构之间的接口。车辆对车门单元的控制及监控都通过门控器实现。车辆对车门单元的控制主要是开关门控制，监控主要是安全互锁回路监控。

1. 开关门控制

与车门开关控制有关的指令共4个，分别是开门指令、关门指令、门允许、零速信号。根据安全设计理念，车门关闭属于趋向安全的状态，因此控制车门打开的制约条件相比控制车门关闭的较多。当列车零速有效、门允许有效时，若门控器接收到有效的开门指令，车门才能打开。当列车零速信号、门允许或关门指令中任意一个有效时，车门便会关闭。

2. 障碍检测功能

障碍物检测功能是车门的安全设计之一，当车门关闭过程中遇到障碍物时，会持续进行3～5次关门尝试，期间若障碍物撤除，车门将正常关闭，若始终存在，关门尝试后车门将完全打开。障碍检测功能触发后，门控器实时将车门状态反馈在列车HMI上，使司机能够及时处理。

3. 安全互锁回路

安全互锁回路用于监控整列车客室侧门的开闭状态。如图 5-20 所示,单个门的安全互锁回路中门锁到位开关、门关到位开关和紧急解锁开关的常闭触点串联连接,隔离开关的常开触点与上述串联电路并联。当车门正常锁闭时,图中右侧线路构成通路。当车门未关好时,右侧线路断开,此时需隔离该门,使图中左侧并联的线路导通。整列车的安全互锁回路由所有单个门安全互锁回路串联组成。当所有车门关好时,互锁回路中的各开关闭合,形成通路,最终将"所有车门关好"的信息传递给列车控制系统。现有城市轨道交通车辆安全设计中已普遍将"所有车门关好"作为列车牵引构成的必要条件之一,安全互锁回路是否构成直接影响列车的正常运营。

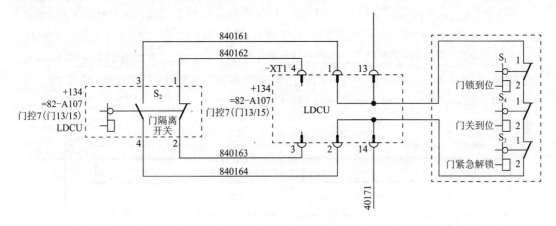

图 5-20 单个门安全互锁回路

4. 零速保护

车速为"0"时,车门控制器得到"零速"信号后,开门功能才能起作用,当车速大于零,车门仍然处于开启状态时,将启动自动关闭功能。

四、车门的安装调整

由于车门是一种运动且动作频繁的部件,相关机械的安装尺寸会发生变化。因此,在运动一段时间后应定期对车门的有关机械的尺寸进行调整,以保证车门的正常应用,降低故障率。调整的主要内容包括门页对中、门页高度、上下摆出量、V 形等关键尺寸。

(一)门页安装步骤

在门页装配之前,应拆下左右门页下的下挡销和挡销支架,并将平衡轮调至最高位置。
装配步骤如下:
(1)将携门架安装到门页上;
(2)将已安装携门架的门页下滑道放入左、右滚轮摆臂组件的 1 个滚轮上,同时将携门

架上方的滚轮塞入上滑道;

(3)抬升门页,对准携门架与滑筒上的螺纹孔,使用紧固螺钉将门页携门架与滑筒组件紧固,将润滑脂润滑后的偏心轮放入滑筒垂向孔中,用紧固螺钉紧固;

(4)安装下挡销和挡销支架。

(二)重要安装尺寸

1. 门对中尺寸

两门页装配时,左右对中尺寸链简图如图 5-21 所示,其尺寸方程为:

$$A=A_1+A_4+A_3+A_5+A_2 \tag{5-1}$$

式(5-1)中,A 为门框宽度尺寸;A_1 为左门页距离左门框的尺寸;A_2 为右门页距离右门框的尺寸;A_3 为门对中尺寸;A_4 为左门页宽度尺寸;A_5 为右门页宽度尺寸。上述尺寸链中,A_4、A_5 主要取决于零件制造尺寸,不受安装影响,而 A_1、A_2、A_3 可在装配过程中进行调整。安装时要求$(A_1+A_4)-(A_2+A_5)\leqslant 2$mm,且门关到位后,要求门页外表面与台架外表面平齐,两密封胶条相互挤压的门密封尺寸 $A_3=(44.3\pm4)$mm。

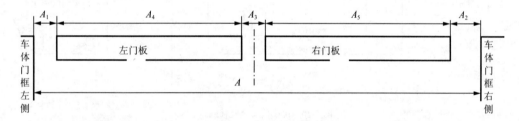

图 5-21 门对中尺寸链

按照车门结构,螺母副相对于整个门机构固定,而门页与"H"形传动架的相对位置也固定,因此调整对中主要是调整螺母副与"H"形传动架的相对位置(图 5-22)。

调整方法:松开防松螺母,旋转螺纹套,使"H"形传动架与螺母副的相对位置发生变化,将 A_1、A_2、A_3 调整到适当数值,最终使左右门页在车体入口处对中。确认门关上时门页护指胶条间距约为 44.3mm 后,预紧防松螺母。

2. 门页高度尺寸

门页高度调整尺寸链如图 5-23 所示,尺寸链方程为:

$$B_1-B_3=B_2-B_4 \tag{5-2}$$

式(5-2)中,B_1 为门页高度(含密封胶条);B_2 为门框高度尺寸;B_3 为门页下沿密封胶条与门槛重叠量;B_4 为门页上沿与车体门框上沿间距。门页装配过程主要影响 B_3、B_4 的尺寸精度,而 B_1、B_2 主要取决于零件制造精度,不受装配影响。调试门页高度时,要求 $B_4=(20\pm2)$mm,$B_3\geqslant 12$mm,由于 B_1、B_2 不受拆装影响,因此,只要上下移动门页,使 B_3、B_4 取得适当数值,便可调整门页高度装配精度,确保门页在运动过程中与门框没有碰撞。

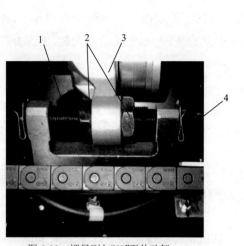

图 5-22 螺母副与"H"形传动架

1- 螺纹套；2- 防松螺母；3- 螺母副；4- "H"形传动架

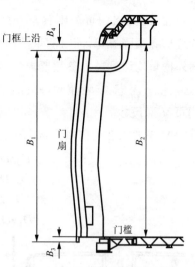

图 5-23 门页高度调整尺寸链

3. 上部外摆量尺寸

如图 5-24 所示，将门分别移至开门位置及直弯轨交界处，调整门页上部外摆量，上部外摆量的尺寸链方程为：

$$C = C_1 + C_2 \tag{5-3}$$

式（5-3）中，C 为携门架与车门的尺寸和，主要取决于携门架及车门的制造精度；C_1 为上部外摆量，C_2 为携门架上滚轮中心线至车体外表面的尺寸，C_1、C_2 均受装配的影响。由于门页与携门架一起安装在上滑道上，且车体外表面固定不变，故只需在机架上调整上滑道腰形孔上紧固螺母的安装位置，整体移动门页与携门架，即沿图中箭头方向上下调整 C 的尺寸，便可调整上部外摆量 $C_1 = (56 \pm 2)$ mm 的尺寸，确保门页在运动过程中，车体与携门架之间无碰撞。

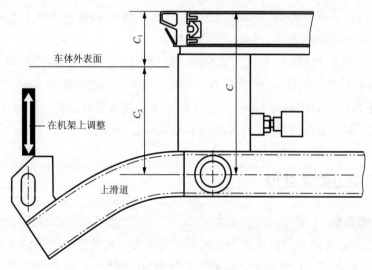

图 5-24 门页上部外摆尺寸链

实际调整中,可将门页分别移至开门位置及直弯轨交界处,在机架上调整上滑道后沿及前部的腰形孔紧固螺母,同时测量携门架上方门页外表面与车体外表面的距离,使2次测量的上部外摆量均达到技术参数要求。值得注意的是,上部外摆量增大时,下部外摆量将减小,因此必须统筹考虑、二者兼顾。

4. 门页V形尺寸

门页的V形要求2个门页上部间隙比下部大2～5mm,如图5-25所示,即:

$$D_2-D_1=1～2.5mm$$
$$D_4-D_3=1～2.5mm$$
$$D_5-D_6=2～5mm$$
$$D_1+D_3+D_5=D_2+D_4+D_6 \tag{5-4}$$

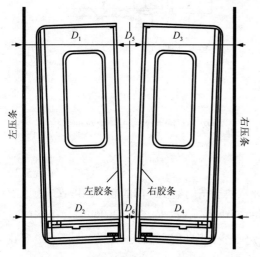

图5-25 门页V形尺寸链

式(5-4)中,D_1为左门页携门架下方约10mm处左胶条到左压条之间的距离;D_2为左门页下滑道上方约10mm处左胶条到左压条之间的距离;D_3为右门页携门架下方约10mm处右胶条到右压条之间的距离;D_4为右门页下滑道上方约10mm处右胶条到右压条之间的距离;D_5为携门架下方约10mm处左右胶条之间的间距;D_6为下滑道上方约10mm处左右胶条之间的间距,所有尺寸均受装配的影响。由于门页上部与门驱动机构相连,关门压力对上部的影响较下部大,因此,通过调整门页的垂直度,使门页成V形,一方面可保证左、右门页上的中间橡胶条上下受力均匀,延长橡胶条使用寿命,确保其密封性;另一方面,因为车门关闭时夹持乘客或障碍物,多数发生在下半部,利用V形可补偿门页关闭时下部较小的压力,提高防夹功能的灵敏度,准确检测障碍物。

实际调整时,将门页移至上滑道直道位置,通过松开携门架上的螺钉并调节携门架上的凸轮,使门页顺时针或逆时针偏转,改变D_1～D_6尺寸参数至技术要求为止。但在调整过程中,需注意各个车门中心线挠度不同,各车门V形尺寸技术要求也有所不同,通常位于车体中间处的车门V形尺寸取值偏大,而两端的V形尺寸取值偏小。

五、车门常见故障处理

1. 常见故障类型

按照产生原因,可将车门故障分为机械类和电气类。机械故障产生的主要原因为机械尺寸变化及零部件损耗。电气故障产生的主要原因为门控器、电机、行程开关损坏及车门电气控制线路断路、短路等。

1）常见故障表现

（1）车门不能打开或关闭；

（2）列车信息管理系统检测不到车门状态或车门状态显示错误；

（3）列车信息诊断系统显示车门严重故障；

（4）开关门时的动作不良。

2）常见的机械类故障

（1）门页"V"偏差，影响开关门及障碍物检测功能；

（2）车门上下导轨松动，影响车门的摆出、平行度和密封；

（3）车门平衡轮和门页下部导轨松动，导致门页整体松动，甚至还导致行程开关误动作；

（4）车门下滚轮松动或掉落，导致车门无法开关；

（5）车门挡销位置偏移，导致车门不能关闭。

3）常见的电气类故障

（1）行程开关故障，影响车门状态监控；

（2）门控器故障，直接导致车门失去一切相应运动；

（3）电机故障，导致车门失去动力来源，停止运动；

（4）控制线路故障，导致车门不能正常开启或关闭。

2. 故障原因及处理

1）车门安装尺寸变化

在列车运行中，由于车门频繁动作，一些调整螺栓等紧固件逐渐松动，使得原来安装调整好的门机构位置发生了变化，最终导致车门在开关的时候动作不良。例如车门的上下滑道紧固螺栓、下摆臂及滚轮、门页V形调整和紧固螺栓、门到位行程开关紧固螺栓、车门联轴节紧固螺栓等发生松动，都会导致车门无法开关或者很难开关。车门调整件的松动在车门的使用过程中是难以避免的，在日常的各级定期检修中，必须严格检查，及时发现并排除故障隐患。

2）车门零部件损耗

车门自身的机械和电气部件存在损耗到限问题。机械部件损耗主要产生在有相互运动且受力的部件上，例如行程开关滚轮、上下滑道及滚轮、固定销、螺母副组件撞板等。电气部件损耗主要产生在电气控制复杂的部件上，如门控器、电机等。机械部件的损耗，属于可观察损耗，在日常检修中应对关键部件重点检查，随时掌握磨损状态，并在到限前及时更换。电气部件的损耗，通常不易察觉，需结合故障规律制定合理的更换周期。

3）车门控制接线连接不牢或者断路

在列车正常运营中，由于列车振动使得接线松脱，最终导致车门相关功能失效。例如：开关门列车线松动，会导致车门不能正常打开或关闭；门控单元与列车信息管理系统的连接线路松脱，会导致车门信号无法检测等。这类故障发生后需重新紧固接线端子，并在日常检修中对该位置加强检查。

4)门到位行程开关误动作

列车在正线运营时,行程开关频繁处于受力和释放的循环状态,容易产生位移及疲劳失效问题。当行程开关故障产生误动作时,会导致列车信息诊断显示屏显示的门状态与车门实际状态不符。例如:门已经关闭到位,但行程开关由于卡滞或其他原因没有动作;相反,也存在有些车门没有打开,但行程开关误动作,从而显示车门已经打开。行程开关状态检查及测试是日常检修中的关键作业之一。

六、车门检修与维护

相对于移门,塞拉门结构更为复杂,其日常的故障处理和检修维护要求也较高。另外,由于各城市地铁线路的运营环境不一样,同一类型的车门检修规程也会有区别。车门的检修与维护规程应结合实际故障情况灵活调整,不断地完善和优化。

一般来说,在车辆月检以上的各级检修规程中,都有对车门系统部件的检查、调整参数检查和测量以及功能检查等项目。一些地铁公司的车辆检修规程分为6级,各级规程中对车门系统的检查要求如下:

1. 日检

每日检查。检查内容主要为目测检查车门各部件是否良好,在通电情况下,车门能够正常开关,车门动作无异常、无异响。

2. 月检(运营达到1万km)

每月检查主要包括下述内容:

(1)门系统部件检查。例如:客室车门各紧固件是否正常(重点检查携门架上的螺栓、门页安装螺栓、丝杆及长、短导柱上的螺栓、上滑道螺栓、门到位开关调整螺栓和机构安装螺栓),车门下挡销和下滚轮位置是否正常,开门止挡是否正常,车门密封胶条和门页是否有破损,车门携门架传动机构的卡簧有无丢失,车门长、短导柱是否有生锈和擦伤的情况,制动器有无异响等。

(2)门系统各调整参数检查及调整。例如:在门关闭情况下,检查平衡压轮是否压紧无松动,客室车门V形尺寸是否正常、平行度是否正常、行程开关位置是否在规定范围之内等。

(3)门系统功能检查。例如:车门关到位行程开关S_1、S_2动作是否正常,客室车门防夹功能是否正常,切除功能是否正常,车门紧急解锁功能是否正常,车门上方橙色指示灯指示是否正常等。

3. 半年检(运营达到6万km)

每半年一次检查。检查内容也包括门系统的部件检查、参数检查及调整和功能检查三部分,是在月检的基础上进行补充及加强,还增加了客室车门需润滑部件的润滑要求。

车门润滑是车门日常维护的主要工作之一,润滑良好有助于降低部件损耗,延长部件使用寿命。润滑不良除了会导致部件磨损加快以外,往往还会伴随多项并发故障,例如误报防夹、卡滞、无法开门等。

4. 年检（运营达到 12 万 km）

每年一次的检查。检查内容是在半年检的基础上添加细化了车门检查项目，加强了车门各个紧固件及零部件的部件和功能检查、参数测量及调整等。同时还需给直线轴承注入油脂。

年检除了要做好部件润滑之外，更重要的是对车门安装部的恢复性调整。年检中需要测量门页的 V 形、平行度、上下摆出、对中、沉降等多项参数，将产生变化的项目恢复至初始状态。对机构的各关键紧固件进行力矩校核，确保安装牢固。

5. 架修（运营达到 60 万 km）

每 5 年一次。架修内容除了对车门各部件、功能参数进行检查和调整外，还需对部分零件进行更换，例如：门周密封胶条、护脂胶条、平衡轮组件、滚轮摆臂的滚轮、携门架上的滚轮等。

架修是对车门的一次全面检修，通常须将门页下车，转移至专用平台进行检查，并更换损耗件，补刷油漆，整形等。

6. 大修（运营达到 120 万 km）

每 10 年一次。大修是在架修的基础上进一步细化的修程，需更换的部件种类更多，例如：门锁组件、窗玻璃、门槛嵌块、丝杆螺母、解锁开关、切除开关及钢丝绳等。

在月检及以上修程中，车门系统的检修维护是一项关键作业。及时有效的检修维护及润滑保养对降低车门故障率，保证正线运营，起着至关重要的作用。

第二节　司机室侧门

目前国内城市轨道交通车辆的司机室侧门主要采用可靠性较高的内藏移门结构，通常为纯机械部件。司机室侧门装在司机室电气柜与车体侧墙之间的夹层内，门页沿列车纵向做直线运动。司机室侧门典型结构见图 5-26，上部为承载导轨，提供门页的直线运动，并承载门页的重量；下部为门槛，提供不受力的导向，同时具有防水功能；中间设有可操作的门锁装置；周边装有用于密封的胶条组件。

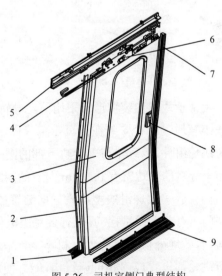

图 5-26　司机室侧门典型结构

1- 外门槛；2- 后门框压条；3- 门扇；4- 接地拖链组件；5- 承载导轨；6- 承载小车；7- 前压条组件；8- 门锁；9- 内门槛

一、司机室侧门主要功能

司机室侧门作为进出司机室的重要通道，通常具备以下主要功能：

（1）开/关门功能：在未进行二级锁闭的情况下，可通过门把手在司机室内侧或外侧操纵车门的开、关。二次锁闭后，在司机室内侧需先解锁二次锁闭，才能通过把手打开；在司机室外侧，需配合使用车门钥匙解锁后，才能打开。

（2）关门的二级锁闭功能：当司机室侧门关闭后，司机仅通过旋转车门把手无法开门。

（3）车门故障切除功能：司机室侧门没有关好，列车就不能启动，以有效保障司机等驾乘人员的安全。

（4）车门的设计、选材以及所车门电路使用的电线和电缆应有良好的防火性能：以最大限度地防止火灾发生。

（5）车门满足防雨水、冰雪要求：在下雨天气、车辆清洗时，设备均具备防水功能。

二、司机室侧门主要部件

1. 上部承载导向装置

上部承载导向装置既承载整套门页重量，又提供门页的直线运动，在结构设计中要求具有较高的运行可靠性，并具有操作轻便、噪声低，安装工艺简单等特点。

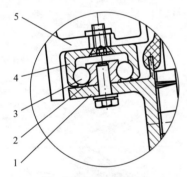

图 5-27 滚珠滑块结构

1-门页；2-滑块；3-滚珠；4-上导轨；5-支架

早期的上部承载导向装置通常采用滚珠滑块结构（图 5-27），整体安装在支架上，滑块通过滚珠在上导轨中进行直线运动，滑块通过螺栓与门页连接，从而实现门页的承载和直线运动。

滚珠通过滑块和上导轨间的卡槽作直线位移运动，同时承载门页的重量。该结构对车门安装工艺和滚珠的材质要求较高，滚珠通常采用轴承钢；在车门安装时，若门页发生了偏移，则两侧滚珠的受力不均匀将导致开关门力急剧增加，使门的操作不顺畅；由于导轨、滑块和滚珠之间采用同质金属，开关门时噪声较大。

上部承载导向装置通常采用滚轮导轨结构（图 5-28）。上导轨通过螺栓安装在车体上，承载小车通过螺栓安装在门页上部（图 5-29）。承载小车的前部及后部分别安装有承载轮和防跳轮组件，承载轮与上导轨下部的圆弧凸起配合，以实现门页的承载及直线运动。防跳轮与上导轨的上边留有 0.2 mm 左右的间隙，用于防止门页的跳动，以实现门页的平稳运动。该结构克服了滚珠滑块型承载导向装置的主要缺点，滚轮在上导轨上滚动，结构简化，滚轮允许门页有前后微量摆动，能有效克服车体制造误差，简化了安装工艺。滚轮采用耐磨工程塑料，有效地降低了运动阻力和噪声。采用的防跳轮能有效地控制运行的平稳性。承载轮和防跳轮都设置成偏心可调结构，能方便调整，配合前后两承载轮偏心调整，还可以调整整个门页的 V 形，以更好地适应车体的偏差。

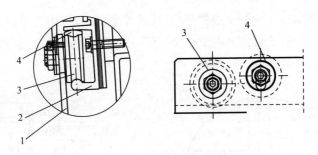

图 5-28 滚轮导轨结构

1- 门页;2- 上导轨;3- 承载轮;4- 防跳轮

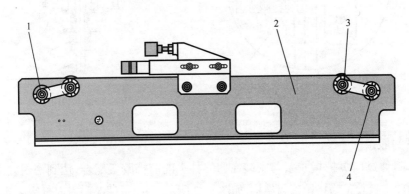

图 5-29 承载小车

1-ST 不锈钢防松螺母;2- 承载小车;3- 防跳轮组件;4- 承载轮组件

2. 门锁装置

门页通过门锁实现锁闭,在实际运营中要求锁闭可靠性高、冲击力小,通常还要求对锁闭状态进行监控。

早期的门锁为中间锁闭装置(图 5-30)设置在门页中间以方便司机操作,与之配套的锁挡也设置在相应中部的车体立柱上。锁闭时,锁钩在惯性作用下撞击锁挡,并沿锁挡斜面进入锁挡后在扭簧作用下复位完成锁闭。

该结构锁闭时,因手动关门过程中冲击过大,扭簧受力增大,锁挡容易产生微小位移,导致锁闭困难,故障率高。锁挡设置在中部,其前后、上下、内外的位置均可调,对安装调试的要求较高,且中部的锁挡不利于司机室侧墙的美观。若需要对锁闭进行监控,则锁挡内需设置限位开关,锁钩在冲击时行程不容易控制,较大的冲击力易损坏开关。

近期的门锁为顶部锁闭装置(图 5-31),门锁的操作装置仍然安装在门页中部,方便操作。锁挡安装在上导轨上,锁舌安装在门页上,锁舌通过刚性连杆与中部的操作装置相连,以实现人工解锁。

该结构克服了中间锁闭装置主要缺点,关门时锁挡与锁舌的接触为圆弧接触,可使关门更加顺畅。关门过程中,锁舌克服压簧力,受力效果更优。同时由于上部导轨与门页的内外相对位置已确定,锁挡只需调整前后、上下位置,可减少调整的难度。在设置限位开关时,锁舌通过压簧回复力推动簧片,触发限位开关,使簧片变形大,作用在限位开关上的触发力较小且行程可控,从而保护了限位开关。整个锁闭点处于顶部,通过内装顶盖板进行遮挡,整体美观性更强。

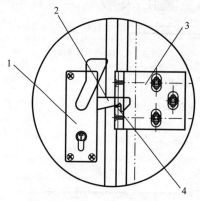

图 5-30　中间锁闭装置　　　　　　　　图 5-31　顶部锁闭装置

1-门锁；2-锁钩；3-锁挡；4-锁挡斜面　　　1-锁挡；2-限位开关；3-锁舌；4-压簧；5-连杆

3. 前密封胶条

前部密封通过门页护指胶条与安装在门立柱上的前挡胶条配合,达到密封效果。

早期的前密封胶条为挤压密封结构,如图 5-32 所示,当门页朝关门方向直线运动时,门页护指胶条与前挡胶条通过挤压实现密封,门页护指胶条上设置有挡雨条防止渗入的水进入内腔。

由于车门只有一处锁闭点,无论是中部锁闭还是顶部锁闭,胶条在整个竖直方向上很难保证内外对齐,各处发生的挤压变形量也有差异,不能完全保证密封效果。

新型门页护指胶条多采用插接式密封结构,如图 5-33 所示,门前挡胶条为单边双齿内凹式,密封搭接最小可达 12mm,同时允许门页内外方向的微量偏移,采用该结构对锁闭力的要求较低,即使在竖直方向胶条受力的不均衡,也不影响密封,从而保证密封效果。

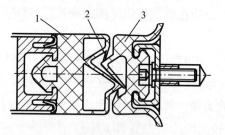 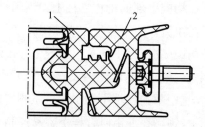

图 5-32　挤压式密封结构　　　　　　　　图 5-33　插接式密封结构

1-门页护指胶条；2-挡雨条；3-门挡胶条　　　1-门页护指胶条；2-门挡胶条

4. 门页

门页是司机室侧门的主体部件,前面所讲的承载装置、锁闭装置、密封胶条都与门页连接。

设计门页时,应在满足结构强度的前提下尽可能地降低重量。因此,门页通常采用铝材质。门页由门页框架、内外蒙皮、蜂窝填充材料等组成。门页框架由铝制型材拼焊而成；内外蒙皮为铝板，表面喷金属漆处理；蜂窝填充材料是具有阻燃防水性能的铝蜂窝。

第三节　司机室通道门

司机室通道门安装于司机室与客室间的隔墙上，也称司机室后端门，主要为司机能够及时进入客室处理故障而设置。通道门通常为折页门，在结构上与建筑用门基本相同，主要由门页、门锁、观察窗、合页、把手、止挡（司机室侧）等组成（图5-34）。

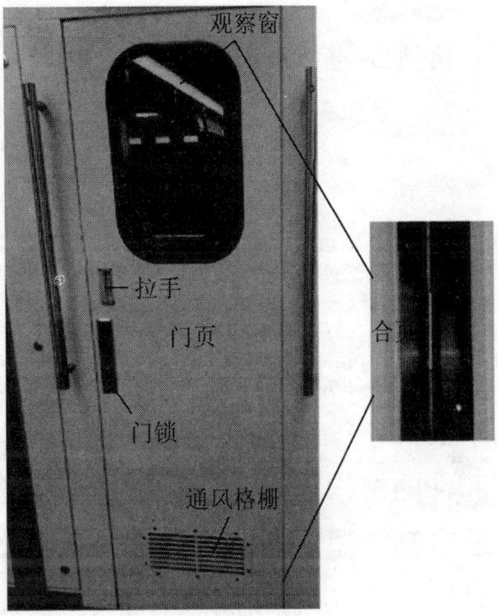

通道门门页中间通常安装有单向观察窗或窥视镜（猫眼），方便司机掌握客室状态。合页连接门页与车体，是门页动作的转轴，并承受门页重量。门页中部安装一个双舌插芯门锁，与司机室端墙上的锁挡一起实现车门的锁闭和解锁功能。出于安全考虑，由客室侧打开通道门时，通常需使用司控器钥匙进行解锁。

门锁是整个通道门机构中最为复杂的装置，因频繁的开关动作及列车运行中的振动工况，门锁在结构设计上需要充分考虑可靠性。

图5-34　通道门

第六章 空调系统

> **岗位应知应会**
> 1. 熟悉空调系统基本组成。
> 2. 了解空调系统制冷基本原理。
>
> **重难点**
> 精通各部件在空调系统中的作用。

本章主要讲解城市轨道车辆空调系统,第一节主要介绍其基本功能特点以及对城市轨道车辆空调的现状和发展方向进行阐述,并列出未来趋势变频空调的优点;第二节重点讲解车辆空调各部件的功能,是后续章节空调各个系统阐述的基础内容,并主要描述空调机组各部件的结构以及功能;第三节为空调系统的制冷系统,以讲解制冷原理为主线,描述城市轨道车辆空调系统的主要制冷系统的工作原理;第四节详细介绍了城市轨道车辆空调的通风系统,其中讲解了新风、回风工作原理和过程;第五节描述城市轨道车辆空调的制暖系统,即客室座位下方的电加热器相关内容;第六节中对城市轨道车辆空调的控制系统有详细的说明,以及空调的各种模式加以说明介绍;第七节则是以前六节的理论作为基础,对在实际运用中常见的城市轨道车辆空调系统故障以及处理方法进行讲解。

第一节 车辆空调系统的基本功能和特点

一、城市轨道车辆空调系统简介

空调的主要用途是将通过一系列处理过程后的新鲜空气以风的形式送入相对封闭的空间内,对空间内的空气温度、湿度以及污染度等进行调节,尽可能地满足人们在工业生产和日常生活中对空气的要求。由于空调具有方便迅捷的调节空气的性能,已被广泛应用于民用、城市轨道交通等各领域。在按应用领域分类的空调种类中,城市轨道车辆空调是比较复杂的一种。

与楼房等建筑内安装的空调相比,城市轨道车辆空调拥有其自身的特殊性。城市轨道车辆空调要求把制冷和空气调节两种技术结合起来,并加上较先进的电气控制设备。同时,城市轨道车辆空调经常在不稳定的环境条件下工作,因此在设计城市轨道车辆空调时除了要考虑城市轨道车辆空调机组的基本参数,还要顾虑到空调机组的工作条件。除此之外,车内乘客人数的变化、乘客上下车的影响以及空调在车厢合理的配置等众多因素都需要全面考虑,这就使城市轨道车辆空调应用的技术难度大大增加。

城市轨道车辆空调主要包括控制系统、空调机组这两部分。列车空调机组大部分采用单元式空调机组,每两个机组都有相互的联系,它们是相互调节、相互影响的。一节车的空调工况会对另一节车的空调产生影响,第一单元的空调工况会影响同一节车的第二单元的空调工作。另外,城市轨道车辆空调要求系统必须设有各种保护,尽可能地减少危险因素,以保护乘客的安全,因此地铁空调的控制系统必须操作简便、功能完整,这就决定了其控制系统设计较为复杂。不仅如此,地铁运行在相对封闭的空间中,一旦主电路出现故障,通风装置就会不能正常工作。

在我国经济快速发展的今天,城市轨道车辆的空调系统对于满足乘客乘坐舒适度要求、提高车辆运行品质等方面发挥着十分重要的作用。城市轨道车辆空调系统是城市轨道车辆的重要组成部分之一,它与我们日常生活中常见的家用、办公空调的功能一样,在城市轨道车辆中承担着调节客室内空气温度,增强客室内空气流动,提高城市轨道车辆乘坐舒适性的作用。空调系统的作用是确保列车客室和司机室保持一个舒适的温度和湿度状态。

车辆空调装置一般具备通风、制热、制冷、加热、加湿等功能。典型的车辆空调装置通常由通风系统、空气冷却系统、加热系统、加湿系统以及控制系统五大部分组成。

空气冷却系统(也称制冷系统)一般采用蒸气压缩式制冷设备,蒸发器为空气冷却器,它的作用是对客室内的空气进行降温、减湿处理,使客室内空气的温度和湿度保持规定的范围内。冷却系统工作是由制冷剂通过蒸发器冷却将要送入客室内的空气,由于蒸发器表面的额温度低于空气的露点温度,空气中的部分水蒸气就会凝结,因此,空气通过蒸发器的同时也得到了减湿处理。

通风系统一般指机械强迫通风。通风系统的作用是将车外新鲜空气吸入并与车内再循环空气混合,在滤清灰尘和杂志后,再通过风机压送分配到客室内,同时排出车内的污浊空气,以保证车内空气的清洁度以及合理的流动速度和气流组织。

空气加热系统(也称制暖系统)的作用是在低温时对进入客室内的空气进行预热和对客室内的空气进行加热,以保证客室内的空气的温度在规定的范围内。

空气加湿系统的作用是在客室内空气相对湿度较低时,对空气进行加湿处理,以保证客室内空气的相对湿度在规定范围内。目前,我国一般车辆的空调系统装置中都没有加湿系统,只在某些有特殊要求的车辆上才设有此系统。

控制系统的作用是控制各功能系统按给定的方案协调、有序地工作,以使客室内的空气参数控制在规定的范围内,并同时对空调装置起到保护作用。

二、车辆空调系统的特点

在我国早期的城市轨道车辆中没有设置空调装置,只有简易的通风系统。随着国力的增强和人们对舒适度需求的提高,空调通风系统已成为城市轨道车辆的必需设备。

考虑到实际运行特点和运营需求,车辆空调系统一般具有以下一些特点:

1. 小型轻量化

由于受到质量、体积等因素的限制,空调机组等设备要做到尽量减小体积、降低重量,以满足在城市隧道内等特殊运营条件的要求。

2. 自动化程度高

因城市轨道运行中并不专门配置设备操作和巡检人员,因此要求系统具备集中控制、自我检测和自我调节恢复的功能。

3. 可靠性高

空调机组除了要抗振、耐腐蚀之外,系统各软、硬件也要保证有很高的可靠性能,同时在系统设计上也必须考虑异常情况下的运转要求,以满足乘客安全的需要。

4. 便于维护

由于受到场地和检修停时等限制,空调机组、系统部件等要尽量方便检测、维护和更换,系统要具备能够储存必要的运行数据和一定的自我诊断功能,以保证检修人员最方便地修复系统。

5. 较低的噪声

城市轨道交通车辆基本上运行在城市之中,因此在设计上,要考虑尽可能地减小车辆噪声对市民的影响,使用低噪声的设备。

三、城市轨道车辆空调现状和发展方向

1. 现有城市轨道车辆空调器现状

目前,我国采用的轨道车辆空调类型是传统的单冷型,只作为制冷机,有些空调机组安装有电加热器,功率很小(9~12 kW),仅作为预热;单冷型设计使空调机组的利用率降低,空调机的效能和功能没有全部利用,造成浪费;分离的控制柜占用车辆内部空间,而且与空调机组间的线路连接复杂繁多,不方便空调机组的安装、维护、检修等;定速压缩机启动时电流冲击大,要求辅助逆变电源容量大,车厢冷热负荷变化大,制冷能力不能迅速调节,使客室内温度不均匀。

2. 空调系统发展的方向

变频技术历经30多年的发展,已经日趋成熟,工业变频器已经成为各行各业的必备产品。变频技术飞速发展带来的契机,使变频空调以其固有的节能、高效、舒适、提升低温供热能力、可靠等特点,必将成为城市轨道车辆空调机发展的方向。郑州地铁2号线车辆则采用

变频空调,变频空调的优点有以下几点:

1) 变频空调机节约能源

变频空调机的主要特点是高频降温、低频连续运转维持恒温、温度波动小。变频空调机正是由于其低速连续小功率运转时具有高能效比,且减少了多次开关造成的开关损耗,从而达到节能降耗作用。空调机压缩式制冷循环的原理几十年来未发生根本变化,空调机的节能方法主要有三种:(1) 选用节能元件,例如采用高效压缩机,采用高效的直流风机电机,直流风机电机效率能提高近 1 倍;(2) 提高换热效率,例如采用浸水膜的铝箔。由于水不易形成水珠堵塞风道,采用带内螺纹铜管即可提高效率。(3) 实现运行节能控制,即变频节能。实践证明,变频空调机可实现运行节能 30% 以上。

2) 变频空调的低温供暖能力

变频空调机可利用其高速旋转的特点,额外补充一部分电功率,而使供风温度提高,实现供暖,变频空调机可将使用环境温度扩展到 -10℃。

3) 变频空调机的舒适度

变频空调机实现了低频运转维持温度,相比普通空调机的开关维持温度,其温度波动大大减少,同时又利用变频空调机的高速运转提升能力,实现迅速降温升温,提高了舒适度。

4) 变频空调机可实现更宽的工作电压

变频空调机实现了低频起动,起动电流很小,电源电压波动小。变频空调机可实现更宽的工作电压,自动修正加到压缩机上的电压,使压缩机的工作更稳定,效率更高。根据变频空调的特点,未来城市轨道车辆空调的发展目标如下。

(1) 冷暖一体化:采用热泵型冷暖两用车用空调,弥补目前定速车用空调不能供热的不足,提高空调机的利用率,取消电暖气。

(2) 机电一体化:变频控制器与变频空调机实现了一体化组装,使城市轨道车辆设备布置简单,安装简易、安全。

(3) 安装简单:产品采用先进的集成技术,使产品体积更小、重量轻。

(4) 配电简单:与外部的电气连接只是两个航空插头,节约了布线成本和车辆空间。

(5) 全变频设计:变频涡旋式压缩机 + 变频风扇电机 + 4 套变频器。

(6) 舒适度:动态恒温空调系统,做到冷暖无级调节。

3. 定频空调与变频空调的比较

目前城市轨道车辆空调系统常用电压和频率分别为 AC 380 V、50 Hz,在这种条件下工作的空调被称为"定频空调"。由于供电频率不能改变,传统定频空调的压缩机转速基本不变,依靠其不断地"启、停"压缩机来调整室内温度。变频空调采用变频技术,除制冷功能、工作原理与定频空调相同外,其控制系统和压缩机与定频空调不同,增加了变频器。主要工作原理是,根据客室车厢实际温度、湿度等因素,通过变频器改变压缩机供电频率,调节压缩机转速,依靠压缩机转速的快慢达到控制客室温度目的,可实现无级调节。

定频空调系统,在自动控制方式下,主要是通过控制系统压缩机的启动或停止来实现其运行过程中制冷量的调节。这种控制方式对压缩机的寿命存在较大的影响,同时其调节反应速度一般相对较慢,经常会出现车内环境温度、湿度波动较大,舒适度不高的情况。

变频空调系统的制冷量调节主要是通过对压缩机的电源频率、转速和排气量的控制来实现。制冷状态变频空调温度调节方法:变频空调机组刚启动时压缩机高速运转、高制冷能力降温。当环境温度达到设定温度时,通过调低功率压缩机低速运行达到恒温,从而提高客室舒适度。

第二节　车辆空调系统部件

城市轨道车辆空调系统主要有单元式空调机组、风道、送风格栅、司机室送风单元及控制装置等组成。一般来说,城市轨道车辆的空调系统均是在车顶两端设置两台单元式空调机组,通过车顶的风槽和风口向室内进行送风。根据空调机组的出风方式,一般可分为下出风和侧出风两种方式。

以郑州地铁1号线为例,空调机组安装于列车车顶,每个客室装有两台空调机组,分别位于客室的1/4和3/4处。每个司机室配备一台通风单元,车厢空调的控制板安装在车内的电气柜内。空调机组的外形如图6-1所示。

A车、B车、C车都安装有两台相同35kW顶置单元式空调机组以提供旅客客室车厢的空气调节。空调机组向安装在天花板顶棚的管道系统送入调节空气。在空调机组底部的送/回风口通过橡胶密封条和车厢风道系统之间连接,其使空调机组和车厢之间的连接是柔性的。通过风道,空气被均匀地吹入客室,通过集成在天花板上的空气扩散器扩散到整个车体的长度范围。

空调系统的目的是保证旅客车室内取得舒适的温湿度。A车同时装有一个司机室通风单元。送入司机室的送风量由风速选择开关和集成在司机室通风单元上的可调扩散器控制。

图6-1　空调机组

一、空调机组

城市轨道车辆空调机组主要部件有制冷压缩机及配件、冷凝系统、蒸发系统、新风系统、回风系统、制冷管路等部件。一种典型的空调机组部件图如图6-2所示,该类空调机组内包含有两套独立的制冷系统,压缩机、冷凝风机等主要部件都设置了两台,通过控制调节,两套系统能够独立运行。

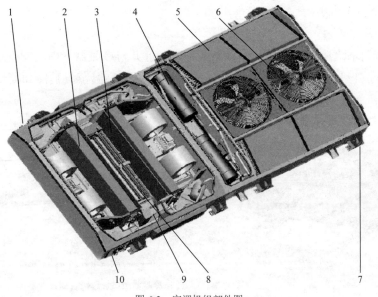

图 6-2 空调机组部件图

1- 主电源连接器；2- 蒸发器；3- 混合风滤网；4- 压缩机；5- 冷凝器；6- 冷凝风机；7- 减振器；8- 电动回风门；9- 电动新风门；10- 控制电源连接器

空调机组主要部件有制冷压缩机及配件、冷凝系统、蒸发系统、新风系统、回风系统、制冷管路等部件。

1. 制冷压缩机

压缩机主要功能是压缩从蒸发器过来的制冷剂气体，将其压缩成高温高压气体。城市轨道交通车辆空调使用的压缩机主要有螺杆式压缩机和涡旋式压缩机两种。

（1）螺杆式压缩机

压缩机、螺杆结构及供油系统组装在一个密封的机壳内。该类压缩机具有结构简单、易损件少、压比大、对湿压缩不敏感、平衡性能好等特点。螺杆式压缩机内装有一对相互啮合、具有转向相反的螺旋形齿的转子，齿面凸起的转子称阳转子，齿面凹进的称阴转子，齿槽、机体内壁和端面共同构成工作容积。

由于螺杆具有较好的刚度和强度，吸、排气口无阀片，故一旦液体制冷剂通过时不会产生"液击"。

（2）涡旋式压缩机

该类压缩机活动部件比较少，没有动态吸入和排出阀。该类压缩机振动小、噪声低，能抵抗在制冷系统中常见的由液击、满液启动和漂浮物所引起的压力。涡旋压缩机属于容积式压缩机，压缩部件由动涡盘和静涡盘组成。

涡旋式压缩机具有低噪声、低振动、高可靠性的特点，涡旋式压缩机结构主要零件少，结构更简单，因此故障几率更小；此外，涡旋式压缩机具有效率高、功耗低、输出平缓、启动力矩小等特点。压缩机通常和橡胶减振器、排气恒温器、高低压保护开关一起安装在机组框架上,其外形如图6-3所示。

2. 冷凝系统

冷凝器借助轴流风机,从机组上方吸入室外空气,并与冷凝器管内的制冷剂进行强制性热交换,然后向机组两侧排出热风,从而完成热量的转换,高温蒸气被冷却凝结成液体。图6-4为冷凝器热交换示意。

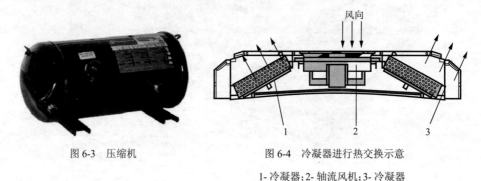

图6-3 压缩机

图6-4 冷凝器进行热交换示意

1- 冷凝器;2- 轴流风机;3- 冷凝器

3. 蒸发系统

车内循环空气被通风机从回风口吸入与新风混合后通过蒸发器冷却,并由出风口吹出,向车内送出冷风,在制冷系统连续工作下使车内温度逐渐降低,并由温度调节器自动控制车内温度,车内温度可调节在 19 ~ 27℃ 范围内。蒸发系统风向流动过程如图6-5所示。

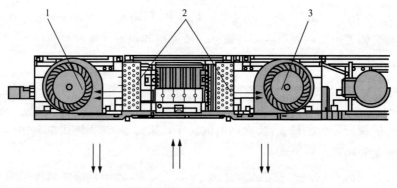

图6-5 蒸发系统风向流动过程

1- 通风机;2- 蒸发器;3- 通风机

城市轨道车辆的蒸发器与冷凝器结构基本一致(图6-6),都是在铜管盘管上套翅片的结构,但是两者功能不同。冷凝器的功能是将压缩机排出的高温高压制冷剂气体冷却为高温高压的液体;蒸发器则是使低温低压的制冷剂液体吸收热量蒸发为低温低压的气体。蒸发器、冷凝器一般由铜管、铝或铜散热片与带有不锈钢的端板/支撑板构成。蒸发器、冷凝器的换热主要通过空气流过蒸发器、冷凝器时,其翅片吸收空气中的热量或将自身的热量传递给空气来实现。翅片变面积越大、表面情况越好,换热性能就越好。

图 6-6 蒸发器与冷凝器

a)蒸发器;b)冷凝器

4. 新风系统

新风口设有性能好、阻力小的过滤格栅,可防止风沙雨雪渗入车辆。新风入口密封严密,所有新风均经过新风滤网过滤。新风口设置有温度传感器探测新风温度,新风风量由新风电动调节器控制,可半开和全开。在电源供电发生故障时,紧急通风系统将自动启动,新风电动调节器全开,可以向客室内提供足够的全新风。

5. 回风系统

客室内的部分空气通过车顶的回风口进行循环,回风与新风在蒸发器前混合,混合气流经过蒸发器完成降温除湿的制冷过程,并由蒸发风机沿风道向车辆均匀地送风。回风口设有回风温度传感器,探测回风温度;设置自动风量调节阀,调节新风与回风混合比例;设置回风滤网,过滤新风和回风的混合风。在紧急通风状态时,回风口全部关闭。

6. 节流装置

通过冷凝器的制冷剂为高温高压液体,在制冷剂进入蒸发器前须进行降压处理,节流装置就是对制冷剂进行降压的装置。城市轨道车辆选用的节流装置只要有热力膨胀阀和毛细管两种。

热力膨胀阀是通过控制蒸发器出口制冷剂的过热度来控制进入蒸发器的制冷剂热量。毛细管是一根长的小孔径管子,它依靠其流动阻力沿长度方向产生的压力降来控制制冷剂的流量并维持冷凝器和蒸发器的压力差。

二、风道

风道又称送风装置,它是空气在机组和客室间流通的通道。风道由若干个风道组件安装到车体上,风道组件由铝合金板材加工组装而成,内外铺设隔热保温层。空调机组安装在车顶的两端,两空调机组出风口之间由若干个风道相连,从空调出风口出来的风通过风道下方的风口进入客室;前端还有单独的司机室风道给司机室供风。送风道安装在车厢天花板上方(图 6-7)。

图 6-7 送风道

三、送风格栅与回风装置

送风格栅是将风道中的风排进客室的装置,一般采用铝型材,与整车内装协调统一。

回风装置客室回风通过设于车门两侧侧墙下部的回风口进入侧墙,利用侧墙及车门立罩板内部的空间作为回风通道,进入车顶回风道后送入空调机组。机组内部设有回风门,用于调节新风、回风的混合比例。紧急通风时,回风门关闭。

目前大部分车辆均采用电动回风门,也可以采用气动控制方案。气动控制方案的特点是:接受连续的气信号,输出直线位移;有正反作用功能;移动速度大,但负载增加时速度会变慢;可靠性高,但气源中断后阀门不能关闭;不便实现分段控制和程序控制。气动回风门需要由一个安装在回风入口的压缩空气设备驱动,包括气缸、铰式支座、空气软管和空气软管适配器等,维护与接口相对复杂。

四、排风装置

排风装置有顶置强迫排风装置、座椅下强迫排风装置、可自动调节风量的自然排风装置、侧墙(端墙)自然排风口等多种。目前使用较多的是可自动调节客室正压的自然排风装置。自然排风装置工作原理:为满足客室内正压的要求,设立排气装置,排气是利用设置在车体上部的通风器风口排出,风口沿车体中心线对称布置,当车内无正压时,废排装置的调节风门保持关闭状态;当车内有正压时,废排装置的调节风门打开;根据车内正压的大小,废排装置的调节风门打开角度不同,正压越大,开度也越大。车内新风关断的情况下,车内正压消失,废排装置关闭。

五、司机室通风单元

司机室所需冷空气由一台车顶空调机组提供,主风道在车厢末端连入司机室,司机室通风单元向司机室提供足够的冷空气。司机室的通风设备安装在司机室顶上,它使用风机把中央空气吸进并分流。司机室通风单元底部装有多个出口方向可以调整的喷嘴。司机室通风单元结构如图6-8所示。

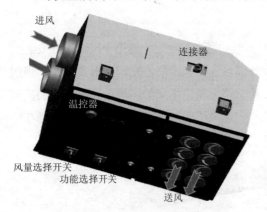

图6-8 司机室通风单元

六、空调系统辅助部件

城市轨道车辆空调系统除机组的主要部件外还有一些辅助部件,如制冷剂、风机、电磁阀、压力开关、温度传感器、干燥过滤器、风门等。此外,空调系统的组成部件还包括空调控制器、紧急逆变器、控制继电器等。

1. 制冷剂

制冷剂即制冷工质,它是制冷系统中不断循环并通过状态变化来实现制冷的工作物质。制冷剂在蒸发器内吸收被冷却介质(水或空气等)的热量而汽化,在冷凝器中将热量传递给周围的空气或水而冷凝。它的性质直接关系到制冷装置的制冷效果、经济性、安全性。

2. 风机

风机分为送风机、冷凝风机两种。为使蒸发器、冷凝器与空气之间更好地进行热交换,空气由风机的风扇强迫通过蒸发器、冷凝器盘管。送风机使过滤后的新风、回风混合空气循环流过蒸发器,蒸发器吸收空气中的热量使空气冷却后再被送入客室以降低客室温度,保证客室温度适宜。冷凝风机使外界空气循环流过冷凝盘管,冷凝盘管把来自压缩机的高温高压蒸气中的热量传递给外界空气,从而使高温高压的制冷剂蒸气冷凝成液态。

3. 电磁阀

空调制冷管路上一般都设置有电磁阀,电磁阀作用是在通电时使电磁线圈产生电磁力把关闭件从阀座上提起,阀门打开;断电时电磁力消失,弹簧力把关闭件压在阀座上,使阀门关闭。设置电磁阀的作用是在压缩机停机后,关闭冷凝器和蒸发器之间的管路,防止冷凝器中的液体迁移到蒸发器后回到压缩机中,造成压缩机启动时液击和润滑不好的情况出现,液路电磁阀的进出口均为铜接口。

4. 压力开关

制冷剂蒸气在压缩机内部可能会出现压力过低或压力过高问题。当在制冷剂蒸气压力过低或过高时,压缩机持续运行会造成压缩机的损坏,因此须在压缩机的出口、进口管路设置高、低压压力开关。

高、低压压力开关监测压缩机高、低压出入口的压力,从而实现对压缩机的保护。如果高压出口排气压力或低压入口吸气压力低于其各自的预定值,安全压力开关会将使电路断开,设备停止运作,以保护压缩机。

5. 温度传感器

为了保证客室的舒适性,空调系统都设置温度传感器检测送风、回风和新风的温度以有效地控制空调机组的制冷量。通过温度传感器,空调控制器监控不同的温度并选择最佳的运行模式,为乘客提供最舒适的环境。温度传感器(图6-9)一般有新风温度传感器、回风温度传感器和送风温度传感器。

图6-9 温度传感器

6. 干燥过滤器

干燥过滤器安装在液管上冷凝器的出口处,可除去制冷剂中的水分和杂质,防止水分及杂质对系统及部件造成损害。

7. 风门

送入客室的空气为进蒸发器吸热、除湿后的新、回风混合空气,新、回风混合比例的控制是通过风门来实现的。足够的新风是保证人体舒适的必要条件,然而,新风量也不能过高,新风比例过大会导致空调机组功耗增加;回风的循环使用能有效降低空调机组的能耗,城市轨道车辆正常运行期间也不能完全采用全回风。因此,新、回风的比例必须控制得当。

第三节 制冷系统

在工程上,通常会在热力学上构成热力循环,即工质在循环中发生热量交换或做功,而工质在不同的位置所蕴含的能量是不同的,故需要一个物理量来衡量其蕴含的能量多少。

如果没有焓这个概念,则现有的物理量只能表示能量总量、做功能力、做功功率等,不能准确衡量其循环中工质的能量密度,因此需要建立焓这个概念。焓的单位 kJ/kg,能够表明其单位质量工质所包含的能量。而对于热力循环而言,工质的质量流量是很好确定的,与焓相乘就能简单得到能量的流动情况。

焓主要用于表示单位质量工质所蕴含的能量,例如制冷系统回路制冷剂在不同位置的焓值,可直接用于计算每个换热元件的换热量。压焓图的构成,见图6-10。

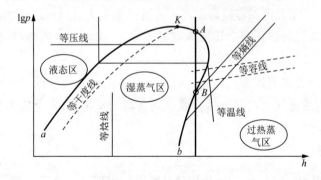

图6-10 压焓图的构成

制冷,是指人工制冷技术,它包括研究低温的产生、应用及有关物质的物理及化学变化的特性等技术。城市轨道交通车辆一般采用蒸汽压缩式制冷,该制冷方式的原理如图6-11所示。

在制冷系统中,由压缩机将制冷剂(冷媒)压缩成高温高压的冷媒气体,进入冷凝器,经外界空气(或水)冷却,冷凝成高压常温液体,然后经过节流装置节流降压,变成低温低压液体,进入蒸发器,吸收流过蒸发器的空气的热量,蒸发成低压蒸汽,然后被压缩机吸入,完成一个制冷循环。

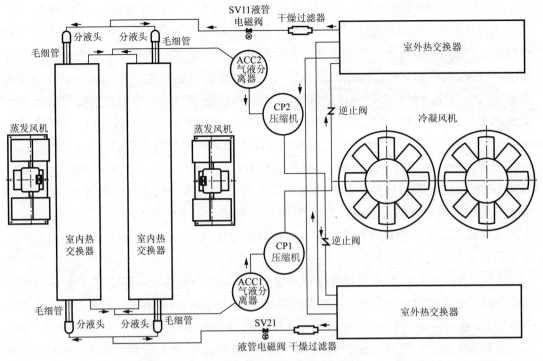

图 6-11 制冷原理图

通过压缩机的（压缩）做工,实现制冷剂在系统管路中的循环,制冷剂的循环（状态的变化）实现了对环境空气的冷却,达到制冷的目的。空调制冷的原理如图 6-12 所示：

空调机组制冷方法有许多种,目前蒸气压缩式制冷机是列车空调上使用最广最多的一类制冷设备,它利用了单级压缩制冷循环原理。

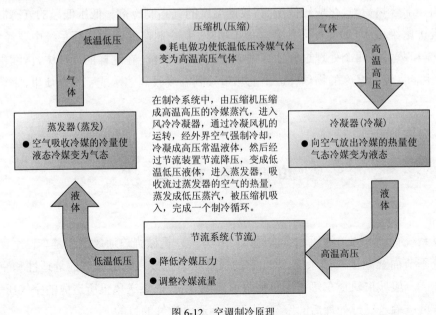

图 6-12 空调制冷原理

蒸气压缩式制冷机的工作基本原理：在空气压力为一定值的条件下，当液体自身的温度达到某温度值时它会开始沸腾，把这个特定的温度值称为该液体的沸点。在空气制冷的相关专业中，则与沸点意思相同的专业名词是蒸发温度。同吸收热量变为气态的过程正好相反，在达到对应的冷凝温度的情况下气体会释放热量从而变为液态。假如用水或者空气作为介质对气态的制冷剂进行冷凝处理，气态制冷剂的冷凝温度要比所使用介质的温度稍微高一点。而气体的压力比较高，其冷凝温度也会相对较高，所以只需使用压缩机将气态的制冷剂的压力压缩至系统可以实现的冷凝温度相应的压力，就可以利用水或空气作为介质进行冷凝，将其在冷凝过程中吸收热量气化的气态制冷剂再次冷却变为液态，然后让液态制冷剂在较低的温度下再吸收热量成为气态。如此这样，在密闭的循环系统中仅通过压缩机不断的工作，就可以实现制冷剂循环地由液态变气态，又由气态变液态的状态转变。经过这样的状态转变可以把较低温度地方的热量移到较高温度的地方去。

蒸气压缩式制冷机的主要部件包括压缩机、冷凝器、节流装置和蒸发器，并通过相互连接的管路形成密闭的制冷系统。其工作过程如下：在蒸发器中，液态制冷剂吸收需降温物体的足够多的热量转成低压力、低温度的气态制冷剂，之后气态制冷剂被吸到压缩机中。通过一段时间的工作压缩机将气态制冷剂的压力增大、温度提高，然后将高压高温的气态制冷剂送入冷凝器。在冷凝器内，气态制冷剂采用空气或水作为介质进行冷却处理，气态制冷剂放热冷凝成液态制冷剂。由于液态制冷剂的温度比所采用介质的温度高，因此将制冷剂的温度降到比需降温物体的温度低是必需的过程，这样才能产生制冷效果。如此，就必须将压力较大、温度较高的液态制冷剂通过节流装置进行节流降压，与此同时制冷剂的温度也会相应下降，在此之后将其送入蒸发器。压力较低、温度较低的液态制冷剂在蒸发器中会吸收需降温物体的一部分热量，气化成较低压力、较低温度的气态制冷剂。低压低温的气态制冷剂被又一次吸进压缩机中，如此循环往复。如上所述，制冷剂在密闭的循环系统中要经历压缩、冷凝、节流和蒸发等四个处理过程才算完成一次制冷循环。在这样的循环中，压缩机要不断地工作，才能将较低温度的物体释放出的热量移到温度较高的水或空气介质里，来达到制冷的目的。

第四节 通风系统

通风系统有机械强迫通风和自然通风两种方式。机械强迫通风系统是车辆空调装置中唯一不分季节而长期运转的系统，因此它的质量状态直接影响到旅客的舒适性和空调装置的经济性。一般城市轨道车辆采用机械强迫通风方式，依靠送风机所造成的空气压力差，通过车内送风道输送经过处理后的空气，从而达到通风换气的目的。

一、送风机组

送风机组是通风系统的动力装置,其作用是吸入车外新风和客室回风,并将处理后空气加压,通过主风道等送入客室。它通常由一台双向伸轴的双速电机和两台离心式送风机组成。

二、送风道、回风道、排风道

车顶的两台空调机组,通过与车体相连的两个吸振消音的连接风道,将处理后的空气送到车顶的主风道内。送风道的作用是将经过处理的空气输送到室内。车辆的风道沿车辆方向分为3个,中间大的为主风道,两侧为副风道,主副风道由隔板分开,隔板上设有一系列调整风量的气孔。

主风道的空气经隔板气孔进入副风道,使得两侧风道内的气流稳定地送入客室中。

司机室的送风量是通过在司机室增压器从副风道中引入,气流方向可以通过位于内顶板上的送风导向器来调节,空气可以直接吹到司机座位区。

风道一般用铝合金或玻璃钢制成,在整个风道外表面均覆盖足够厚度的隔热材料,以防止风道冷量损失和结霜。回风道是用来抽取室内再循环空气的。进入回风风道的空气,一部分通过设于车顶的静压排气孔排至车外,另一部分进入空调机组与吸入的新风混合后,经过冷却、过滤由离心机将其送入主风道,这样就在客室内形成空气循环,达到调节空气温度、湿度的目的。排风道用以排除车内污浊空气,即排风口与车顶静压排风器间的通道。

三、新风口、送风口、回风口及排气口

新风口即车外新鲜空气的吸入口。新风口一般装有新风格栅以防止杂物及雨雪进入车内,另外还设有新风过滤网和新风调节装置。新风调节装置由一个24V直流电机驱动新风调节门,调节进入客室的新鲜空气量。

送风口是用来向客室内分配空气的。送风口大多数装有送风器及风量调节机构,它不但使客室内送风均匀、温度均匀、达到气流组织分布合理的效果,还可以根据需要来调节送风量的大小,送风口处一般也装有送风滤网。回风口是室内再循环空气的吸入口。正常情况下,客室内一部分空气应作为回风,回风与新风混合前是在客室中被充分循环过的。与新风混合过滤后,通过蒸发器入口进入,应设置调节挡板,用于调节新风、回风的混合量。排风口是用来将客室内废气和多余的空气排出车外。从车内的长椅下,经过墙板后侧导向车顶,由车顶静压排风器排出车外。

四、紧急通风系统

在交流动力电源失效的情况下,空调系统自动转入紧急通风。紧急通风仅使用空调送风机,由蓄电池提供 DC110V 电源通过直流/交流逆变器供给风机交流电源,该装置提供 45min 紧急通风。紧急通风为全新风,此时回风阀门关闭,当交流动力电源恢复正常时,空调机组自动转入正常运转状态。

第五节 制暖系统

考虑到城市轨道车辆实际运行区域的气候条件,有些设置了专门的加热系统。由新风口引入的新鲜空气及车内循环空气,被机组的通风机吸入并在电加热器前混合,通过电加热器加热,温度升高,再由送风机送入车内风道各格栅,向车内送热风,使温度徐徐上升,并由温度调节器自动调节车内温度,维持车内的一定舒适温度。

空调机组内设电热管,在空调送风机作用下,新风吸入后与回风混合,经电热器加热后送入客室,环境温度低于 8℃时开始制热工况,达到 13℃时停止,电热器设有温度继电器及熔断器保护。

座椅下电加热器,每车设约 6kW 电热器,每组双人座椅或纵向座椅下设一组电加热器。电热器由司机室集中控制,每组电热器内设两支电热管,可实现全暖或半暖控制。

第六节 控制系统

一、空调控制的基本情况

列车激活之后,司机可在司机室内对客室的空调执行开启和关闭操作,也可在 HMI 上对车内设定温度进行调整。在 A 车电气柜内设有 2 个 3 挡自复位旋钮开关。分别控制列车空调启动和 A 车空调启动。

城市轨道车辆的空调由一个基于温度控制的微处理器或 PLC 来控制,它一直传送车内所要保持的最佳温度的指令,且它也是控制和保护空调系统内部元件的自动装置。

空调机组内部件的启动顺序如下:送风机→冷凝风机→压缩机,若前级未启动则后级不允许启动。此启动顺序是基于对压缩机的保护,避免送风机不运行时压缩机吸入口压力过低或冷凝风机不运行时压缩机排出口压力过高。

城市轨道车辆空调设定温度在自动模式下按照 UIC553 温度曲线进行设定的。

UIC553 的设定温度计算公式如下：

$$T_{ic}=24℃，13℃ < T_e \leqslant 27℃$$
$$T_{ic} =22+0.25×（T_e -19）℃，35℃ > T_e > 27℃$$
$$T_{ic} =26℃（T_e \geqslant 35℃）$$

式中，T_{ic} 为设定温度，T_e 为环境温度。由 KPC 检测回风温度传感器的温度值，取其值作为室内温度 T_i。

二、空调运行

1. 启动

控制器和空调机组得电后，控制器进行空调自检。自检完成后，控制器得到司机室的空调启动信号后启动送风机，然后信号"压缩机启动请求"被传到总线上，控制器等到信号"压缩机启动释放"出现后，开始进行温度调节。

2. 运行

城市轨道车辆每节车安装有两台空调机组，机组在正常运行时是同时运行的。空调控制器可对空调机组的运行模式和温度进行设定，控制空调机组内部的运行、启停，能够完成故障诊断和记录。

空调机组内各部件的启动命令有控制器决定和驱动，并设定相应的前级保护功能，保证空调系统安全运行。如果其中一个部件启动失败，相关的后续部件将被禁止启动并记录相应的故障信息。

三、空调模式

空调机组一般具备以下工作模式：预冷、制冷、预热、制热、通风、紧急通风。

1. 预冷 / 预热

控制系统首次得电→温度判断车辆需求→自动进入预冷 / 预热模式→达到系统设定温度或预冷 / 预热运行一段时间后→自动结束 / 通过 HMI 中止。

新风门将会全部关闭，回风门全部打开，此时空调机组将使用 100% 的回风进行制冷 / 预热。最大限度缩短车厢降温 / 升温的时间，使车厢内的温度尽快达到设定温度值。

2. 制冷 / 制热

两级制冷模式包括：

(1) 半冷模式：空调机组将输出约 50% 的制冷能力。

(2) 全冷模式：压缩机满负荷工作，空调机组输出 100% 的制冷能力。

两级制热模式包括：

(1) 半暖模式：两个通风机运转，每个空调机组的一组电加热工作。

(2) 全暖模式：两个通风机运转，每个空调机组的两组电加热工作。

制热模式时压缩机不工作，空调机组内的电加热器工作。

3. 通风

当空调控制系统检测到车内没有制冷需求时，空调机组将运行在通风模式。

此时压缩机将停止工作，制冷回路中的制冷剂将停止流动，只有送风机运行，为车厢内提供新风和回风。在送风机过载的情况下，控制器会制动切断电机电源。

4. 紧急通风

当空调系统失去 AC380V 电源时，空调将启动紧急通风。

制冷压缩机和冷凝风机将停止工作，新风门打开，回风门关闭，控制器向紧急逆变器发送紧急通风信号，延时 10s，闭合紧急通风接触器，空调系统进入紧急通风模式。此时空调将向客室内输送 100% 室外新风。当列车 AC380V 电源恢复或蓄电池低压保护，空调机组将停止紧急通风。

第七节 空调系统常见故障处理

空调机组常见的故障大致分为两类：一类是制冷系统故障；另一类是电气控制系统故障。

一、制冷系统故障处理

1. 制冷剂泄漏

制冷系统中制冷剂泄漏是最常见的故障，其泄漏部位主要发生在管路的焊接处、压缩机吸排气口的连接处、压力开关的引接处等，由于管路焊接不良或车辆运行中的冲击、振动造成连接螺钉松动或连接部位在多次振动后出现裂纹等原因均可引起系统泄漏。

制冷剂的泄漏原因不同，其泄漏程度也不尽相同。较轻微的泄漏可引起制冷剂量不足、低压压力过低而压力开关保护动作、蒸发器吸热不足等现象，严重的泄漏可造成机组制冷不良。在制冷剂已完全泄漏，系统中混入空气的状态下，若压缩机继续运转将最终导致压缩机因过热而被烧毁。

制冷剂检漏采用如下方法：

（1）外观检查。由于制冷剂泄漏会渗出冷冻油，一旦发现管路某处有油迹，可用白布擦拭并作进一步确认；

（2）泡沫检漏。这是一种简便的方法，用混有清洁剂的水涂在预计可能发生泄漏之处，若该处有泄漏，将会出现泡沫，从而可以确定确切的泄漏发生位置；

（3）电子检漏仪。用电子检漏仪接近被检处，一旦检漏仪测到有泄漏，将发出异常的声音与提示，此时应擦净触头，在该处再次测试确认。

2. 低压故障

当制冷剂出现泄漏时将导致低压故障的产生，低压故障的检查方法如下：

（1）用复合式压力表连接到系统中，检查系统停机是的平衡压力，以及机组运行情况下的低压压力，低压压力应不低于$(0.5\pm0.3)\times10^5$Pa。

（2）模拟机组运行，判断机组低压压力开关是否动作。

压缩机低压压力过低的原因：制冷剂有泄漏；制冷剂量不足；膨胀阀等低压处开启不足；外界温度过低；蒸发器入口堵塞。

3. 高压故障

制冷系统中真正导致压力过高的最大可能是系统中混入空气，例如，空气在机组低压部分压力偏低时被压缩机吸入，或者是在维修中因操作不当而使空气混入到系统中。由于空气不是凝性气体，它在系统中的存在将直接产生如下不良后果：压缩机符合增大，且温升异常，电机过热或烧损；冷凝压力上升，制冷量下降；高压压力开关动作，系统无法正常运行。一旦发现由空气混入系统中，必须立即处理。

导致压缩机压力过高的原因还包括外界温度过高、冷凝器入口或出口有堵塞、冷凝器脏、制冷剂过多、冷凝风机不工作或工作不正常。

二、电气统故障

由于电气部件出现故障时，控制板能收到相关故障信号并给出故障信息，相对而言，电气系统故障的查找和处理方法更方便一些。通常，电气控制方面出现的故障，可根据读出的故障代号，结合电路控制图的控制逻辑进行查找。但有些故障现象不太明显，难以直观地判断故障发生的原因，因此可以借助PTU，通过控制板和PTU之间的通信连接，借助记录故障发生过程中的数据来分析信号之间的逻辑关系，从而判断故障真正的原因。

电气故障主要包括以下几种：

1. 短路故障

该故障是电气设备的绝缘层因老化、变质、机制损坏或过压点击击穿等原因被破坏而导致出现的故障。

2. 缺相故障

城市轨道车辆空调的压缩机、送风机和冷凝风机一般都是采用的380V交流电源供电由于松脱或其他人为原因，导致380V交流电有一相断开时就会出现缺相故障。部分压缩机设有缺相保护单元，可以自行检测该故障。

3. 反相故障

当压缩机、送风机和冷凝风机的三相连接的顺序错误时将导致反相故障，此时压缩机、送风机和冷凝风机会反相运转,压缩机反相运转的噪声较大,且很快就导致压缩机烧损;送风机和冷凝风机反相运转时进风和出风的方向刚好颠倒。

4. 过电流故障

该故障主要出现在城市轨道车辆空调机组的压缩机部件,由于个别特殊原因(如吸气压力过高、堵塞等)导致压缩机运转负荷过大时,不断上升的供电电流将导致压缩机电机部件的烧损。

5. 压缩机高/低压压力开关动作

由于个别原因导致压缩机排气口压力过高或压缩机吸气口压力过低时,压缩机高/低压压力开关动作,该信号送给空调控制板,控制板控制空调机组立即停止制冷运行。

6. 温度传感器故障

温度传感器由于老化或接触不良而不能给出有效的信号给空调控制板时,就会出现温度传感器故障。

7. 继电器故障

控制空调机组各部件启停的继电器,由于老化或其他原因,则会出现继电器卡滞或不能动作等故障。

三、制冷剂加注

当空调制冷回路存在泄漏时,在对泄漏位置完成修复后需要对空调制冷剂回路加注制冷剂。

1. 制冷剂加注方法

制冷剂加注方法一般都是采用低压加注和静态加注。

1)低压加注

启动空调机组制冷运行(通过使用应用软件启动制冷运行),从压缩机低压处加注,观察加注后的压力达到正常工作范围值(不同类型的制冷剂,该范围值均不同)。当加到压缩机低压处的压力达到范围值时即停止,再观察空调的制冷效果。如果空调制冷效果良好,测试高压压力,其工作压力不能超过高压范围值。

2)静态加注

停止空调机组运行,从加注口处加注制冷剂。当系统压力达到相应要求时为合适;再让空调运行制冷 30min,然后做仔细的检查。

2. 制冷剂加注的检查方法

制冷剂加注是否合适检查方法主要包括以下几种。

1)测压力

测低压压力,检查其低压工作压力是否在正常范围内。如果偏高,则加多了;如果偏低,则加少了。同时高压压力也不能超过正常范围。

2）听声音

如果声音过大，沉闷，可能是加多了制冷剂；如果声音过小，说明量不够。

3）测温度

加注制冷剂至压缩机吸气管较凉，有结露产生；排气管温度达到80℃左右；冷凝器温度达到55℃左右；蒸发器温度比环境温度低15℃左右，此时制冷剂已经加注足够。

4）测工作电流

总电流应接近额定电流，如果电流过大，则制冷剂加多了；如果电流过小，则制冷剂不够。这要求在系统和电路都正常的情况下测试，因为压缩机的工作电流和压缩机的吸气压力有很大的关系，吸气压力高，电流就大，吸气压力低，电流就小，如果系统堵了，那么压缩机的工作电流也会很低，且压缩机的声音不正常。

3. 制冷剂加注注意事项

空调机组加注制冷剂时应注意：加注是一定要慢慢来，加注一定量后让空调运行10min左右，再测压力和电流，不够再分次加注，不能以运行前的压力和电流作为标准，否则容易加多制冷剂。冬天加制冷剂时，可以人为的使室内温度传感器达到能够制冷的温度是空调制冷运行，或通过软件强行使空调制冷运行。

第七章　空气制动系统

> **岗位应知应会**
>
> 1. 了解列车不同的制动模式。
> 2. 掌握空压机的工作原理。
>
> **重难点**
>
> 熟悉制动机的动作原理。

第一节　制动系统的发展和类型

一、列车制动系统的发展

自 1881 年德国柏林有了世界上第一辆有轨电车后,世界各大城市相继开始了大规模的城市轨道交通交通建设。对于城市轨道交通车辆来说,除了要承载更多的乘客外,还要能够使运动中的车辆安全地减速和停车,必须能够对车辆实施制动。最早的有轨电车是用人工制动的。驾驶者绞动制动钢丝,使木制的闸瓦紧靠车轮踏面,用摩擦力使车轮或车轴转动减慢直至停止,以达到车辆减速或停车的目的。当然,这种原始的制动方式既费力又不安全,时常会发生钢丝断裂和车辆失控事故。人们逐渐认识到,为了让车辆以一定速度安全运行,必须使其具有同样的减速和停车能力,并重视对车辆制动的改进。忽视车辆制动将会发生危险,甚至造成旅客生命和财产的损失。因此,对制动机的研制成为近代铁路和城市轨道交通的一大热门,有时甚至比电气牵引机的发明更引人关注。

城市轨道交通车辆在 20 世纪初欧美地区的城市得到迅速发展。当时铁路列车一般使用人工机械制动,例如杠杆拨动式闸瓦制动装置。由于地铁车辆是沿用铁路车辆的,因此任何铁路列车制动新技术会立即被用于地铁列车。

随着 20 世纪初科学技术的发展,铁路车辆上出现了空气制动机。所谓空气制动机就是利用压力空气作为制动的动力来源,并用压力空气的压力变化来实现列车的制动和缓解装置。这种空气制动机被广泛应用于铁路、地铁。这相比人工机械制动,安全性和可靠性有了很大的进步。

20世纪30年代,在欧美地区和日本出现了采用电信号来传递和缓解指令的制动控制系统,这是制动系统的一次革命,因为电信号的传输速度比空气波速快得多。采用电信号的制动控制系统被称为电气指令式制动控制系统。

20世纪50年代,国外城市轨道交通车辆在大规模采用电磁空气制动机的同时,还采用电气指令制动控制系统协调动力制动和空气制动。最近几十年来,由于电力电子技术和微机技术的应用,使电气指令式制动控制系统不断改进、发展。大功率电力电子元件的出现使电气再生制动成为可能,微机技术的应用使制动防滑系统更加完善,因此当前城市轨道交通车辆主要配备有两套制动系统:电制动系统和电空制动系统。

目前,我国城市轨道交通车采用的辆制动系统主要分为国内和国外产品,国内制动系统为铁道科学研究院机车车辆研究所研制的制动系统,国外制动系统主要包括德国的KNORR制动系统、日本的NABTESCO制动系统和美国的WESTINGHOUSE制动系统。以上均属于当今主流模拟式直通电空制动系统,具有反应快速、操纵灵活的特点。

二、列车制动系统的类型

黏着是城市轨道交通系统车辆运行的基础。车轮能够沿着钢轨顺畅地滚动、加速或减速,都是由于在轮轨接触面上传递着运行方向的切向力。这个切向力在铁道领域称作黏着力。当牵引时的驱动力或制动时的制动力超过黏着力时,车轮进入空转或滑行状态的临界状态。这时,轮轨间所能传递的最大切向力称作最大黏着力,这就是所谓的"黏着极限"。用静轮重去除最大黏着力被定义为"黏着系数"。铁道车辆的最高运行速度受黏着极限的限制,车辆的起动、加速、减速和停车等运行性能都受黏着特性的支配。

一般来说,晴朗天气时,轮轨接触面处于干燥状态,黏着系数没有太大的变化。但是,因下雨和下雪造成轮轨表面成湿润状态,黏着系数变化很大,特别是高速时,黏着系数很低。黏着系数的降低,不仅是车辆高速化的障碍,还有可能引起车轮空转、滑行。车轮空转的结果使钢轨头顶面形成凹陷形状的损伤。滑行的结果使车轮踏面的一部分形成扁平状的擦伤,严重时,会出现热裂纹,并因车轮的转动,发展为滚动疲劳裂纹,这样的材料损伤关系到舒适度的下降、噪声和振动的发生,再加上冲击载荷,还会缩短车轴、轴承或钢轨的寿命,成为增加维修成本的主要原因。

制动方式可按制动时列车制动力获取方式不同、动能转移方式不同进行分类。

1. 按制动力获取方式

制动力形成的方式分为两类:黏着制动和非黏着制动。

制动力由钢轨通过轮轨滚动接触点作用于车辆的制动方式,称为黏着制动,也称摩擦制动。黏着制动时,制动力受轮轨间的黏着力的限制,其可能实现的最大制动力不能超过黏着力。黏着制动是目前主要的制动方式。闸瓦制动、盘形制动、液力制动、电阻制动、旋转涡流制动及再生制动等制动方式都属于黏着制动。

制动力不必通过轮轨滚动接触点而作用于车辆的制动方式,称为非黏着制动。轨道电磁制动或轨道涡流制动都属于非黏着制动。制动时,钢轨给出的制动力不经过轮轨滚动接触点作用于车辆,而是由钢轨直接作用于吊挂在转向架上的电磁铁。制动力的大小不受轮轨间黏着力的限制,是利用电磁吸引力而获得制动力的一种制动方式,所以也称为黏着外制动。

2. 按动能转移方式

1) 闸瓦制动

闸瓦制动是通过压缩空气将闸瓦压紧车轮踏面,使轮瓦之间发生摩擦,将列车动能的大部分变为热能,并转移到车轮与闸瓦,再逸散于大气的制动方式,如图 7-1 所示。闸瓦制动是目前列车上使用最广泛的一种制动方式。按照闸瓦的安装方式,它可分为两种形式:单侧闸瓦制动和双侧闸瓦制动。单侧闸瓦制动构造简单,适用于速度不高、载重不大的车辆。双侧闸瓦制动结构比较复杂,但制动效果较好,闸瓦磨耗量小,因此对缩短制动距离,提高运行速度都是有利的。

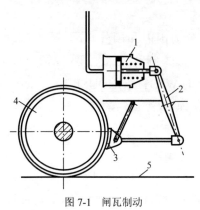

图 7-1 闸瓦制动

1- 制动缸;2- 基础制动装置;3- 闸瓦;4- 车轮;5- 钢轨

2) 盘形制动

盘形制动是通过压缩空气将带闸片的钳子夹紧安装在车轮辐板两侧或车轴上的制动盘,使闸片与制动盘间产生摩擦而起制动作用,如图 7-2 所示。制动盘可分成单面盘(一个摩擦面)和双面盘(两个摩擦面)两种。盘形制动可根据需要(动车的动轴除外),在每根车轴上装两个制动盘、三个制动盘甚至四个制动盘,使制动功率达到黏着条件所允许的最大值,以满足列车高速运行的需要。

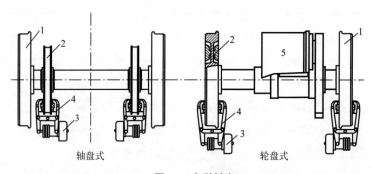

图 7-2 盘型制动

1- 轮对;2- 制动盘装置;3- 单元制动缸;4- 制动夹钳;5- 牵引电机

3) 磁轨制动

磁轨制动是电磁轨道制动的简称。其制动时将安装在转向架两轮对之间轨面上方的电磁铁放下至轨面并励磁,使装有磨耗板的电磁铁以一定的吸力吸附在钢轨上并滑行,靠磨耗板与轨面之间的摩擦转移能量达到制动,如图 7-3 所示。

4）电阻制动

电阻制动是制动时变牵引电机为发电机,把列车运行的动能转换成电能,再把电能加在制动电阻上,变成热能而消散的制动方式。电力机车、电传动的内燃机车和电动车辆等都可采用电阻制动。

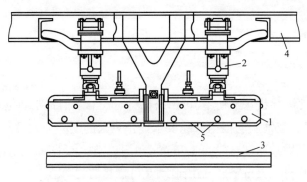

图 7-3 磁轨制动

1- 电磁铁；2- 升降风缸；3- 钢轨；4- 转向架构架侧梁；5- 磨耗板

5）再生制动

再生制动是制动时变牵引电机为发电机,把列车运行的动能转换为电能并反馈到牵引接触网而加以利用的制动方式。再生制动只能用在电力机车和电动车上。根据接触网的电流制再生制动分为直流再生和交流再生。

6）旋转涡流制动

涡流制动的基本原理如图 7-4 所示,磁铁按照 N、S 极交替布置,并与导体（感应体）保持一定的气隙。当励磁线圈通电,导体与电磁铁无相对运动（$v=0$）时,主磁通恒定,磁场是对称的,导体中不产生涡流,电磁铁与导体之间只有吸力（$F=F_A$）而没有制动力。当磁铁与导体相对运动（$v>0$）时,导体切割磁力线,根据电磁感应原理,导体内将会产生闭合的漩涡状感应电流,称为电涡流,由电涡流产生的磁场使主磁场发生畸变,磁力线发生偏转,生成切向分力 F_B,即为制动力。从能量转换的角度来说,列车的动能通过感应体的涡流损耗,使感应体温度升高,从而将列车的动能转换成热能消散于大气,达到制动的目的。

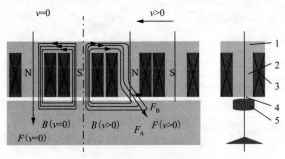

图 7-4 旋转涡流制动

1- 磁轭；2- 磁极；3- 线圈；4- 气隙；5- 钢轨

7）液力制动

液力制动在制动时是靠液力制动器或液力变矩器中的转子使工作液体产生减速从而产生转矩和液体与固体之间的摩擦将列车动能转变为热能加以消散的制动方式。它主要用在液力传动的机车、动车上。

三、制动模式

1. 常用制动

常用制动在正常运行状态下使用，可由司机将司控器手柄置制动位或 ATC 施加。常用制动时，电制动优先。空气制动根据减速要求提供剩余的制动力。目前国内城市轨道交通车辆最大常用制动平均减速度一般为 $1.0m/s^2$。由于电制动受踏面黏着限制，常用制动具有防滑保护和受冲动限制（$0.75m/s^3$）。常用制动是可恢复的制动。

2. 快速制动

当司机主控手柄位于快速制动位时，列车施加快速制动。快速制动设计以紧急制动减速度大小制动而不断安全回路。快速制动设计为紧急情况下的一种制动方式。快速制动具有防滑保护和受冲动限制。快速制动由电制动和电空制动产生。快速制动命令是可恢复的。

3. 紧急制动

紧急制动是一种"非常制动"，是在紧急情况下为使列车尽可能快地停车而施行的一种制动。目前国内城市轨道交通车辆的平均紧急制动率多为 $1.2m/s^2$ 或 $1.3m/s^2$，其仅由空气制动完成，可由多个系统施加，每个操作模式（自动和手动）均可单独施加紧急制动。紧急制动命令不可恢复，并予以零速互锁。此外，当通过紧急停车按钮施加紧急制动时，受电弓落下，高速断路器断开。

触发紧急制动的有以下几种情况：

（1）司机室中主控手柄的警惕按钮被按下；

（2）司机室中的紧急停车按钮（蘑菇按钮）被按下；

（3）司控器钥匙断开；

（4）列车运行时，方向手柄拉至"0"位；

（5）车与车之间运行中脱钩；

（6）安全回路中断或失电；

（7）主风缸压力低于设定的安全值；

（8）列车运行超速；

（9）ATO 系统发出紧急制动命令。

4. 停放制动

停放制动由弹簧施加，采用充气缓解，为被动制动。停放制动仅在列车静止时使用，防止列车溜车。根据合同要求，停放制动可保证列车在 AW3 载荷的情况下停在不超过 35‰

的坡道上。

停放制动由车辆控制电路(硬线)控制并由控制电路和控制系统(总线)同时监控。正常时,停放制动未缓解时,列车禁止牵引。运行中监测到停放制动施加时,列车将封锁牵引。

第二节　空气制动系统组成及控制原理

一、空气制动系统的基本组成

城市轨道交通车辆的供风系统为制动系统和辅助系统部件提供风源。其中的辅助系统包括空气弹簧气路、受电弓气路和车钩解钩装置气路等。供风系统是制动系统的主要组成部分。

制动系统主要由以下部分组成。

1. 供风设备

该组设备负责为列车提供并储存充足、干燥、洁净、压力合适的压缩空气,主要包括电动压缩机组、空气干燥器、总风缸等。

2. 制动控制设备

由模拟的单通道摩擦制动系统构成,系统为架控型电—空控制,其核心部件BCU包含了制动控制和车轮防滑系统两大主要微机控制功能,其余外围控制散件主要集中在辅助控制模块(CUBE)中。

3. 安装在转向架上的制动设备

安装在转向架上的制动设备主要是两种单元制动器,其中一种带停放制动功能。两种单元制动器数量相等,每轴安装一个带停放功能的单元制动器,在转向架内部斜对称布置。

4. 车轮防滑设备

车轮防滑设备主要是转向架上安装在轴箱外侧的车轴速度传感器等信号采集设备。

5. 空气悬挂设备

设备用于控制车辆地板在设定的高度,使其不随载荷的变化而变化。空气悬挂系统主要有如下的功能:

(1)为车辆提供空气悬挂,改善车辆的动力学特性和运行品质;

(2)通过设置高度阀,可使车辆地板面高度调整好后不随载荷的变化而改变;

(3)将簧上载荷(可变)准确地测量并提供给车辆控制系统,为列车的有效牵引和精确制动打下基础。

空气悬挂系统根据每辆车所设置高度阀的个数不同,有两点式、三点式、四点式等悬挂方式。

6. 受电弓升弓设备

该组设备为了满足气动升弓的需要,它包括一个脚踏泵、电磁阀以及操作所需的一些辅助装置。

7. 轮喷供风设备

为减少轮缘磨损,车辆安装有轮缘润滑装置,依靠空气压力将润滑油喷射到轮缘根部,该系统仅提供风源接口。

8. 连接操作设备

该组设备主要用于方便车辆之间的连挂和解编工作,包括电磁解钩阀、手动解钩阀、解钩软管和塞门等,其中全自动车钩解钩阀安装在 TC 车底架牵引梁附近,通过按压司机台上的"解钩"按钮实现全自动车钩解钩。

二、空气制动系统基本控制原理

EP2002 制动控制系统是由德国克诺尔公司研制生产的,为电气模拟指令式制动控制系统,其核心部件是 EP2002 阀,负责空气制动系统的控制、监控及与车辆控制系统的通信。

EP2002 制动控制系统与常规的制动控制系统的最大区别在于设计思想不同:常规的制动控制系统采用车控式,即一个制动电子控制单元控制同一节车的 2 个转向架,如图 7-5 所示。

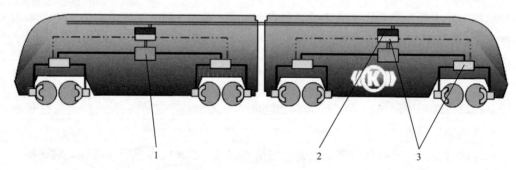

图 7-5　车控式制动控制布局

1- 制动控制;2- 制动器管理;3- 车轮滑行保护(WSP)

而 EP2002 制动控制系统采用架控式,即一个 EP2002 阀控制 1 个转向架,这样万一当一个 EP2002 阀出现故障时,只有一个转向架上的空气制动失效,减小了对车辆产生的影响。EP2002 将制动控制和带气动阀的制动管理电子装置结合在了安装于每个转向架上的单个机电一体化包中(EP2002 阀门)。这些气动阀用于常用制动(SB)、紧急制动(EB)和车轮滑行保护(WSP)。气动供应可以是从一个中心点到每个 EP2002 阀,也可以是到本车每个阀。其布局如图 7-6 所示。

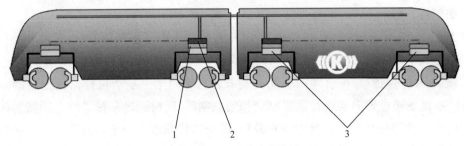

图 7-6 EP2002 分布式控制

1- 制动控制层；2- 制动管理层；3- 车轮滑行保护（WSP）

由于 EP2002 制动控制系统与常规制动控制系统相比具有突出的优点，目前已经在国内外多个新造城市轨道交通车辆项目中获得了应用。广州地铁 3 号线是全球首个采用 EP2002 制动控制系统的城市轨道交通车辆项目。

常用制动是针对每个转向架进行的，按照本车空气悬挂系统压力（ASP）进行载荷补偿。常用制动功能可以配置为故障释放或故障施加。紧急制动是针对每个转向架进行的，按照本车 ASP 进行载荷补偿。紧急制动器可以配置为故障超载载荷或空车载荷或者介于二者之间的任何数值。车轮滑动保护（WSP）通常是按照轴控制提供的，在常用制动和紧急制动期间都可激活。WSP 控制可以在每个转向架上配置，以满足应用要求。

EP2002 系统制动施加指示器可以连续地监视轴 1 和轴 2 上的制动器缸压力（BCP），并在 BCP 超过设定值时向列车管理系统提供一个硬线通知信号。EP2002 系统的标准供电电压范围为 24～110V，可以与 MVB、Lonbus、FIP、RS485 等不同的列车总线标准接口，并且可配置继电器输入/输出。EP2002 系统提供了一系列的无电压触点，可以配置为常开触点或常闭触点。车辆制造者可以利用这些触点对各种辅助系统提供简单的控制。当遇到制动供气风缸中的气耗尽（LBSR）的情况时，EP2002 提供了一个硬线通告信号给列车管理系统接口。

EP2002 阀共有三种产品。采用了智能阀和网关阀两种，每个转向架上装有 1 个 EP2002 阀，阀与阀之间通过 CAN 总线连接在一起。每个"-TC*MP*M="半列车单元使用 2 个 EP2002 网关阀和 4 个 EP2002 智能阀，半列车单元使得智能阀和网关阀形成分布式 CAN 总线网络，完成空气制动的控制；分布式 CAN 总线网络中两个网关阀通过 MVB 网络与电制动控制系统进行通信，如图 7-7 所示。

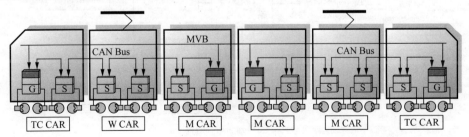

图 7-7 架控制动系统配置图

1. 智能阀

EP2002 智能阀是一个"机电"装置，其中包括一个电子控制段，该电子控制段直接装在一个称为气动阀单元（PVU）的气动伺服阀上。起控制作用的 EP2002 先导阀通过 CAN 制动总线传达制动要求，每台阀门据此控制着各自转向架上制动执行器内的制动缸压力（BCP）。本设备通过转向架进行常用制动和紧急制动，同时通过车轴进行车轮防滑保护控制。阀门由软件和硬件联合进行控制和监控，并可以检测潜在的危险故障。结合使用来自各车轴的车轴速度数据和其他阀门通过专用 CAN 制动总线传来的速度数据即可进行车轮防滑保护。

智能阀的内部结构如图 7-8 所示。

2. 网关阀

EP2002 网关阀执行 EP2002 智能阀的所有功能，并将常用制动压力要求分配至安装在本地 CAN 网络中的所有 EP2002 阀门上。网关阀也可以提供 EP2002 控制系统与列车控制系统的连接。EP2002 网关阀可以按要求定制，以连接 MVB、FIP 和 RS485 通信网络以及/或者传统列车线缆和模拟信号系统。在 EP2002 系统中，一台 EP2002 网关阀中的制动要求分配功能可以将 SB 制动力要求分配至列车装有的所有制动系统，以达到司机/ATO 要求的制动力。

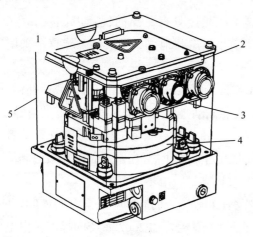

图 7-8　智能阀结构

1-RIO 数字电子设备；2-RBX 卡；3-供电单元（PSU）卡；4-PVU；5-设备外壳（采用透视图以便识别内部元件）

一般选择列车中央控制单元（VCU）负责列车的制动管理。列车通过司控器手柄，向车辆控制单元发出牵引和制动指令，或者通过地面系统发送 ATO/ATC 指令。如图 7-9 所示，制动力指令由列车总线传递至列车控制系统和网关阀。除紧急制动外，列车控制系统根据车辆的载荷计算车辆系统所需的制动力，然后控制列车电制动力和空气制动力的分配。常用制动模式下，电制动和空气制动都处于激活状态，优先采用电制动。

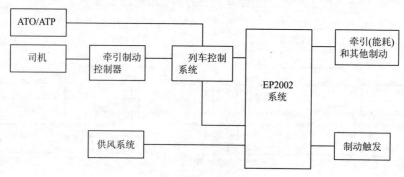

图 7-9　制动控制原理

第三节 制动系统关键部件

一、空气压缩机

空气压缩机组为系统用气设备提供压缩空气,目前在国内得到广泛应用的是克诺尔公司 VV120 型活塞压缩机,如图 7-10 所示。

1. VV120 压缩机基本特征

3 个气缸,W 形构造,两级压缩;紧凑型自承式的法兰,模块式结构;优化的浸油润滑式闭合循环油路;无磨损、扭转刚性离合器;带黏液耦合器的风扇叶轮;内置式大功率干式空气滤清器。

图 7-10 VV120 空气压缩机

1- 低压气缸;2- 中冷器后冷器;3- 高气压缸;4- 空气入口;5- 线缆隔离器(安装在车辆上);6- 交流电机

2. VV120 压缩机工作原理

如图 7-11 所示。该压缩机分两级工作,两个气缸在低压级(Ⅰ),一个气缸在高压级(Ⅱ)。在每个气缸上面的气缸盖中安置了组合式吸入阀和压力阀。由低压气缸吸入并被干式空气滤清器清洁的气体经预压缩之后,流过中间冷却器(3.1)。经过强烈的二次冷却之后,气体进入高压气缸中,被压缩至最终压力。高压级之后的二次冷却器(3.2)对进入储压罐之前的压缩空气进行二次冷却。

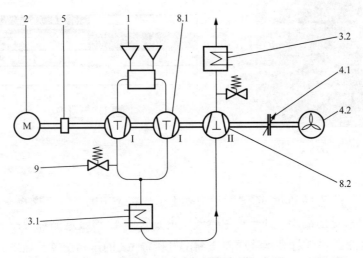

图 7-11 空压机气路原理图

1- 干式空气滤清器;2- 电动机;3.1- 中间冷却器;3.2- 二次冷却器;4.1- 粘液耦合器;4.2- 风扇叶轮;5- 联轴器;8.1-2 个气缸 Ø95,第Ⅰ级(低压);8.2-1 个气缸 Ø75,第Ⅱ级(高压);9- 防护网

二、空气干燥器

1. 基本结构

双塔式空气干燥设备主要由以下部件组成：两个干燥剂罐，各带有内置的油分离器；支架带再生罐喷嘴和止回阀、中心溢流阀；一个双活塞阀，带有内置消声器，用于设备排水；一个阀用电磁铁和用于控制循环的电路板；每个储压罐配有一个压力指示器，用以显示储压罐所处的工作状态。例如，如果左储压罐中有压力，说明它处于干燥阶段，则左边的压力指示器上出现一条红杠。如果处于无压状态，说明它处于再生阶段，则这条红杠自动消失。

2. 工作原理

双塔干燥能使压缩空气干燥到只剩微不足道的含湿量，由此可防止在压缩空气设备中由于压缩空气中的湿气引起腐蚀和冻结危险，而导致气动装置出现故障和过早磨损。该设备可以使压缩空气设备中的空气干燥到一直保持空气相对湿度在35%以下。

该干燥器是基于以下的物理过程：潮湿的压缩空气通过由晶硅酸铝制成的干燥剂（吸附剂），由于这种结晶硅酸铝分子结构具有特别大的比内表面，从而可从流经的空气中吸走水蒸气。与其他干燥剂相比较，这种干燥剂的突出优点是对油不敏感。所选定的硅酸盐孔隙均匀，其大小正好能吸附水分子，而较大的油分子不能同时被吸附。为了解决该问题，该干燥器设置了装有拉西环（图7-12）的油分离器，防止干燥剂被污染。

其工作转换周期如图7-13所示，其原理是双罐型冷却再生吸附干燥设备同时运行两个工序，即干燥阶段和再生阶段并行。当一个储压罐中主气流被干燥时，另一储压罐中的干燥剂则再生。

图7-12 拉西环

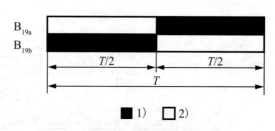

图7-13 转换周期图

B-干燥剂罐；T-转换周期；1)-再生阶段；2)-干燥阶段

其工作流程如图7-14所示，图中所示为处于工作状态中的空气干燥设备，其中储压罐19b处于干燥阶段，储压罐19a处于再生阶段。电磁阀体43通过从循环控制装置发出的电输入信号而得电；阀座V3打开。从通向压缩空气接口A2的压缩空气管道中分流出来的压缩空气流经开启的阀座V2和V3，流至活塞阀34。转换压力将活塞顶着弹簧力压至下部或上部位置，以此打开阀座V6和V7。由压缩机供给并随之经过再冷却和预排水的压缩空气流经接口A1和开启的阀座V7，流至风19b，它从下向上流过该储压罐，接着通过中心管再向下,经过止回阀 24b 和溢流阀 71 被导向接口 A2。空气在流入干燥剂 19.7 之前,先要流经油分离器(19.11)中的拉西环填料。这样,通过多次环流、涡旋和碰撞后,残留在压缩空气中最小的油滴和水滴都落在拉西环较大的表面上,然后结成较大的滴液在重力作用下落到下面的集流室中。接着在通过干燥剂时,空气中尚含的水分被吸走,使压缩空气从储压罐 19b 中流出时的相对湿度小于 35%。一部分已干燥的空气被分流出来,经过再生罐喷嘴 50 被减压,通过储压罐 19a 的干燥剂后被送入相反方向。这种减压后的空气也称为再生空气,它从需要再生的干燥剂中吸走了水分,并通过开启的阀座 V6 和消声器而排入大气。当干燥剂即将达到饱和极限时,通过电子控制装置在 T/2 阶段(图 7-13)被换接,即阀用电磁铁 43

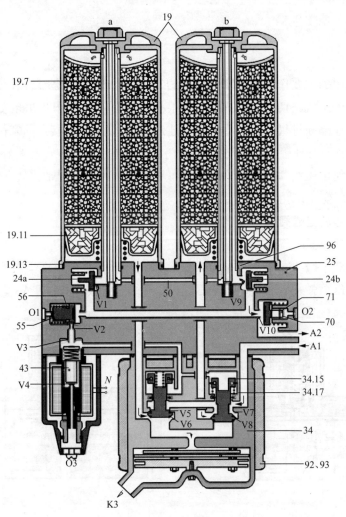

图 7-14 工作原理图

19a、19b- 再生阶段的储压罐;19.7- 干燥剂;19.11- 带拉西环油分离器缸;19.13-O 形环;24a、24b- 止回阀的阀锥;25- 支架;34- 双活塞阀;34.15-KNORR K 环;34.17-KNORR K 环;43- 阀用电磁铁;50- 再生罐喷嘴;55- 先导阀的活塞;56-KNORR K 环;70-KNORR K 环;71- 溢流阀阀盘;92、93- 绝缘套;96-O 形环;A1- 压缩机前的进风口;A2- 通向主风缸的排风口;K3- 空气/冷凝水;O1、O2- 排风孔;V- 阀座失电。阀座 V3 关闭,阀座 V4 打开。通向活塞阀 34 的控制线路排气。从而通过弹力将活塞压入上部或下部位置,这样就关闭了阀座 V6 和 V7,并打开了阀座 V5 和 V8。在这种操作位置时,主气流(A1 → A2)在储压罐 19a 中被干燥,而干燥剂在储压罐 19b 中再生。操作位置的时间顺序和相应的工作阶段如图 7-13 所示。为了使设备完好地工作,需要有一定的转换压力,在这种转换压力下先导阀 55 打开并且活塞阀 34 可以转换。溢流阀 71 确保这种压力在设备中迅速形成。通往主风缸的通道直到超过转换压力时才打开。这样可以避免在长时间充气过程中储压罐 19b 中的干燥剂出现过饱和。两个止回阀 24 可防止空气压缩机停机时主风缸和车辆内管路排气。

三、塞门

塞门在气路中的主要作用是使塞门两侧的气路连通或隔断以实现气路转换,从而方便检修、局部调试、人工气路切换等。有些塞门根据需要设有一些辅助功能,如带排气孔的塞门在关闭状态下在隔断进气的同时将出气口连通大气,又如带电接点的塞门在塞门状态改变时通过机械装置引发外接电路的改变,将塞门状态以电信号的方式反馈给有关系统。

普通两位三通电磁阀、减压阀、压差阀均可看成是一种特殊的带排气孔的塞门,但操作方式和阀体均有所变化,功能完全一致。

1. 两位三通停放电磁阀

对其工作原理如下:

(1)失电状态 [图 7-15a)]:阀用电磁铁 b 未得电,则设备处于静止位置。控制空气由 A4 截断。阀盘 d 被压缩弹簧 f 压向阀座 V1。由此,压缩空气接口 A2 和 A3 之间的连接即截

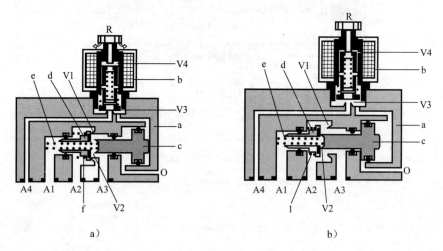

图 7-15 停放电磁阀得电 / 失电工作状态图

a- 电磁底阀;b- 阀用电磁铁;c- 活塞;d- 阀盘;e- 压缩弹簧;f- 压缩弹簧;V1~V4- 阀座;A1~A3- 压缩空气接口;A4- 控制空气接口;R- 排风口;O- 通气口

断。活塞 c 被压缩弹簧 e 压至其右侧终端位置。由于电磁线圈的衔铁被弹簧力推至阀座 V3 处，压缩空气接口 A4 至活塞 c 背面的压缩空气连接被截断。活塞 c 背面区域通过阀座 V4 排风。最终阀座 V2 打开，压缩空气接口 A1 和 A3 之间的压缩空气连接建立。

(2) 得电状态 [图 7-15b]：阀用电磁铁 b 得电，设备进入工作状态。控制空气由 A4 引导。衔铁将逆着弹簧力的运动。阀座 V3 打开，而 V4 关闭。活塞 c 将在来自压缩空气接口 A4 的控制空气作用下顶着压缩弹簧 e 得力运动到左侧终端位置。此时阀座 V2 关闭，阀座 V1 打开。压缩空气从压缩空气接口 A2 流向压缩空气接口 A3，压缩空气接口 A1 处于保持着稳定压力的闭合状态。如果阀用电磁铁失电，则电磁阀重新回到静止状态。

2. 减压阀

减压阀用于为后续管路正常工作时提供一个稳定的压力，其作用原理是：当出气口压力低于整定压力时，进气口连出气口；当出气口压力等于整定压力时，各气口关闭；当出气口压力高于整定压力时，进气口截止，出气口经溢流小孔通大气。

阀箱包括所有功能部件。压缩空气接口 A 和 P 装在法兰面上。通过 O 形环 m 密封。用调节螺栓 d 可设定压缩弹簧 f 和 g 以及活塞 c 的预紧力。压缩弹簧的预紧力决定设定的开启和关闭压力的大小，如图 7-16 所示。其工作方式为：

(1) 降压。需要降压的压缩空气从初级压力管道 P 流经开启的阀座 V1 至次级压力管道 A。同时压缩空气通过孔 B1 作用在活塞 c 上。压缩空气流经孔 B3 进入阀盘 b 上方的空间，从而使阀盘 b 处的压

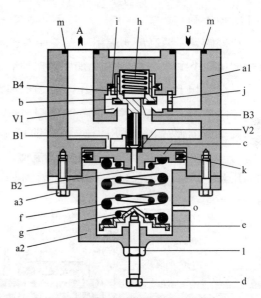

图 7-16 减压阀结构图（处于无压状态）

a1- 阀箱；a2- 弹簧外壳；a3- 六角螺栓；b- 阀盘；c- 活塞；d- 调整螺栓；e- 弹簧座；f- 压缩弹簧；g- 压缩弹簧；h- 压缩弹簧；i、k-KNORR 环；j- 滤框；l- 防松螺母；m-O 形环；B1~B4- 孔；V1、V2- 阀座；A- 工作压力；o- 排风孔；P- 供给压力

力平衡。一旦次级压力管道 A 中的压力以及由此产生作用于活塞 c 的力超过压缩弹簧 f 和 g 上的预应力，活塞 c 即开始其冲程运动。阀盘 b 跟从活塞运动，在达到设备的设定压力时便将阀座 V1 关闭（次级压力管道 A 中的压力的极限值）。当超过设定的极限值时，活塞 c 顶着压缩弹簧 f 和 g 的力从阀盘 b 的挺柱上脱开。阀座 V2 打开。次级压力管道 A 中的压缩空气可以通过敞开的孔 B2 中流出，从排气孔 O 排到大气中。一旦次级压力管道中的压力降到设定的极限值，活塞 c 即重新回到阀盘 b 的挺柱上。阀座 V2 以及孔 B2 便会被关闭，次级压力管路中压缩空气的流出过程结束。

(2) 补给。如果次级空气管道 A 中的压力因抽气或漏气而下降，作用在活塞 c 上的力就会下降，而压力弹簧 f 和 g 的弹力占主导，活塞 c 作冲程运动，通过阀盘 b 的挺柱从阀座 V1

上抬起。初级压力管路 P 会持续补充压缩空气,直到次级压力管路 A 中的压力重新上升到设定的极限值为止。随着压力的上升,活塞 c 顶着压力弹簧 f 和 g 运动,跟从的阀盘 b 即将阀座 V1 关闭。

(3)压降(回流)。如果初级压力管路 P 中的压力降至设定压力以下,则压缩空气从次级压力管路 A 经过孔 B3 和 B4 流回初级压力管路。次级压力管路中的压降导致在接下来的流程中,压缩弹簧 f 和 g 的力占主导。活塞 c 将阀盘 b 从阀座 V1 中顶出。因此导致从次级压力管路 A 至初级压力管路 P 的压缩空气未节流回流,直至两个管路中的压力平衡。只要初级压力管路 P 中的压力还低于设备上的设定压力,则次级压力管路 A 中的压力始终与初级压力管路中的压力保持平衡。这种情况下,工作压力等于供给压力。

3. 压差阀

压差阀设于两高度阀端用于有条件沟通两高度阀的出口,既保证两高度阀控制的不同气囊间压差不至于过大,又避免加剧因振动造成的气压波动。工作原理如图 7-17 所示。

只要接口 P1 和 P2 之间的压差未超过所设定数值,则两个阀座 V1 和 V2 就会在压缩弹簧 d 的作用力下保持关闭状态。从 P1 至 P2 或反方向均无气流流通。如果接口 P2 处的压力降至压缩弹簧 d 的作用力值之下,即超出了设定压差,则接口 P1 处的超压就会将阀座 V2 打开。这样两个接口之间就有气流流通。阀座 V2 保持打开状态,直到接口 P2 和 P1 之间的压差又达到设定值为止。当接口 P1 处发生压降现象时,溢流阀的作用方式与此完全相同,只是方向相反。

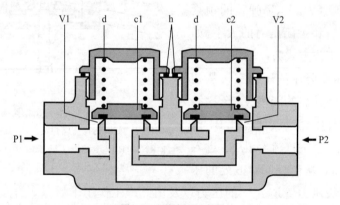

图 7-17　溢流阀示意图

c1- 阀盘;c2- 阀盘;d- 压缩弹簧;P1、P2- 压缩空气接口;V1、V2- 阀座;h- 密封圈

四、制动机

踏面式制动器是一种气动操纵的制动设备,用于城市轨道交通车辆。它由制动气缸和磨损补调器组合而成。其结构紧凑、节省空间,分为卧式和立式设计形式,特别适合安装在空间狭窄的转向架上。无论是带半悬挂的弹簧式储能器类型还是带手制动杆的类型,都可

以作为常用制动器或停放制动器使用。弹簧储能器由压缩空气控制,这使得列车中所有停放制动器都可以从驾驶台上集中启动和缓解。具有结构紧凑、无连杆,通过单作用气缸容量调节器自动修正闸瓦和车轮磨耗造成的闸瓦间隙、空气消耗量稳定,通过压缩空气可在驾驶台上集中操纵弹簧储能器,在更换闸瓦时无须进行调整工作等特性。

带停放制动装置和不带停放制动装置制动机,其结构和功能如下。

图 7-18 所示两种型号制动机,其差别在于有无停放制动装置。

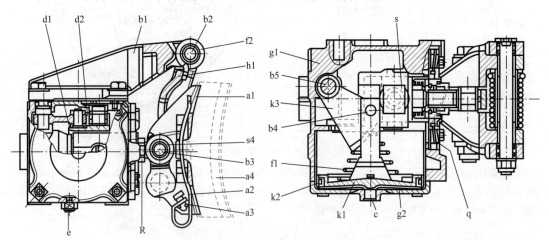

图 7-18　不带弹簧储能器的踏面式制动器 PEC7

a1- 闸瓦托;a2- 弹簧闩;a3- 楔形闩;a4- 制动闸瓦;b1- 托架;b2- 吊耳螺杆;b3- 螺栓;b4- 活塞销;b5- 轴承销;d1- 压紧环;d2- 支承滚珠;f1- 活塞回位弹簧;f2- 扭转弹簧;g1- 外壳;g2- 气缸盖;h1- 吊耳;k1- 活塞;k2- 活塞皮碗;k3- 凸轮盘;q- 波纹管;s- 调节结构;s4- 连杆头;c- 常用制动缸压缩空气接口;R- 复位六角头

1. 制动机结构

常用制动器类型的踏面式制动器结构如下:活塞 k1 在外壳 g1 中滑动。它被活塞复位弹簧 f1 保持在缓解位置,并通过两个活塞销 b4 与两个凸轮盘 k3 相连接。凸轮盘由轴承销 b5 支承在外壳 g1 中。压紧环 d1 与其支承滚柱 d2 一起靠在凸轮盘 k3 上。在压紧环内有调节机构 s 及复位六角头 R。在调节机构 s 前端上有连杆头 s4 和螺栓 b3,用于建立与闸瓦托 a1 的连接。除此之外,闸瓦托 a1 又经吊耳 h1、吊耳螺杆 b2 和扭转弹簧 f2 与托架 b1 相连。制动闸瓦 a4 装在闸瓦托 a1 中,由弹簧闩 a2 和楔形闩 a3 固定住。波纹管 q 将外壳正面密封以防污物和水进入。在外壳最低点处有一个通气塞。

如图 7-19 所示,带停放制动的功能结构活塞 k4 在气缸 g3 中滑动。它通过锥体连接器 K 和螺母 m1 与螺杆 m2 相连。在罩盖 g4 和活塞 k4 之间装有储能弹簧 f4 和 f5。根据弹簧储能器的不同形式也可以只装一个储能弹簧。盘形弹簧组 t 一侧支撑在活塞 k4 上,另一侧支撑在螺母 m1 上,使锥体连接器 K 保持在关闭位置。棘爪 n1 装在弹簧储能器的盖中,可转动。它由扭转弹簧 f10 将一端压入齿轮 n2 的轮齿中,从而与螺杆 m2 紧固连接。在弹簧储能器的盖中还装有锁定销 n3。锁定销沿轴向移动,并被压缩弹簧 f8 向下压。推杆 n4 同样装在盖中并可移动,由复位弹簧 f9 支撑。

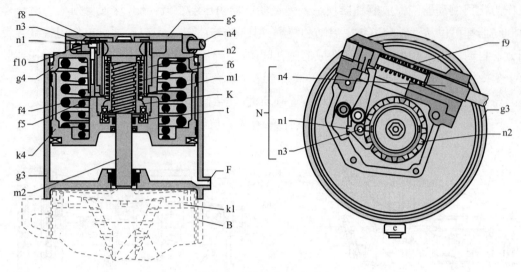

图 7-19 弹簧储能器气缸结构

e- 带孔螺栓;f4- 储能弹簧;f5- 储能弹簧;f6- 压缩弹簧;f8- 压缩弹簧;f9- 复位弹簧;f10- 扭转弹簧;g3- 气缸;g4- 罩盖;g5- 罩盖;k1- 活塞;k4- 活塞;m1- 螺母;m2- 螺杆;n1- 棘爪;n2- 齿轮;n3- 锁定销;n4- 推杆;t- 盘形弹簧组;B- 常用制动缸;F- 压缩空气接口;K- 锥体连接器;N- 紧急弹簧装置

常用制动机的工作方式是:

(1)进行制动时,压缩空气通过接口 C 流入制动气缸,并作用在活塞 k1 上,使之逆着活塞复位弹簧 f1 的弹力被向下压。活塞的运动被传递给可在外壳 g1 中转动的两个对称安装的凸轮盘 k3。支承滚柱 d2 在凸轮盘的弯道上滚动,从而整个调节机构 s 和闸瓦托 a1 被推入制动位置。当制动闸瓦 a4 抱在车轮上时,即形成制动力。传动比,即制动闸瓦上可产生的最大制动力,是由凸轮盘 k3 的形状决定的。踏面式制动器 PEC7 的标准化使其通过安装相应的凸轮盘即可达到 2.0～5.5 的传动比。

(2)进行缓解时,使踏面式制动器的制动气缸重新排风。活塞复位弹簧 f1 在吊耳的复位弹簧——如扭转弹簧 f2 或复位弹簧 f7 和调节机构 s 的复位弹簧 f3（图 7-20）的支持下,使所有部件都回到起始位置。一个带摩擦件的夹紧联轴节受弹簧负荷,使吊耳 h1 或连杆头 s4 旁的闸瓦托 a1 与车轮保持平行。从而防止制动闸瓦 a4 在制动器缓解时滑向车轮的一侧而造成斜向磨损。

2. 调节机构

调节机构松开如图 7-20 所示,连接管 s11 上的止动环 s9 在复位弹簧 f3 的弹力作用下紧靠着外壳 g1 的止挡 s15。其与外壳一侧止挡 s16 的距离 X 为所需的轮子闸瓦间隙的大小和在制动力作用下的弹性延伸量。

不带补调功能进行制动时的调节机构如图 7-21 所示。制动时,整个调节机构运动 X 距离进入制动位置。止动环 s9 靠在止挡 s16 上,复位弹簧 f3 张紧。制动力从调节器外壳 s5 通过齿式连接器 s6 传送到压紧螺母 s7、螺杆 s8、连杆头 s4,再传送到闸瓦托上。

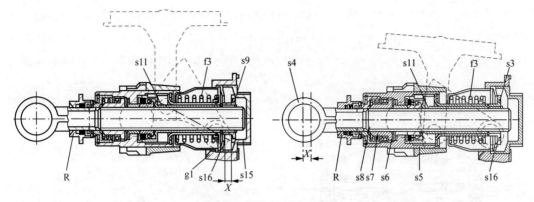

图 7-20 未制动时的调节机构

f3- 复位弹簧；g1- 外壳；s4- 连杆头；s5- 调节器外壳；s6- 齿式连接器；s7- 压紧螺母；s8- 螺杆；s9- 止动环；s11- 连接管；s15- 止挡；s16- 止挡；R- 复位六角头；上 - 缓解位置；下 - 不带补调功能的制动；X- 闸瓦间隙和弹性延伸量

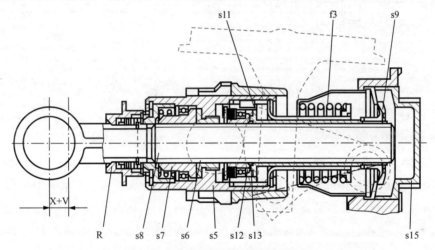

图 7-21 带补偿功能进行制动时的调节机构

f3- 复位弹簧；s5- 调节器外壳；s6、s13- 齿式连接器；s7- 压紧螺母；s8- 螺杆；s9- 止动环；s11- 连接管；s12- 推进螺母；s15- 止挡；R- 复位六角头；X- 闸瓦间隙和弹性延伸量；V- 磨损

3. 弹簧储能制动器

弹簧储能制动器是一种气动停放制动器。在制动时，储能弹簧 f4 和 f5 的弹力经过锥体连接器 K、螺母 m1 和螺杆 m2 作用到踏面式制动器的常用制动缸 B 中的活塞 k1 上。弹簧储能器装有一个手动紧急缓解装置 N，以便能使不带压缩空气接口的车辆在停车后停放制动器缓解。

在缓解位置时如图 7-19 所示，缓解压力 F 给气缸充风。活塞 k4 由此逆着储能弹簧 f4 和 f5 的弹力被顶在 其上部终端位置。螺母 m1 和螺杆 m2 完全拧紧。这样螺杆就不会顶在常用制动缸 B 的活塞 k1 上，因而停放制动器处于缓解位置。

在弹簧储能器制动时如图 7-22 所示，气缸 g3 通过接口 F 排风。使活塞 k4 传至储能弹簧 f4 和 f5 的反作用力即降至 0。放松的储能弹簧 f4 和 f5 的作用力通过活塞 k4、锥体连接器 K、螺母 m1 和螺杆 m2 作用在常用制动缸 B 的活塞 k1 上，并将该活塞压入制动位置。接着制动闸瓦即在车轮上抱紧。螺杆 m2 有非自锁的螺纹,储能弹簧 f4 和 f5 通过它产生一种转矩,使螺杆 m2 向上从螺母 m1 中拧出。然而这种转矩由闭合的锥体连接器 K 的摩擦连接以及齿轮 n2 与棘爪 n1 的互咬而承接。因此螺杆 m2 和螺母 m1 之间不会相对扭转。

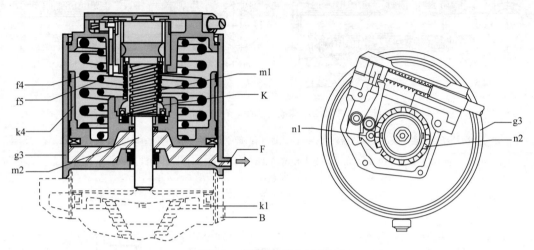

图 7-22 弹簧储能器在制动位置

f4- 储能弹簧;f5- 储能弹簧;g3- 气缸;k1- 活塞;k4- 活塞;m1- 螺母;m2- 螺杆;n1- 棘爪;n2- 齿轮;B- 常用制动缸;F- 弹簧储能缸的压缩空气接口;K- 锥体连接器

　　弹簧储能器的紧急缓解状态如图 7-23 所示,如果停放制动器缓解时没有压缩空气可用,则可手动进行紧急缓解。为此每个踏面式制动器都有一个装置(在本例中是推杆 n4 用于操作棘爪 n1)。这种操作装置可因车辆的不同而有差异,因此在此不作详细介绍。在操作棘爪 n1 时,齿轮 n2 被放开,因而螺杆 m2 的转矩支撑消除。这时由储能弹簧 f4 和 f5 向下作用的较大的力以及螺杆 m2 的非自锁螺纹所产生的转矩不再能够在棘爪 n1 上得到支承。因而螺杆 m2 和齿轮 n2 剧烈旋转。这又促使螺杆 m2 从螺母 m1 向上旋出。同时活塞 k4 向下运动,将空气从气缸 g3 中排出去。储能弹簧 f4 和 f5 被放松直到活塞 k4 贴在气缸底座上为止,这样储能弹簧的弹力不再作用在螺杆 m2 上。一旦活塞 k4 向下运动,则锁定销 n3 被压缩弹簧 f8 向下压,并将棘爪 n1 闭锁。则棘爪不能再与齿轮 n2 咬合。通过常用制动缸活塞 k1 对于螺杆 m2 的反作用力以及压缩弹簧 f6 的弹力,螺杆在活塞 k4 已经贴靠底座的状态下又向上旋拧,直到碰上罩盖 g5。这时旋转部件的回转动量使螺母 m1 在螺杆 m2 上逆着盘形弹簧 t 的弹力向下旋拧,从而使锥体联接器 K 打开。螺母 m1 和活塞 k4 锥形圈之间的摩擦连接断开。自此螺母 m1 也与螺杆 m2 及齿轮 n2 一起旋转,直到它们的回转动量通过内摩擦而完全衰减,停放制动器处于缓解状态。

　　弹簧储能器重新准备就绪状态如图 7-24 所示。在紧急缓解的状态下,弹簧储能器没有做好制动准备。气缸 g3 以缓解压力从接口 F 进气,以取消紧急缓解状态。这样活塞 k4 逆着储能弹簧 f4 和 f5 的弹力向上顶,同时锥体连接器 K 顶着盘形弹簧 t 的力开启。因此锥体连接器 K 中的摩擦连接断开，螺母 m1 不再处于防扭转保护状态。由于有非自锁的螺纹，在活塞 k4 继续向上运动的同时，螺母也在螺杆 m2 上向上旋拧。当活塞 k4 向上运动到终点时，锁定销 n3 被向上顶。棘爪 n1 因此与齿轮 n2 咬合，从而使齿轮和螺杆 m2 重新处于防扭转保护状态。一旦活塞运动结束，则锥体连接器 K 自行关闭。当到达终端位置时，储能弹簧 f4 和 f5 被张紧，弹簧储能器即为一次新的制动做好了准备。

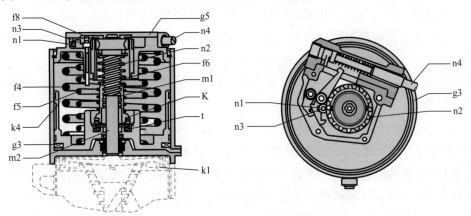

图 7-23 弹簧储能器紧急缓解

f4、f5- 储能弹簧；f6、f8- 压缩弹簧；g3- 气缸；g5- 罩盖；k1、k4- 活塞；m1- 螺母；m2- 螺杆；n1- 棘爪；n2- 齿轮；n3- 锁定销；n4- 推杆；t- 盘形弹簧

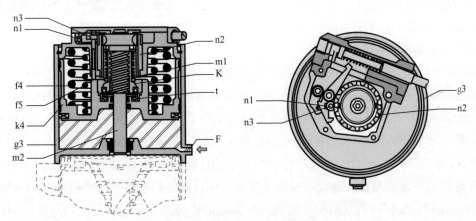

图 7-24 弹簧储能器重新准备就绪

f4、f5- 储能弹簧；g3- 气缸；m1- 螺母；m2- 螺杆；n1- 棘爪；n2- 齿轮；n3- 锁定销；t- 盘形弹簧

第四节　防滑控制装置

目前城市轨道交通车辆正朝着安全性、高速性、环保性和舒适性的方向发展。其高速性

也在不断促进单轴牵引功率和制动功率的不断提高。动力制动的实施及强力制动装置的采用，也带来了因制动力过大而导致列车制动滑行的倾向。列车制动滑行会产生普遍的轮轨发热、轮轨表面擦伤等现象，严重时还会使线路失稳，产生所谓的胀轨等事故。因此有效地防止列车制动的滑行极为重要。本章我们将主要介绍和探讨制动过程中车轮的防滑原理和防滑控制。

对防滑的研究除了上述原因外，还基于以下一些主要原因：

（1）制动黏着系数是车辆制动设计和牵引设计的基本参数之一。制动黏着系数的测试研究结果表明，对应某一运行速度的黏着系数是一组呈正态分布的随机变量。对于选取的某一个确定值，实际上是指其5%打滑率的值。因此只能保证车辆轮对不会滑行的概率仅为95%左右。

（2）低速制动的黏着系数离散度比较大也是我国制动黏着系数分布的特点之一。在速度为50km/h以下的低速段，一般为列车进站和出站的区段。一般情况下站台两侧轨面状态比较复杂，轨面污染也比较严重是造成黏着系数离散大的主要原因。从制动黏着系数测试结果可知，有时站台两侧测得的黏着系数甚至比速度为120km/h时的黏着系数还低。因此，列车在低速段时的车轮滑行和擦伤的问题更为突出。

（3）车轮踏面擦伤问题一直困扰着城市轨道交通的运营部门，虽然长期以来也采取了很多措施，试图来降低轮轨表面擦伤的事故，但收效甚微，其根本原因主要是在列车制动过程中，制动力的设定基本上是一个定值，而黏着系数却是一个变化的量，黏着力不可能总是大于制动力，一旦遇到低于黏着的情况，造成制动力超过黏着力，车轮便会产生滑行，甚至可能造成车轮踏面的擦伤。

（4）城市轨道交通车辆一般都是在较高的速度下行驶，一旦出现车轮踏面擦伤，其危害也会随运行速度的提高而逐渐增加。因为车轮踏面擦伤造成的车轮踏面不圆或凹坑会产生对轨面的垂向冲击，而且车轮的垂向冲击加速度会随着运行速度的提高而增大。从而也会降低旅客的乘坐舒适性，并且会使轴承发热，轨道受损，严重时将会危及行车安全。

总之，车轮踏面擦伤的根本原因在于列车制动过程中制动力超过黏着力。而这种可能性无论是在高速段还是在低速段均有可能发生。因此随着列车运行速度的提高，车轮踏面擦伤所造成的后果将更具危险性。解决这一问题的途径主要是通过加装防滑器或防滑系统。防滑器或防滑系统能够控制车辆制动过程中的制动力，并且能随时检测和调整制动力大小，使其始终小于并接近即时的黏着力，防止滑行的发生。

防滑器是一种防止列车因制动力过大或者由于某种原因而引起黏着系数降低造成车轮被抱死，致使车轮在钢轨滑行的装置。这种装置也经历了由简单到复杂，再由复杂到简单的发展过程。

最初人们发现，由于制动强度过大，车轮踏面上会摩擦出一些小平面，被称为车轮踏面擦伤。踏面擦伤后，车轮由于存在不圆度就不能平稳地旋转，将会产生很大的冲击振动和噪声。最初的防滑装置是装到机车上，但人们意外地发现制动距离也在减小。此后德国人发明了 ABS（Anti-lock Braking System）装置，它是由装在车轮上的电磁式转速传感器和控制液压的电磁阀组成。当制动液压力上升、车轮抱死时，转速传感器的输出为零，电磁阀动作，关闭制动液进口，使制动液压力降低；制动缓解后车轮再次旋转，转速传感器的输出恢复正常，电磁阀动作，打开制动液进口，液压随之上升再次对车轮制动。1948 年，美国的一家公司开发了铁路机车专用的 ABS 防滑装置。该装置利用安装在车轴上的转速传感器测出车轴的减速度，然后使电磁阀动作，控制制动空气的压力，防止车轴滑行。

早期的列车防滑器为机械离心式或电气混合式结构。我国铁路在 20 世纪 60 年代也曾采用过电气混合式结构的列车防滑器装置。随着计算机控制技术在工业控制中的迅速发展，相继进行了微机控制防滑系统的研究与开发。进入 20 世纪 80 年代，国外推出的高速列车已无一例外地采用了微机控制防滑器。例如德国的 MGS-1 型防滑器、法国的 TGV 列车高性能防滑器等。我国在 80 年代后期也对单板机防滑系统进行了研究（如青岛四方机车车辆研究所）。20 世纪 90 年代，我国又在引进、吸收国外技术经验的基础上，对采用微机控制的防滑系统进行了深入的研究，并取得很大的进展。近年来，我国城市轨道交通发展很快，防滑控制的理论研究水平不断提高，防滑控制的很多参考条件也不停地发生变化，需要更深入地研究与开发。但是高速车辆用防滑器则要求在具有良好防滑性能的同时，还要具有改善和提高黏着的性能。目前我国很多城市轨道交通车辆安装的是国外进口的防滑控制系统，价格较为昂贵，因此设计出具有高灵敏度的防滑控制系统对于我国城市轨道交通的发展具有非常重要的意义。

通过以上分析可以确定，轮对滑行即黏着失去的根本原因是制动力大于所能实现的黏着力。而恢复黏着的有效手段就是降低制动力，以满足制动力小于所能实现的黏着力。而黏着一旦被破坏，单靠轮轨系统本身是不可能恢复的，需要外部机构的介入，才能使黏着恢复。而电子防滑控制装置实质上就是一种非常合适的外部干预，以帮助轮轨间恢复黏着。防滑控制装置的基本原理就是一旦检测到因外界因素或制动力过大引起黏着系数下降时，就立即实施控制，尽快使黏着恢复。而这种恢复应尽量接近当时条件所允许的最佳黏着，即黏着恢复必须充分提高黏着利用率。

一、防滑系统基本结构

典型的防滑控制系统主要由控制单元、速度传感器、机械部件和防滑电磁阀组成。其中控制单元是防滑控制系统的核心部分，图 7-25 所示为电子防滑控制装置。

防滑控制系统可以通过速度传感器检测出列车的正常速度以及列车与被抱死车轮间的速度差。这两个检测信号被传送到防滑控制系统的微处理器，微处理器根据比较和判断，然后发出防滑控制指令。防滑控制系统的执行装置按防滑控制指令的要求采取措施，使该车轮的制动力迅速降低，快速解除该车轮的滑行。当滑行消失时，微处理器得到消失后的速度信号后，重新发出指令，恢复该车轮的制动力。

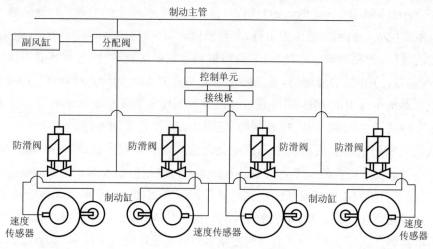

图 7-25 电子防滑控制示意图

1. 速度传感器

用于检测列车速度和轮对速度的装置称为速度传感器,又称为速度信号发生器。它被安装在拖车和动车的每个轮对上,其结构原理如图 7-26 所示。速度传感器由测速齿轮和速度传感器探头以及电缆线所组成。测速齿轮与速度传感器探头之间有一个空隙,永磁式的传感器会在间隙中感应磁力线。当车轮旋转时,齿顶、齿谷交替切割磁力线,从而在永磁式的传感器中产生一个频率正比于运行速度的电脉冲信号。这个电脉冲信号就是送入微处理器的速度信号。

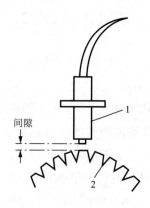

图 7-26 速度传感器原理图
1- 速度传感器探头;2- 测速齿轮

2. 防滑电磁阀

防滑电磁阀(以下简称防滑阀)是城市轨道交通车辆中电子防滑系统的主要组成部分。它是防滑控制回路中的执行机构。防滑阀由电子开关装置控制,借助防滑阀,制动气缸压力 C 能够逐级降低或者再次升高到由控制阀设定的数值 D。目前地铁车辆使用的电磁阀主要有 GV12A、GV12A-1A、GV12-1B、GV12-2、GV12-ESRA 等。

二、防滑控制

防滑控制是在制动力即将超过黏着力时,降低制动力,使车轮恢复处于滚动或滑、滚混合状态,避免车轮滑行。然而防滑控制的关键是:首先要正确判断什么时候"滑行"即将开始。判断早了,会使制动力损失过大,无法充分利用轮轨间的黏着,会使制动距离延长;判断晚了,就会产生滑行,造成踏面擦伤,起不到防滑作用。

列车防滑控制过程逻辑框图如图 7-27 所示。

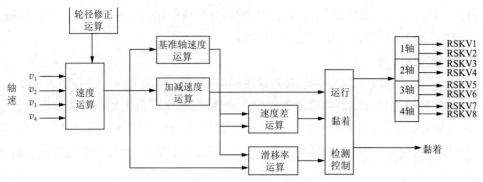

图 7-27 列车防滑控制过程逻辑框图

目前，各种防滑控制系统在判断滑行时，使用了多种判据。这些判据主要有速度差、减速度、减速度微分和滑移率等。其中速度差和减速度使用最为普遍。无论采用哪种判断依据，都把防滑和充分利用黏着作为主要目的，有时两种防滑系统采用相同的判据，但效果却不同，这主要是由于判据参数的选取以及对制动力的控制过程不同造成的。

1. 速度差判据控制

速度差是根据某一根轴的速度与列车运行速度的差值。防滑时可针对速度差制定滑行检测标准。

对于速度差标准，车轮磨耗的允许值为 6% ~ 7%，再加上其他公差，因此速度差范围很大。如果速度差标准定得太高，会造成防滑控制系统误动作；但如果速度差标准定得太低，也会导致灵敏度降低（日本的城市轨道交通一般取速度差标准值为 15km/h）。如果按高速范围制定速度差标准值，到低速时就不一定能保证正常的防滑作用。因此，速度差标准就不能是一个固定值，而应当是速度的函数。也就是说，速度差值应随着列车速度的减小而逐渐减小，所以确定速度差是否超限的阀值是随列车速度变化而变化的一个函数，这就使系统变得较为复杂。

能否精确地测定轮对间的速度差值是系统能否正常工作的关键。由于每个动轮直径不是绝对相同的，并且在运行中的磨耗也各不相同，所以轮间的速度差总是存在的，尽管此时并没有发生滑动。这就要求在检测轮径速度差时，必须考虑此轮径的差异因素，并对轮径差异设置校正功能。我国城市轨道交通列车运行允许的轮径差是同一车辆为 7mm，同一转向架为 4mm。

速度差控制就是当一辆车的四条轮对中的一条轮对发生滑行时，该轮对轴的速度必然低于其他没有滑行的轮对车轴的速度，将该轴速度与各轴速度进行比较并判定滑行轴的速度与参考轴的速度的差值，当比较差值大于滑行判定标准时，该车的防滑装置动作，降低所控制的该轴制动缸压力，此时该轴的减速度逐渐减小；当比较差值达到某个预定值时，防滑装置将使制动缸保压，让车轴速度逐渐恢复；当其速度差值小于滑行判定标准时，防滑装置将使制动缸压力恢复。

实践表明，轮对在连续滑行时，采用速度差判据控制，它需要把各根车轴联系在一起。

同时,由于它往往受速度范围的制约且对于车轮磨耗造成的轮对圆周尺寸的误差特别敏感,因此速度差标准的制定和设计是个复杂的问题。

2. 减速度判据控制

一辆车的某根轴滑行或4根轴以接近速度同时滑行,用速度差是无法判别的,这时就需要采用减速度判据进行控制。当车轮速度发生突变时,减速度值也相应增大。当减速度值大于预定值时,防滑装置降低它所控制的制动缸压力;当减速度值逐渐减小,恢复到预定值时,防滑装置将使制动缸保压;当减速度值进一步恢复,小于预定值时,防滑装置将使制动缸压力逐渐恢复。

减速度的标准是相对独立的,被检测的轴与其他轴无关。由于具有这个特点,所以绝大多数防滑控制系统(无论是机械离心式防滑器或电子防滑器)都采用此标准作为判据。

减速度判据值的确定对黏着利用也十分重要,部分防滑控制系统一般在减速度达到 $3 \sim 4 m/s^2$ 时降低制动缸压力,而且作为定值,不受速度变化的影响。

3. 减速度微分判据控制

上述使用减速度判据也有不足之处。由于防滑机械部分动作的延迟使制动缸的压力变化作用滞后。例如安装在法国TGV车上的防滑器,在使用减速度判据的同时,还引入了减速度微分进行辅助判断,因为当减速度达到判据标准时,虽然防滑装置动作,但需经过延迟时间后制动缸压力才开始变化,延迟时间内减速度的变化快慢会不同,即减速度的微分不同,这就有可能造成减速度变化快的,防滑作用不良,而减速度变化慢的黏着利用不良。引入减速度微分控制后,就有可能解决上述问题。减速度微分控制的判据是:

$$\Delta = \left[a + \frac{da}{dt} \Delta t \right]$$

式中:a——开始检测计算时的减速度值;

da/dt——对减速度微分;

Δt——延时时间。

假定判据达到了滑行的判定值,则防滑系统动作,经过延时时间后,无论减速度变化快还是变化慢,制动缸压力开始变化的减速度都是相同的。控制制动缸压力开始变化时的减速度,可以充分利用黏着并取得良好的防滑作用。但这种判断方式对防滑系统的要求较高,控制单元要求要有较高的运算速度。

4. 滑移率判据控制

滑移率是某一轴的速度与参考速度的差值和参考速度的比值。采用滑移率作为判据时,认为某一条轴的滑移率达到某一定值时就会发生滑行,防滑系统就会对改轴的制动缸压力进行控制,其控制过程与以上几种基本相同。

滑移率与黏着的利用密切相关,控制滑移率可以达到充分利用黏着的目的。日本的研究表明:当黏着系数为最大值时,滑移率将随着轨道的状况而发生变化,干燥轨道的滑移率一般在3%～10%,所以认为"在微小滑行时,即使不产生缓解作用也会再黏着的情况很多,超过适当大小的滑行才会进行缓解,这样将会有助于缩短制动距离"。

针对滑移率日本还进行了专门试验,试验中把滑移率维持在10%以下。当滑移率低于5%时,瞬时黏着系数变化很小;当滑移率超过5%时,黏着系数趋于下降。这表明,如果制动缸压力能被准确地控制,即车轮的滑移率能维持在确定水平,黏着就能得到有效利用,相应也可防止滑行的产生。在日本883系摆式车组(最大速度为130km/h)的制动试验中,使用常规防滑器,制动距离延长15%;而采用滑移率控制的防滑系统仅延长3%以内。

综上所述,根据轮轨间极限摩擦力水平,滑行控制的主要出发点是:在合理控制滑移率量值的基础上,充分利用和挖掘列车的黏着潜力,通过控制制动力使车轮滑移率保持在一定范围内,完全能在防止滑行的基础上,充分利用黏着,防止制动距离延长过大。

三、防滑系统的基本要求

1. 灵敏度高

在较高的速度范围内,由于黏着系数较低,本来就容易发生滑行,而且即使是在很短的时间内,因滑行距离较长,危害也是相当严重的,因此防滑控制系统应该具有高灵敏度。同时,灵敏度也受滑行标准、滑行检测等诸多因素的影响。

一旦某根车轴发生了滑行,要迅速被检测出来,不但要采用多种标准,而且关键问题在于这些标准的具体设置。标准定得高,使检测灵敏、动作快,可以使滑行很快地被制止。但是标准定得太高,会使滑行控制的稳定性能变差,以至一些微小的滑行也使防滑控制系统动作,从而延长了制动距离,危及运行安全;滑行标准若定得太低,会使滑行性能不安全,同时会使检测滞后时间延长。因此,制定防滑标准是一个复杂的技术工作,要充分考虑到防滑装置的结构及线路、使用的速度范围以及车轮的磨耗等诸多因素。

2. 防滑特性良好

所谓防滑控制系统的防滑特性,就是当车轮发生滑行,防滑控制系统检测到之后,通过逻辑线路和机械装置,立即切断动力制动并且使摩擦制动的制动缸快速缓解;而当车轮停止滑行并恢复再黏着以后,制动缸又重新充气的整个过程的特性。它不但取决于检测系统、机械部件的灵敏性,而且主要决定于防滑控制采用的控制方法及算法。防滑特性好,将会取得良好的防滑效果,使制动距离延长较短等。

通常一个具有良好防滑特性的防滑系统可以保证:制动效率高、防滑反复动作次数少、制动距离适当延长、节约压力空气等特性。

第八章 牵引系统

岗位应知应会

1. 了解受电弓的工作原理,牵引产生的原理及路径。
2. 牵引系统有关各部件的工作原理。

重难点

掌握车控式牵引主回路的主要功能,三相鼠笼式牵引电机结构及其工作原理。

第一节 牵引系统的发展及分类

一、牵引系统发展历程

自 19 世纪末,城市轨道交通开创地铁和轻轨运输方式以来,城市轨道交通车辆电气牵引系统随着工业技术的发展不断地更新换代。就调速方式而言,经历了三个不同阶段:直流变阻调速、直流斩波调压调速和交流变频变压(VVVF)调速。特别是近 30 年来,电力电子、微电子和微机控制技术的长足进步,城市轨道交通车辆电气牵引技术水平大大提高:首先是采用新型半导体器件(SCR、GTO)构成车辆的直流斩波调速系统取代直流调速调阻系统,提高了调速性能和再生制动功能,同时改善车辆黏着性能和节能效果。采用 16 位微机对斩波器进行实时控制,对车辆运行进行监控和障诊断,提高了车辆性能和可靠性。为了有效地提高车辆电气牵引系统性能、可靠性和维护性,则要减少主电路触点和解决牵引电机换向器问题。因此,地铁和轻轨车辆采用交流牵引 VVVF 调速系统一直是技术发展的方向。

20 世纪 70 年代,交流电传动车辆采用普通晶闸管制成的 VVVF 逆变器,由于使用器件多,控制线路复杂,体积和重量都较大,因而使用受到限制。到了 80 年代,以高压大电流 GTO 为代表的自关断电力电子器件的出现和微机的普遍应用,才使 VVVF 技术取得突破性进展。80 年代后期交流电传动方式在电动车辆,尤其是在地铁和轻轨车辆上得到了广泛采用。90 年代初,高压大电流 IGBT 的研制成功和微机应用的进一步开发,地铁、轻轨车辆的交流传动系统有了巨大进步,交流传动系统因其优良的技术特性,成为城市轨道交通车辆电气牵引系统的主流,正在逐步取代直流传动系统。

GTO 和 IGBT 作为在城市轨道交通逆变器领域应用最广泛的两种功率开关器件,具有如下特点:

GTO 的优点是电压、电流容量大,适用于大功率场合,具有电导调制效应,其通流能力很强。缺点是电流关断增益很小,关断时门极负脉冲电流大,开关速度慢、频率低。其驱动电路的特点是:驱动功率大,驱动电路复杂。要求其驱动电路提供的驱动电流的前沿应有足够的幅值和陡度,且一般需要在整个导通期间施加正门极电流,关断需施加负门极电流,幅值和陡度要求更高,其驱动电路通常包括开通驱动电路、关断驱动电路和门极反偏电路三部分。

IGBT 的优点是开关速度高,开关损耗小,具有耐脉冲电流冲击的能力,通态压降较低,输入阻抗高。其驱动电路的特点是:压驱动,多采用专用的混合集成驱动器。驱动电路具有较小的输出电阻,驱动功率小。但缺点是电压、电流容量不及 GTO。

对于城市轨道交通车辆牵引逆变器电压、电流等级及开关速度,IGBT 是最适合的功率开关器件。近年来,我国引进日本技术制造的牵引逆变器功率开关器件全部采用的是 IGBT,目前 IGBT 逆变器已占据主流。

二、牵引传动系统分类

电力牵引传动系统根据牵引供电制式和牵引电机的类型分为直直传动、交直传动、直交传动和交直交传动四种类型。

(1)直直传动系统:直流牵引供电系统和直流牵引电机构成的传动系统。直直传动系统通过直流斩波器实现直流电压调节,曾在地铁列车、城市无轨电车、工矿机车等传动系统中应用。

(2)交直传动系统:牵引供电系统采用单相工频交流电制式、牵引电机采用直流电机的传系统。交直传动系统通过相控整流器将单相交流电变换成电压可调节的直流电供给电机,属于直流传动范畴。

(3)直交传动系统:牵引供电系统采用直流制式、牵引电机采用交流电机的传动系统。直交传动系统通过逆变器将直流电变换成电压、频率可调的三相交流电供给电机,属于交流传动范畴,已在轻轨、地铁等传动系统中广泛应用。

(4)交直交传动系统:牵引供电系统采用单相工频交流电制式,牵引电机采用交流电机的传动系统。它是由四象限整流器、逆变器组成的牵引变流器将单相交流电变换成电压、频率可调的三相交流电供给电机,交直交传动系统已在高速动车组、大功率电力机车的牵引传动系统中得到广泛应用。

我国早期的城市轨道交通车辆多为国产直流传动电动车组,采用凸轮调阻或斩波调压的牵引控制方式,牵引电机为直流电机。尽管交流电机相比直流电机有结构简单、单位体积功率大、可靠性高、寿命长、几乎免维护等诸多优点,但是由于交流电机的电磁转矩不能像直流电机一样通过调节电枢电流来进行控制,导致交流传动系统在实际应用方面长期落后于直流传动系统。20 世纪 90 年代,随着电力电子器件、控制理论和计算机技术的发展,交流传动已经在逐步地取代直流传动,显示出其在性价比和运行性能上的优势。

根据牵引传动控制类型的不同,牵引系统分为直接转矩控制和矢量控制。这两种方式各有优缺点,为了获得最佳的控制性能,人们趋向于将两种控制方式进行融合,对控制系统进行不断的优化。

三、交流传动系统牵引和电制动特性

牵引逆变器是通过VVVF逆变器各开关元件(如IGBT、GTO等)的开通时间来改变负载的电压,通过改变VVVF逆变器各开关元件开通的周期来改变输出的频率。根据异步电动机的原理,电机转矩与电机电压和电源频率之比的平方成正比、与转差频率成正比。同时,当转差频率为负值时,产生制动力。因此,在采用VVVF逆变器的电动车中,只要控制压额比和转差频率即可自由地控制牵引力和再生制动力。即只需控制3个因素:逆变器输出电压、逆变频率、转差频率3个因素城市轨道交通车辆在运行过程中牵引系统就会进入不同的工况。牵引工况时异步电机作为电动机将逆变器提供的电能转化为动能,转差频率大于零。车辆由静止状态开始起动、加速的控制大致可经历:恒转矩控制、恒功率控制、自然特性区3个模式。

1. 模式一:恒转矩控制

恒转矩控制在控制转差频率的同时,慢慢提高逆变频率,使其值与速度相符合。当速度逐渐增加,异步电机转子的实际旋转频率随之增加。若要保持转差频率恒定,则要增加逆变频率。

保持压频比恒定,则异步电机的磁通恒定,保持转差频率恒定,从而步电机转子电流恒定,结果转矩恒定。

保持压频比恒定,则异步电机电压随逆变频率成正比上升,电压控制为PWM控制。当逆变器输出电压达到上限时,转为恒功率控制。

2. 模式二:恒功率控制

逆变器电压达到上限后,保持恒定,控制转差频率随速度增大而增大,以控制电机电流恒定。由于电压电流都不变,所以是恒功率控制。转差频率增大,逆变频率随之增大,则转矩T下降。恒功率运行到转差频率上升到最大值时,转到自然特性区。

如果逆变器容量有较大裕量,也可以在电机电压达到最大值后,在一段时间内提高转差频率使它随着速度(频率)较快增大,从而增大电流,以延长恒转矩运行时间,直到电流达到逆变器或电机最大允许值,再进入恒功率运行。

3. 模式三:自然特性区

逆变器电压V保持恒定最大值,转差频率f_s保持恒定最大值。随着速度的上升继续增加逆变频率,电机电流下降,转矩T下降。

制动工况时异步电机作为发电机将车辆动能转化为电能,转差频率小于零。车辆由运动状态逐渐减速直至停止的控制大致也可经历三个模式:恒转差率控制、恒转矩1(恒电压)、恒转矩2（恒磁通）。

制动工况时,车辆以再生制动为主,产生的电能直接反馈入电网,由相邻运行的车辆吸收。当电网没有能力或不能全部吸收再生制动的能量时,再生制动转为电阻制动,消耗在制动电阻上,再生制动与电阻制动的转换由控制单元根据线路滤波电容器两端的电压控制制动斩波器自动完成,当滤波电容器两端的电压超过设定值时,电阻制动完全取代再生制动。

4. 模式四：恒压、恒转差率

在高速时开始制动,此时逆变器电压 V 保持恒定最大值,转差频率保持恒定最大值。随着车辆速度的下降逆变频率减小,电机电流与逆变频率成反比增加,制动力与逆变频率的平方成反比增加。电机电流增大到恒转矩相符合的值,进入恒转矩控制,但当电机电流增大到逆变器的最大允许值时,则要从电机电流增大到该最大值时刻起保持电机电流恒定,在一个小区段内用控制转差频率的方法进行恒流控制。在这种情况下,制动力将随逆变频率成反比增加。

5. 模式五：恒转矩1（恒电压）

逆变器电压 V 保持恒定最大值,控制转差频率与逆变频率的平方成反比。同时,随着速度的下降减小逆变频率,则转差频率值变小直至最小值。电机电流与逆变频率成正比减小,制动力保持恒定。

6. 模式六：恒转矩2（恒磁通）

转差频率保持恒定最小值,此时电机电流亦为恒定。随着车辆速度的下降减小逆变频率。采用 PWM 控制电机电压减小,即保持 V/f_1 恒定,则磁通恒定,制动力恒定。

在6个模式中电机电压、转差频率、电机电流、牵引/制动力与速度的对应关系曲线如图8-1所示。

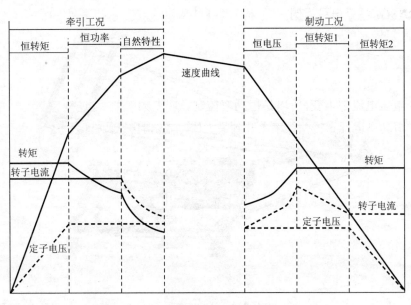

图8-1 牵引特性曲线

第二节 牵引系统的结构和工作原理

根据牵引系统不同的功能单元,牵引系统分为以下几个部件:受流装置、高压箱、牵引逆变器、牵引电机、接地装置。

一、受流装置

受流装置是列车将外部电源引入车辆电源系统的重要设备,同时还通过列车的再生制动系统将列车的动能转换为电能反馈至供电设备供其他列车使用,起到双向传递枢纽的作用。根据线路供电方式的不同,列车受流设备分为集电靴和受电弓两种形式。集电靴装置应用于第三轨供电的线路,而受电弓装置主要应用于以接触网方式供电的线路。由于接触网方式可以实现长距离供电,受线路变化的影响小,并且能适应列车高速需求,所以更多城市轨道交通车辆选择接触网与受电弓的受流方式。

1. 受电弓

受电弓是从接触网向整个列车电气系统供电以及输送再生制动能量的重要部件。受电弓在刚性接触网和柔性接触网的线路上均能适用。在车辆运行速度范围内,受电弓具有良好的动力学性能,能够保证在各种轨道和速度条件下与接触网具有良好的接触状态和接触稳定性。受电弓结构分为单臂型和双臂型两种形式,在驱动上可分为气动型和电动型。本书主要介绍单臂型气动受电弓。

1)受电弓典型结构和主要部件

以 TSG18G1 型受电弓为例,其结构如图 8-2 所示。

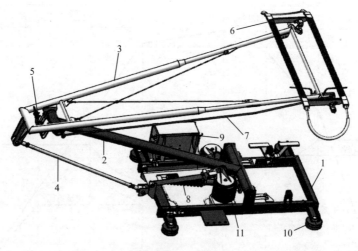

图 8-2 受电弓组成

1- 底架;2- 下臂杆;3- 上框架;4- 拉杆;5- 电流连接装置;6- 弓头组装;7- 平衡杆;8- 阻尼器;9- 气箱;10- 绝缘子;11- 气囊

（1）底架。底架是一个由矩形钢管焊接而成的口字形钢结构,在受电弓的升降弓过程中,底架是不运动的,它只是起到一个固定支撑的作用。

（2）下臂杆。下臂杆是由无缝钢管组焊而成的"工"字形钢结构,两端分别与底架和上框架采用轴承连接,与底架连接的轴承安装在下臂杆的底架轴承管内,与上框架连接的轴承安装在下臂杆的肘接轴承管内。

（3）上框架。上框架是由顶管、阶梯铝管和肘接处的连接管组焊而成铝合金框架结构；上框架上安装有对角线杆,用于增加上框架的刚度。上框架通过轴承分别与拉杆、下臂杆及弓头连接。

（4）拉杆。拉杆构成四杆机构的闭环。可以通过调节拉杆上螺母和螺杆的相对位置来改变拉杆长度,从而实现对四杆机构的几何尺寸进行调整以修正偏差。

（5）电流连接装置。电流连接组装分为弓头电流连接组装,肘接电流连接组装和底架电流连接组装。弓头电流连接组装将网线上的由弓头导流至上框架上,从而使电流绕过顶管内的轴承和弓头悬挂装置上的橡胶弹簧元件,以避免轴承和橡胶弹簧元件大的温升导致损坏。肘接电流连接组装保护安装于肘接轴承管内的轴承,底架电流连接组装保护安装于底架轴承管内的轴承。

（6）弓头组装。弓头是与供电网线直接接触的部件。弓头分两部分：与网线接触的部分及与上框架连接的部分,前者主要包括滑板、弓角；后者主要包括弓头悬挂装置。弓头悬挂装置的应用使得弓头具有一定的自由度,同时弓头集电时,弓头与网线之间的高频振动可以通过弓头悬挂装置吸收缓冲。

（7）平衡杆。平衡杆组装主要由平衡杆导杆和止挡杆组焊组成。弓头具有一定的自由度,可以绕弓头转轴自由的摆动。在运行过程中,弓头通过接触线使其保持正确的工作姿态,而在升降弓过程中,由于平衡杆的作用,避免了弓头的翻转。

（8）阻尼器。受电弓阻尼器一端安装在底架上,另一端与受电弓下臂杆连接,在受电弓的下降过程中起到缓冲的作用,以避免受电弓降弓时对底架上的部件造成冲击损坏。

（9）气箱。受电弓气控箱是由空气过滤器、单向节流阀、精密调压阀、安全阀等几部分组装。

（10）绝缘子。绝缘子有两个功能：其一对带电的受电弓与相连接的车顶进行电隔离；其二使受电弓同车顶进行机械连接。使用时,绝缘子应保持清洁,无裂纹或碰痕。

（11）气囊。气囊充气,拉拽钢丝绳使受电弓升起。

（12）炭滑板。每个受电弓采用两根浸金属炭滑板进行取流。

2）受电弓工作原理

受电弓控制分为电气部分和气路部分。

（1）电气部分

受电弓是车辆的受流部件。受电弓升起后与接触网接触,从接触网上集取电流,并将电流传送到车辆电气系统。接触网的电流首先由滑板流入受电弓弓头,然后依次经过上框架、下臂杆后流入底架,最后经连接在受电弓底架上的车顶母线导入车辆电气系统。

（2）气路部分

受电弓通过空气回路控制升、降弓动作。

驾驶者在司机室按下受电弓升弓按钮后,受电弓供风单元内的升弓电磁阀得电动作,向受电弓供压缩空气。压缩空气经过车内的管路、车顶的受电弓绝缘软管,进入受电弓底架上的气阀箱。进入气阀箱的压缩空气经过调节后分为两条支路分别向受电弓的两个升弓气囊供气,压缩空气进入升弓气囊后,气囊膨胀抬升,抬升的气囊带动钢丝绳拉拽下臂杆,使下臂杆转动,从而实现受电弓逐渐升起,直到受电弓弓头与网线接触并保持规定的静态接触压力。此时升弓气囊中的气压稳定在气阀箱内精密调压阀的设定值。

受电弓工作时,升弓气囊被持续供以压缩空气,弓头与接触网之间的接触压力保持基本恒定。

驾驶者在司机室按下降弓按钮后,升弓电磁阀失电,向受电弓供应的压缩空气被切断,同时,升弓电磁阀将受电弓气路与大气连通,气囊升弓装置排气,受电弓靠自重下降,直到顶管降下并保持在底架的两个橡胶止挡上。

3)受电弓常见故障原因

(1)风路原因

压缩空气质量欠佳,所含杂质、水分多,引发空气管路锈蚀、堵塞,风路不畅或不通。

(2)电路原因

由于电路中元器件损坏、电路接触不良等原因导致电流无法到达被控部件。

(3)机械原因

机械卡位引起在压缩空气送到风缸后无法推动受电弓升起或升不到位,如风缸、转轴等部件的变形。

4)受电弓与接触网

(1)受电弓在与接触网导线滑动接触过程中由于各种原因会出现弓网故障:

①轻微时,受电弓弓头变形或滑板条被打断;

②一般情况下会导致受电弓支架变形,接触网局部受损;

③严重时会导致受电弓支架折断,接触网悬挂装置损坏,导线断开。

(2)造成的原因可能有:

①路基引起受电弓运行线偏离原运行中心线;

②接触网位移;

③受电弓变形及弓头维修指标不合要求;

④外界因素,如风速大、接触网有异物。

5)对弓网关系的要求

(1)将接触网设计为"之"字形。

受电弓工作的最大特点是靠滑动接触而收取电流。这就要求受电弓滑板与接触网导线可靠接触且磨耗小,为此将接触网设计为"之"字形,滑板运行中在有效范围内与导线滑动接触。

(2)接触压力

要求在工作高度范围内具有大小不变、数值适中的压力。接触压力太小,接触电阻增大,功率损耗增加,同时运行时易产生离线和电弧,导致接触导线和滑板磨耗增加。

停车时可能由于接触电阻大造成烧断接触网导线;接触压力太大,加重机械摩擦,严重时使滑板局部拉槽,进而造成接触导线弹跳拉弧,导致刮弓。

(3)滑板的材料

要求硬度适中,导电性能好、接触电阻较小、重量轻、与导线滑动过程中同时具有较小的磨耗。通常采用碳系列材料来制作滑板条。硬度太大接触网导线磨耗增加,滑板磨耗减小;硬度太小滑板导线磨耗增加,接触网磨耗减小;同时滑板容易损坏。

6)常见故障处理

常见故障处理方法见表8-1。

常见故障处理表　　　　　　　　　　　　表8-1

故　障	产生的直接原因	处　理　方　法
弓头与接触线产生电弧	接触压力低	检查受电弓供风气压,如果气压低于规定值,重新调整气压值;气动元件出现故障,检查和更新故障的气动元件
	弓头转动不灵活或变形	检查弓头是否能够灵活摆动,维修或必要时更换弓头
	采用了新的接触线	光整接触线
无法升弓	控制电路故障	检查电路故障
	气路故障	检查气路各阀开关状态是否正常;检查气路是否泄漏或堵塞,更换故障的元件;检查受电弓气路压力和车辆供风压力是否正常
	升弓气囊缺陷	检查升弓气囊和固定装置,必要时修理或更换
	轴承故障	检查轴承,必要时润滑轴承或更新
升弓不能保持	气路故障	检查气路是否泄露;检查受电弓气路压力和车辆供风压力是否正常,更换故障的元件
	升弓气囊缺陷	检查气囊和固定装置,必要时修理或更换
无法降弓	控制电路故障	检查电路故障
	气囊缺陷	检查升弓气囊,必要时更换升弓气囊

2. 集电靴

集电靴的功能和受电弓类似。集电靴安装在转向架上,结构如图8-3所示,它是通过相关的气路来完成接触部分的升降动作。安装集电靴的列车一般也可安装受电弓,主要是考虑列车在车辆段检修时的需要。

二、高压箱

高压箱主要由高速断路器、熔断器、二极管、闸刀开关、车间电源插座组成。

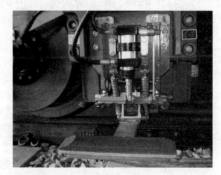

图8-3　集电靴

1. 闸刀开关

每个高压箱中均装有一把 3 位闸刀开关,使用该闸刀开关,可以切断连接特定的受流装置和相关高速断路器的电源。闸刀开关可以设置成以下模式:

(1)受电弓位:闸刀开关将牵引逆变器、辅助逆变器与受电弓连接起来。

(2)接地位:闸刀开关将切断牵引逆变器、辅助逆变器与受电弓的回路,并将高速断路器部分回路与地连接起来。

(3)车间电源位:闸刀开关将辅助逆变器与车间供电电源插座连接起来。

只有在 0V 状态下,才可以操作闸刀开关,所有的受电弓必须降弓,且必须预先检查闸刀开关是否为 0V 状态。

2. 高速断路器

高速断路器的主要作用是:可在极短的时间内对检测到的过载电流(短路、过载检测等)做出反应,尤其适合用于保护轨道交通车辆上直流回路中的电气设备。图 8-4 所示为赛雪龙 UR6-32 高速断路器,其结构及工作原理如下。

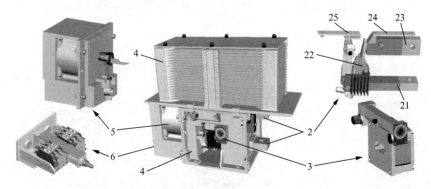

图 8-4 高速断路器组成

1- 合闸装置;2- 拨叉;3- 动触头;4- 过电流脱扣装置;5- 灭弧罩;6- 合闸装置和拨叉;21- 下连接铜排;22- 动触头;23- 上连接铜排;24- 带引弧条的静触头;25- 引弧条

1)基本结构

(1)由增强型绝缘材料——玻璃纤维组成的固定绝缘架。

(2)主回路,组成结构为下连接铜排 21,动触头 22,上连接铜排 23,带引弧条的静触头 24 以及另一侧的引弧条 25。

(3)过电流脱扣装置 4、灭弧罩 5、合闸装置和拨叉 6、辅助触点组件。

2)工作原理

高速断路器的工作状态有三种:合闸、保持、分闸,如图 8-5 所示。

(1)合闸:当断路器接收到一个合闸命令时,合闸装置 1 推动拨叉 2,由拨叉推动动触头闭合,同时主触头间 3 & 9 产生接触压力。连接动触头 3 的联动杆 4 驱动辅助触点 5。减振器 6 可对合闸过程中产生的冲击力起到减振作用。

(2)保持:主触头闭合后,合闸装置 1 只需借助一个较小的保持电流(E type,电保持)或者不带电流(M type,磁保持)来维持接触压力。

(3)分闸:断路器既可以通过过流脱扣器也可以通过适当的分闸命令进行分闸。

超过最大电流设定值的过电流将提升铁芯 8 并导致杠杆 7 推动拨叉 2 向下运动,紧接着动触头 3 就释放。

向高速断路器发送一个远程的切断保持电流(E type,电保持)的分闸命令或者施加一个反向电流脉冲信号(M type,磁保持),此时断路器的拨叉 2 将向合闸装置 1 方向运动。

弹簧 15 打开动触头的同时,联动杆 4 驱动辅助触点 5。减振器 14 可对分闸过程中产生的冲击力起到减振作用。主触头 3 & 9 间产生的电弧在引弧条 11 作用下向上运动进入灭弧罩 10,在灭弧罩中电弧被灭弧栅片 12 分割。而电离气体绝大部分被去电离子隔板 13 中和了。

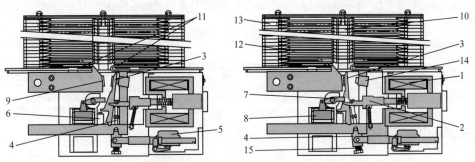

图 8-5 动作单元组成

1- 合闸装置;2- 拨叉;3- 动触头;4- 联动杆;5- 辅助触点;6- 减振器;7- 杠杆;8- 铁芯;9- 静触头;10- 灭弧罩;11- 引弧条;12- 灭弧栅片;13- 去电离子隔板;14- 减振器'15- 弹簧

3)控制回路

保持断路器的合闸状态既可以采用较小的保持电流方式（E 型）,也可以采用无电流方式(M 型)来实现。

E type/ 电保持:E 型,如图 8-6 所示。

(1)合闸脉冲开始位置:触点 F+G 闭合。

(2)合闸脉冲持续时间:0.5～1s。

(3)保持电流开始位置:触点 G 打开。

(4)保持期间:电阻 R_1 将保持电流限制在合闸电流的 5%。

(5)分闸开始位置:打开触点 F 切断保持电流。

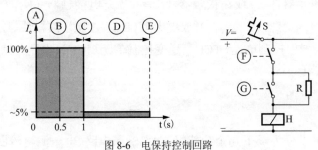

图 8-6 电保持控制回路

R- 保持电阻;S- 自动开关;H- 断路器线圈

M type/ 磁保持：M 型，如图 8-7 所示。

（1）合闸开始位置：触点 E 闭合；

（2）合闸脉冲持续时间：0.5～1s，接着触点 E 打开；

（3）保持期间：由永磁体实现；

（4）分闸期间：触点 F 闭合将引入一个与合闸电流相反极性的脉冲电流。此脉冲电流持续时间为 0.5～1s，接着打开触点 F。分闸电流是合闸电流的 20%。

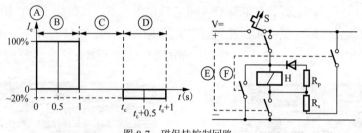

图 8-7 磁保持控制回路

R_p- 并联电阻；R_s- 串联电阻；S- 自动开关；H- 断路器线圈

三、牵引逆变器

1. 概述

我国城市轨道交通车辆的供电制式主要有以下两种：一种是以北京、天津地铁为代表采用 DC 750 V 的供电制式；另一种是以广州、上海地铁为代表采用 DC1500V 的供电制式。供电制式对主电路的影响主要是电气绝缘设计以及主电路器件的电压等级，绝缘设计通过按 DC 1500 V 的供电制式进行要求，即可实行两种供电制式的兼容；主电路器件可通过安装接口统一实现两种供电制式的兼容。牵引逆变器作为城市轨道交通车辆的"心脏"，其性能的优劣直接关系到车辆运行性能、运输能力、运行能耗等多个方面，因此城市轨道交通车辆牵引逆变器的设计显得尤为重要。目前，国内城市轨道交通车辆牵引系统的控制方式主要有以下两种：一种是车控方式；另一种是架控方式。

以车控方式为例，每节动车上均配有一个牵引箱。牵引箱中的每台牵引逆变器会产生一个幅值和频率可变的三相交流电系统，以驱动动车转向架的牵引电机。

牵引主电路的元器件有：线路接触器（K_{100}）、预充电接触器（K_{102}）、充电电阻（R_{120}～R_{122}）、电抗器（L_{100}）、电容器（C_{10}、C_{110}）、放电电阻（R_{10}）、过压斩波模块、过压保护电阻（RB）、逆变器、牵引电机、牵引控制单元（TCU）、逆变控制单元（ICU）、电压传感器（A_{95}）、电流传感器（U_{10}、U_{12}、U_{14}、U_{16}）。

牵引系统原理见图 8-8。

2. 主要功能

牵引主回路可以分为以下几个功能组：功率输入电路、电压源直流回路、过压保护斩波电路、逆变器电路、牵引控制单元（ICU、TCU）、冷却电路。

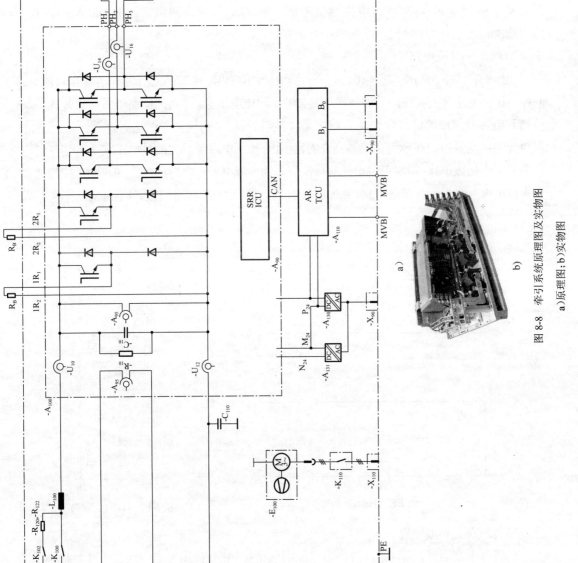

图 8-8 牵引系统原理图及实物图
a)原理图;b)实物图

1）功率输入电路

功率输入电路（图8-9）的主要功能是将牵引逆变器与接触网的直流输入电源接通/切断。电源输入电路包括线路接触器 K_{100}、预充电接触器 K_{102}、预充电电阻器 $R_{120} \sim R_{122}$、线路电抗器 L_{100} 线路电压传感器 A_{95} 和线路电流传感器 U_{10}。当 HSCB 闭合，方向手柄处于非零位，网压达到一定值后，预充电接触器被 TCU 启动后，电压作用于包含预充电电阻器和直流电路电容器的串联电路，这样就保证了直流电路电容器在规定时间内被充电至网电压值。当方向手柄处于非零位，预充电接触器闭合一定时间，并且中间电压超过 1000V 时，TCU 输出线路接触器闭合、预充电接触器断开指令。

2）电压源直流电路

电压源直流中间回路（图8-10）的主要功能是为感应电动机提供无功功率，并稳定直流中间回路电压。电压源直流中间回路包括电容器 C_{10}、放电电阻 R_{10} 和直流回路电压传感器 A_{95}。电抗器和电容器组成的滤波电路主要作用是：将接触网送来的直流电源进行滤波，尽可能将输入电源的脉动量控制在牵引逆变器允许的范围内；抑制电网侧发生的过电压突变，防止对牵引逆变器工作构成干扰；抑制牵引逆变器换流引起的尖峰电压对电网的冲击；抑制电网侧上携带的谐波电流对牵引逆变器的干扰，并抑制牵引逆变器开关时的谐波电流对电网侧的干扰。

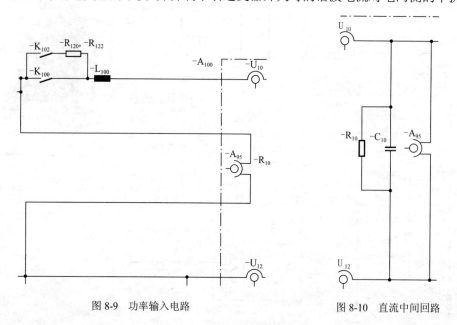

图8-9 功率输入电路　　　　　图8-10 直流中间回路

3）过压保护斩波电路

车辆再生制动时，其动能将转化为电能回归至接触网，如图8-11所示，当再生制动反馈至接触网，电压传感器 A_{95} 检测到电压过高，不能被相邻车辆吸收时，或者因空转或其他原因引起的瞬时过电压时，过压保护 IGBT 模块闭合，将能量消耗在制动电阻 R_B 上，当电压低于一定值后，IGBT 打开。IGBT 并联的二极管起到续流的作用，防止 IGBT 被反向电压击穿。过压保护电阻并联的二极管起导向作用，当 IGBT 闭合时引导电压通过过压保护电阻。

4）逆变器电路

逆变器电路（图 8-12）的作用是将直流中间回路电压转换为变压变频（VVVF）的三相交流输出，给感应式牵引电动机供电（牵引工况），并且在制动时将列车的动能转换为可吸收的直流功率（制动工况）。牵引工况下通过高频调制控制 6 个 IGBT 的导通，使其在周期内重复导通和关断，输出脉冲电压。通过改变脉冲总的导通时间与总的关断时间的比率来控制输出电压幅值。为实现频率、电压协调控制，应使脉冲重复的频率随输出电压成比例地变化。

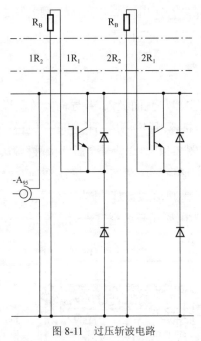

图 8-11 过压斩波电路

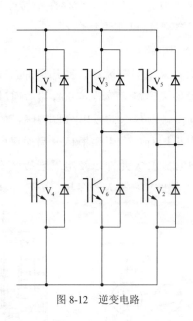

图 8-12 逆变电路

5）牵引控制单元（ICU、TCU）

ICU 负责控制和保护牵引逆变器。逆变器控制单元将对直流回路电压、电机相电流，逆变器电压和电流进行检测，并对 IGBT 产生触发脉冲。由 ICU 通过光纤直接驱动门极，实现最短的开关时间和延迟时间逆变器控制单元将开通/关断线路接触器和预充电接触器。出于保护目的，控制单元将检测并评估逆变器功率模块内的温度。

牵引控制单元（TCU）用来完成车辆的控制任务，如图 8-13 所示。它需要满足以下功能：将从车辆控制单元收到的信号通过 MVB 转换为 CAN 信号；将通过 CAN 从牵引控制单元收到的牵引相关数据传送给逆变控制单元（ICU）；控制冷却单元的风扇；监控连接到牵引控制单元的开关。

牵引控制系统负责牵引系统的控制、监视和保护。牵引控制单元通过列车线和列车网络控制系统接收和发送信号，以实现电机转矩控制、防空转控制、电制动期间的防滑控制、正常模式下的冲

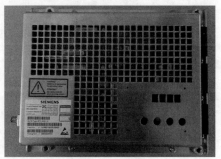

图 8-13 TCU 实物图

动极限控制、轮径校正（基于外部参考轴的给定轮径）等功能。同时，通过与空气制动系统、司机控制器和列车网络控制系统的接口，实现逆变器的保护与诊断，空气制动和电制动进行混合制动等功能。

牵引控制系统采用先进、灵活的防空转防滑措施，最大限度利用轨道黏着，发挥牵引和电制动性能。每个牵引逆变器实时检测所在动车4个电机的转速，并与列车参考速度（根据拖车轴速计算得出）进行比较，得到每个轴的速度差和空转/滑行率，并根据每个轴的转速的变化率计算出加速度/减速度。牵引控制单元综合运用速度差、空转/滑行率和加/减速度三个判据判定每个轴是否存在空转或滑行。一旦检测到空转或滑行，立即实施相应的空转/滑行控制，以迅速恢复黏着。

6）冷却电路

牵引箱采用强制风冷。冷却风通过FSA滤尘器从侧面吸入，并导向紧凑型逆变器的散热片。设备风扇将气流转向90º，然后通过线路电抗器，通过出风口格栅吹向轨道。逆变器控制单元向接触器(-K_{110})发出"风扇开启"的信号（图8-14）。此信号会激活接触器，从而使设备风扇的电机运行。牵引箱柜体分为通风区域和非通风区域两部分。紧凑型逆变器的电子元件、预充电路、开关元件以及电气连接区安装在非通风区域，以防止灰尘侵入；紧凑型逆变器的散热片、线路电抗器及设备风扇安装在通风区域中，牵引箱内空气流动情况如图8-15所示。

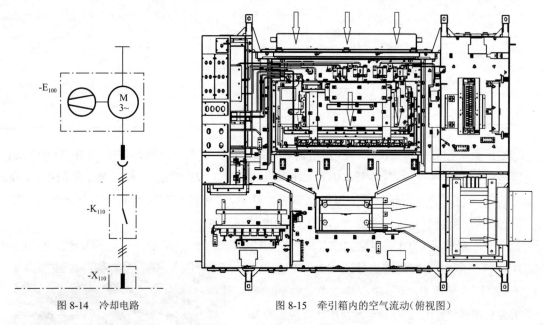

图8-14 冷却电路　　　　　　图8-15 牵引箱内的空气流动（俯视图）

四、牵引电机

1. 概述

交流牵引电动机是现代交流传动中机电能量转换的核心部件，它和变流器被称为交流传动的"心脏",随着交流控制技术的发展而发展。它的性能某种程度上决定了机车与动车动力的品质,同时也是轨道交通行业升级换代的关键部件。

2. 鼠笼式牵引电机

鼠笼式牵引电机由定子和转子组成,定子的主要组件有:带有定子线圈的叠片铁芯,外壳和一个端盖。转子由叠片铁心和铜条、传动端和非传动端(含轴承)、内置风扇等组成。由于轨道牵引用异步牵引电动机运行时,需承受来自线路的强烈振动,因此需采用比普通异步电动机更大的气隙(通常为 1.5～2.5 mm)。异步牵引电机的结构如图 8-16 所示。

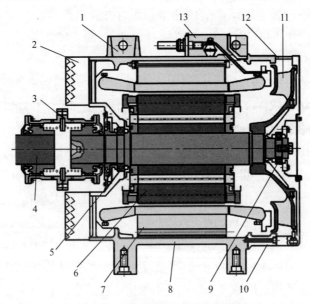

图 8-16 鼠笼式牵引电机结构原理图

1- 电机悬挂;2- 双层滤网;3- 齿式连轴节;4- 传动端小齿轮轴;5-D 端轴承;6- 转子;7- 定子;8- 机座;9-N 端轴承;10- 尾盘;11- 风扇;12- 出风口;13- 接线箱

定子通上三相交流电后,在气隙中产生旋转的磁场,该磁场切割转子后在转子中产生感应电流,带电的转子处于气隙旋转磁场中就要产生电动力,使转子朝定子旋转磁场的同一方向旋转。由于转子中的电流是因转子切割由定子绕组产生的气隙磁场才感应产生的,所以转子的转速只能低于气隙旋转磁场的转速,永远不可能与其同步,否则转子与气隙磁场同步旋转,转子不再切割磁场产生感应电流和产生电动力,转子也不可能旋转,所以称这种原理运行的电机为异步电动机。

机座采用了无框架式机座,直接用硅钢片叠成。为保证机座的重量轻、机械强度大,满足机车高速重载、耐振动冲击和电机散热的要求,定子压圈采用优质高强度的铸钢件,端盖采用低合金高强度的铸钢件和球磨铸铁结构。

鼠笼式牵引电机主要采用半悬挂和全悬挂的方式。牵引电机 YJ85A、YJ90A、JD160、YJ116、JD120 等都是采用滚抱半悬挂方式,但都采取了一些弹性措施,使簧下质量减小,改善电机所受的振动冲击。而动车电机 YJ87A、YJ105A、YJ92A、JD121 采用的是全悬挂。

主动齿轮采用悬臂安装与齿轮箱一体的结构（外锥齿轮输出和内锥齿轮输出），有的采用直齿（HXD2、HXN5）、有的采用斜齿（HXD1、HXD3、HXN3），输出端轴承放在齿轮箱内（HXD2、HXN5）或与齿轮箱相连位于传动端侧面（HXD1、HXD3、HXN3）。与传统的主动齿轮悬臂安装结构相比，这种结构紧凑，大大地改善了主动齿轮和轴承受力状况，有利于齿轮啮合，传递较大的转矩，满足高速情况下的要求。

齿轮箱和传动端轴承采用稀油润滑结构，齿轮箱油通过飞溅方式进入传动端轴承内部来润滑轴承，既能满足齿轮润滑要求又能满足轴承润滑要求，尤其在高温下能形成很好的油膜，满足高速要求，还能带走轴承产生的热量。同时有的电机在齿轮箱底设有磁性漏油螺堵，使齿轮啮合摩擦产生的金属粉末吸附在磁性螺堵上，防止随油进入轴承。有的采用过滤棉线，防止齿轮箱油中的杂质进入轴承。

电机两端采用防电蚀的绝缘轴承，相对于直流电机它将两种电路形成的轴电流隔绝。有的采用三轴承结构（HXD3），有的采用主动齿轮和轴承一起，将传动端轴承放在主动齿轮外侧，使轴承承受的载荷减轻，使轴承寿命延长。

轴承盖与直流电机相比也采用无接触式迷宫结构，但迷宫腔数量多、长度长。设有回油孔，经过轴承润滑的油通过它回到齿轮箱。有些电机在轴承盖的进油孔设有过滤棉线，防止齿轮箱油中的杂质进入轴承，也设置了通大气孔与端盖上的通大气孔相连，以平衡电机内部产生的负压，防止润滑油窜入电机内部。

电机转子采用铜鼠笼结构，采用宽而薄的导条（对应宽而浅的槽形），启动电流小，启动转矩大，克服集肤效应减少损耗，增大颠覆转矩，可获得大的恒功区。同时槽宽增加，总的漏抗增大，有利于抑制谐波电流，特别适用逆变器供电。不像传统的鼠笼转子，采用窄而深的槽型及相应的导条，利用槽深的集肤效应增大启动转矩。导条端环材料有纯铜的、有合金铜的，相互焊接而成，有的电机可在端环外侧热套非磁性护环，以增加强度和刚度，使转子的机械鲁棒性加强。

为配合变频调速系统进行转速（差）闭环控制和提高控制精度以及电机保护需要，在电机内部应考虑装设非接触式转速检测器和接触式温度传感器。通常在电机的非传动端装有高精度的速度传感器，在电机内部绕组端部埋设温度传感器。

目前，国际上研究采用非晶体金属钢片代替传统的硅钢片作为电机材料。这种材料就是金属原子排列无序而磁有序，是一种具有不规则原子结构的合金。它使用特殊方法制成，加工方法和传统的硅钢片不同，具有磁导率高、损耗低的特点，是一种用于电动机和发电机的整体式非晶体金属磁性部件。目前美国、日本已在研究之中，而且早已在变压器上使用这种材料。据资料介绍，采用非晶体金属钢片可以降低电机损耗60%，这也是牵引电机磁性材料。研究发展的方向。

电机控制技术正在向无速度传感器方向发展，这样可减少电机的体积和传感器的故障率，降低购买昂贵传感器的费用，节省电机成本，大大提高电机控制精度和控制单元的可靠性。目前无速度传感器异步电机控制已成为交流控制的热点，国际上和我国南车株洲电力机车研究所有限公司已攻克技术上难题，郑州地铁1号线已经采用此技术。

鼠笼式牵引电机的冷却介质是空气。自通风电机是由装在非驱动 N 端的内部风扇来冷却的,如图 8-17 所示。装在电机轴上的低噪声风扇通过牵引电机的驱动 D 端吸气。冷却气流来自转向架下方。气流在进入牵引电动机之前先要通过双口式栅格,这个栅格可阻止灰尘和水进入电机内部。在电动机内部有两条主要路径可通过冷却气流,定子通风孔和转子通风孔。定转子间的气隙则是第三条气流通路。

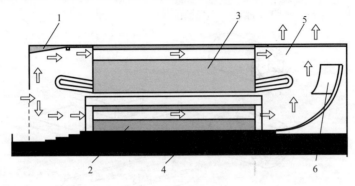

图 8-17　牵引电机的冷却

1- 机座;2- 转子;3- 定子;4- 电机转轴;5- 气囊;6- 冷却风扇

3. 直线牵引电机

随着世界城市化进程的加快,交通问题日益成为城市发展的难题。由于城市轨道交通的规划往往落后于城市的建设发展,这就使城市轨道交通的选线,不论是地下还是高架,尤其是在城市核心区显得非常的困难;随着地铁车辆速度不断地加快和站间距不断地缩短,要求城市轨道交通车辆的起动加速和停车减速性能进一步提高,对黏着系数的期望值越来越高;对全天候运营和环保的要求也越来越高,希望运营性能受环境影响小,且对环境造成的振动和噪声也尽可能小;地铁建设造价降低的压力也不断增加,希望能在有限的资金下建设更多的线路,这些都给传统的地铁车辆提出了极大的难题和挑战。综上所述,开发一种小型化的、非黏着驱动方式的地铁车辆成为科技界、工业界的追求。在这种形势下,直线电机驱动的地铁车辆技术得以发展。

直线电机驱动方式最早是日本和德国分别在研发超导和常导磁悬浮列车时提出的,日本开发的称为高速地面运输系统,德国开发的称为超高速系统。传统的轮轨高速列车由于高速轻量化和高速气动力学等影响导致轮重减载,以及高速下轮轨间污垢出现流体性,使高速轮轨黏着的发挥受到很大的影响,轮轨黏着限制成为制约轮轨高速列车速度进一步提高的主要瓶颈。例如,欧洲轮轨高速列车黏着系数的利用极限值:启动时取 0.2;100km/h 时取 0.17;200km/h 时取 0.13;300km/h 时仅取 0.09。因此,就需要开发出一种与"黏着"无关的驱动系统。1971 年,德国克劳斯——马菲公司设计制造了第一台采用直线电机驱动方式的常导磁悬浮列车样车。1974 年,日本的超导磁悬浮列车也采用了直线电机驱动方式。

直线电机可以视为一台旋转电机沿半径方向切开而展平的感应电机,定子(磁铁和线圈)和转子(感应板)分别安装在车辆转向架上和轨道中间的导轨上,与普通旋转感应式电机的原理一样,只不过其运动方式由旋转变为直线运动(如图8-18所示),仍构成了感应电动机的作用机能。这种驱动方式的最大特点是驱动力不再受到轮轨黏着的限制,而取决于该定子—转子系统的电磁性能,因而是一种非黏着驱动方式,能在车辆与导轨无接触情况下传递牵引/制动力。直线电机驱动同样可以利用VVVF变流器控制定子磁场的变化,以产生相应的牵引/制动力,达到驱动列车加速和减速的目的。为保证一定的牵引/制动力,直线电机定子和转子间气隙必须要控制在一定的范围内。

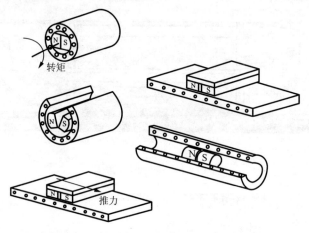

图8-18 从旋转式电动机展开为直线电动机

　　直线电机驱动有两种方式,一种是定子绕组安装在车辆上,长转子安装在轨道中间的导轨上,它的优点是包括转子在内的轨道结构简单,运营成本低;另一种是长定子绕组安装在地面上,转子安装在车辆上,它的优点是不需要给车辆受流,适合高速运行,但包含定子的轨道结构太复杂,不适应于低速、低成本的运营需要。

　　直线电机驱动方式是科技界、工业界一直追求的一种典型的非黏着驱动技术模式。传统旋转电机驱动方式是由旋转电机产生动力,通过相应的机械传动装置(齿轮和传动连杆)传到轮轴上,再通过轮轨间蠕滑的作用形成牵引、制动力,推动或制动车辆。一旦轮轨间的传递力超过轮轨允许的最大黏着力,则会造成轮对空转和滑行,引起轮周力迅速丧失,此时车辆就不能实现牵引或制动运行。所以,传统的旋转电机驱动是一种受到轮轨黏着限制的驱动方式。而直线电机驱动方式的力的传递途径与旋转电机完全不同,它不需要中间的机械传动装置环节,而是利用直线电机的车载定子与地面感应板的直接电磁作用(也可视为直线电机自身的作用),产生牵引、制动力,完全不需借助轮轨相互作用,所以它被称为非黏着驱动系统,这也正是直线电机驱动方式的本质所在。直线电机驱动系统一方面不需要中间传动装置,可以减少传动损耗(一般传动效率取0.975),有利于提高效率和降低噪声;而另一方面为了确保运行安全的需要,直线电机车载定子(磁铁和线圈)和地面转子(感应板)的气隙不能取旋转电机那么小(一般为2mm左右),直线电机气隙常采用12mm。这样就造成了直线电机电效率的低下,其效率一般仅为0.7～0.8(旋转电机可以达到0.9),这是直线电机驱动的最大不足之处,也就是说直线电机驱动的地铁车辆的运行能耗要比旋转电机驱动的地铁车辆要高一些。

由于是非黏着的驱动,所以直线电机地铁车辆具有如下特点:

1)优良的动力性能

由于车辆的运动是依靠直线电机所产生的电磁力来推进,而车轮仅起支撑承载作用,不传递力,不再受到轮轨黏着因素的制约。因此,车辆可以获得很强的起动、加速和减速动力性能,尤其具有突出的爬坡能力,线路最大坡度可以允许在80‰以上(传统的地铁车辆最大允许30‰),并能在恶劣的环境和轨面条件下保持良好的性能。这就可对地铁线路的纵断面进行合理的选择,减小隧道与高架的过渡段长度,有利于减小地面占地和拆迁,从而降低地铁的土建工程造价。

2)实现径向转向架

由于直线电机驱动方式,车轮不再传递牵引、制动力,所以轴箱定位结构可以大大简化,尤其是纵向定位刚度不再因需传递力而要求设计得很大,因此可以容易的实现较小的轴箱定位纵、横向刚度,达到柔性定位。再加上轴间无传动装置和电机安装,所以转向架的轴距可以做到1800mm左右(传统的地铁车辆为2100mm以上),这样就很容易实现结构简单的径向转向架,提高了车辆的曲线通过性能和运行平稳性。由于转向架具有径向功能且轴距较小,使地铁运营线路的最小曲线半径可低到80m左右(传统的地铁车辆要250m以上),使线路的选择更容易避开地下建筑物基础和高架地面建筑物,可减少线路占地和拆迁工作量,也可大大降低土建工程造价。

3)横断面结构的小型化

由于直线电机驱动方式不需要中间传动装置,车辆下部限界不构成对结构的约束,因此可以采用小的车轮。再者,由于不需要旋转电机的悬挂安装空间,车辆地板面距轨面高度可以大大降低。综合各项小型化措施,使该型地铁车辆的横断面面积大大减小,与传统地铁车辆相比大约减少40%,这样对地铁隧道横断面的选择极为有利。线路工程断面小型化后,可大大降低土建工程的造价,据测算地下工程大约可降低20%,高架工程大约可降低30%。

4)降低振动和噪声

由于直线电机驱动的地铁车辆,没有齿轮传动机构的啮合振动和噪声;其次,车轮也不是驱动轮,没有动力轮对与钢轨蠕滑滚动产生的振动和噪声;再加上径向转向架良好的曲线通过性能,避免了过曲线时轮轨冲角带来的振动和噪声。所以该型地铁车辆具有振动小、噪声低的优点,有利于环境保护。

5)良好的安全性和可靠性

由于直线电机驱动地铁车辆是典型的非黏着驱动方式,牵引—制动性能发挥不依赖于环境,是一种全天候的运载工具。直线电机驱动的电磁力的分力使轮轨间产生一定的附加压力,有利于提高轮轨运动的稳定性,因此其安全性指标较高。再加上取消了旋转电机驱动所必需的滚动轴承、传动齿轮,磨耗小,大大提高了车辆运行的可靠性和可维护性,维修工作量较小,维护成本较低。

6）良好的编组灵活性和运营适应性

由于直线电机驱动的地铁车辆具有比传统车辆更强的加减速性能,有更高的停车位置控制精度,因此更容易实现小编组、高密度、自动驾驶的运行模式。由于直线电机驱动地铁车辆仍采用钢车轮和钢轨来支撑和引导车辆运行,所以仍可采用长期运用成熟的、安全可靠的轨道电路信号系统来实行对列车的信号传输,运行监控和集中调度,运营适应性较好。

7）低效率、低功率因数的缺点

地铁车辆上工程应用的直线电机,由于车载定子与地面转子是处在一个相对直线运动的弹性（轴箱垂向弹性定位）系统间,不可避免地会造成相互间隙变化,因此气隙设计得不能太小,否则会导致不安全因素,一般定在 12mm 左右（比德国磁悬浮列车的直线电机气隙 8mm 要高一些）。再加上直线电机是有端部的（旋转电机是闭环),因此漏磁场较大,机电能量转化率低,所以直线电机的效率较低,一般在 0.7～0.8 之间,功率因数也较低,一般在 0.5～0.6 之间。根据东京都营地铁 12 号线的运营经验,其主电路耗电量为 1.54kW·h/（车·km）,与最新的旋转电机 VVVF 驱动的地铁车辆相比,电耗要高出 10%～20%。另外,对于直线电机气隙的安装、运行、维护较困难,如何确保运行中气隙的精度是直线电机驱动地铁应给予高度关注的技术难题,为此所需的工作量和维护成本较高,也容易引发安全性问题。

目前在世界范围内,城市轨道交通仍然以传统的旋转电机驱动的轮轨方式车辆为主流,但也在探索一些新的模式。如法国开创的以橡胶轮和混凝土轨面（水平导向和垂直承载）构成的黏着驱动方式的车辆,曾因为具有较大的黏着系数和较强的爬坡能力,较小的振动和噪声一度被推广使用,已在法国巴黎及其他多个城市的 20 多条地铁线,如加拿大蒙特利尔、墨西哥墨西哥城、中国台北等城市轨道交通中得到采用。然而,该系统工程造价高、系统复杂、能耗大、运营成本高、胶轮磨耗大及胶粉污染严重等缺点,现在已不再受到青睐。日本开发的单轨运载车辆系统,有跨座式和吊挂式两种方式,在日本东京、美国奥兰多、澳大利亚悉尼、马来西亚吉隆坡、中国重庆等多个国家和城市采用,但其发展前景并不被看好。目前,真正具有技术突破的是上面所述的直线电机驱动的非黏着驱动方式的车辆形式。直线电机驱动地铁车辆的出现,为城市轨道交通规划提供了一种新的选择。考虑到城市核心区高密集楼群,市内与市郊深埋隧道与高架线的大落差,城市轨道交通线群的立体交叉等因素,以及可能出现线路纵断面大坡度,横截面小隧道,水平断面小曲线的选线条件和大运量、高密度、小编组的运营条件,再加上考虑到降低工程投资,降低运营成本,改善运行环境等诸多因素在内的这些特定条件和环境,因此在选择城市轨道交通模式所面对的技术决策上,可以将直线电机驱动的地铁车辆作为工程的可选模式。

五、接地装置

1. 接地装置结构

如图 8-19 所示,在车辆使用过程中,通过弹簧盖和轮轴旋转端使连接盘与传动轴的电气连接。连接机架锁紧在安装座上，并用绝缘部件把刷架在绝缘的情况下安装在机架上。在刷架内自由滑动的炭刷是通过导线和线耳进行电气连接的，并用弹夹把炭刷压紧在连接盘接触面上。回路电流和接地回流连接在电缆插座。连接部分通过端盖密封。正确的安装能保证通过刷架、炭刷、连接盘和弹簧盖到驱动轴和车轮能形成正确的回路电流和接地连接。

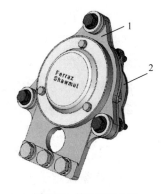

图 8-19 接地装置外观
1- 本体部分；2- 摩擦盘

2. 接地装置功能

接地装置基本上作为从车辆的固定端与旋转部件之间电流转换的低电阻电桥。因此，接地装置主要的功能有以下几点：

1) 有效电流的转移

从悬挂线或第三轨得到电力机车，牵引和移动车辆的有效电流。电路通过软轴和车轮到铁路轨道上，再导入大地形成回路。滚子轴承将安装在活动或者附加的电流回路上。因此当电流通过时，接地装置必须形成一低电阻电流的电桥保护滚子轴承和获得一个有效的接地。

2) 信号电流的转移

与有效电流相反，各种信号系统有非常低的电流。在任何可能的情况下，这些电流的转移必须是绝对安全的。

3) 车辆的接地保护

所有的导电部件都必须与大地连接，因此软轴和车轮通过接地装置连接大地。通常情况下零部件和大地不存在电压差，因此不存在电流感应。接地提供对接触电压和与之有关危险的保护。接地装置的功能是对所有正常工作车辆提供一个安全的电流连接形成可以定义的电流回路。

第三节　牵引系统控制模式

由于交流电机的调速比直流电机要复杂得多，所以一直以来直流传动一直占据主导地位，随着交流电机控制理论的发展，以及微机芯片和数字信号处理器的开发与应用，交流传动系统的控制方法已从简单的稳态的标量控制发展到复杂的瞬态的矢量控制。下面就阐述交流传动系统的几种控制方法。

1. 转差频率控制方法

早期，用电流型或电压型逆变器供电异步牵引电机的交流传动系统都是采用转差频率控制方法来实现调速。其要点是保持压频比恒定，控制转差就可以调节转矩。由调速理论知道，压频比恒定，即保持气隙磁通近似不变，当转差不变时，便可实现恒转矩起动与调速。

为充分发挥电机功率,达额定转速后再维持额定电压不变,速度继续上升,就进入弱磁恒功区。转差频率控制属于标量或稳态量控制,因而调节时都有一个进入稳态的过渡过程,因此动态响应不够好。

2. 转子磁场定向的矢量控制

20世纪70年代发展起来的异步电动机矢量控制技术发展到现在,已经较为成熟,应用广泛,它的核心思想是把异步电动机的数学模型变换成类似直流电动机模型,用类似直流电动机的控制方式去控制交流异步电动机,变换的原则是产生同样的旋转磁动势。三相坐标系上的三路交流定子电流,经过三相旋转两相静止坐标系变换,成为两相静止坐标系上的两路交流电流,再经过两相静止两相旋转坐标系变换,可得到两路直流电流。通过控制,使得异步电动机的转子总磁通等效为直流电动机的励磁磁通,则变换出来的两路直流电流一路等效为直流电动机的励磁电流,另一路等效为电枢绕组电流。因为进行变换的是电流的空间矢量(电流代表磁动势),所以将这种通过坐标变换实现的控制技术称为矢量控制技术。

获取转子磁链是实现矢量控制的一个要点,利用公式计算磁链位置和磁链幅值的矢量控制方法称为间接矢量控制方法,使用中需要构建磁链模型来计算转子磁链和相位;使用电机的磁链模型获得转子磁链信号,根据公式得到独立的电磁转矩和转子磁链的控制闭环的矢量控制方法称为直接矢量控制方法。

3. 直接转矩控制

直接转矩控制也称为直接自控制,这种直接自控制的思想是以转矩为中心来进行磁链、转矩的综合控制。和矢量控制不同,直接转矩控制不采用解耦的方式,从而在算法上不存在旋转坐标变换,简单地通过检测电机定子电压和电流,借助瞬时空间矢量理论计算电机的磁链和转矩,并根据与给定值比较所得差值,就能实现磁链和转矩的直接控制。

直接转矩控制技术是利用空间矢量、定子磁场定向的分析方法,直接在定子坐标系下分析异步电动机的数学模型。计算与控制异步电动机的磁链和转矩,采用离散的两点式调节器把转矩检测值与转矩给定值作比较,使转矩波动限制在一定的容差范围内。容差的大小由频率调节器来控制,并产生脉宽调制信号,直接对逆变器的开关状态进行控制,以获得高动态性能的转矩输出。它的控制效果不取决于异步电动机的数学模型是否能够简化,而是取决于转矩的实际状况。它不需要将交流电动机与直流电动机作比较、等效、转化,即不需要模仿直流电动机的控制。由于它省掉了矢量变换方式的坐标变换与计算和为解释而简化异步电动机数学模型,没有通常的脉宽调制信号发生器,所以它的控制结构简单、控制信号处理的物理概念明确、系统的转矩响应迅速且无超调,是一种具有高静、动态性能的交流调速控制方式。与矢量控制方式比较,直接转矩控制磁场定向所用的是定子磁链,它采用离散的电压状态和六边形磁链轨迹或近似圆形磁链轨迹的概念。只要知道定子电阻就可以把它观测出来。而矢量控制磁场定向所用的是转子磁链,观测转子磁链需要知道电动机转子电阻和电感。因此直接转矩控制大大减少了矢量控制技术中控制性能易受参数变化影响的问题。

直接转矩控制强调的是转矩的直接控制与效果。与矢量控制方法不同,它不是通过控制电流、磁链等量来间接控制转矩,而是把转矩直接作为被控量,对转矩的直接控制或直接控制转矩,既直接又简化。

直接转矩控制方式是当前研究的一个热点,尽管其系统结构简单,动、静态性能优良,但是其理论上不够成熟,低速性能、带载能力不足,而且对系统实时性要求高、计算量大,由此对硬件系统的要求高,随之也会带来成本高的问题。因此对于小功率变频调速装置来说,直接转矩控制方式并非最佳的选择。

由于矢量控制、直接转矩控制、无速度传感器控制和基于智能化地系统控制等新理论的应用,交流传动中的控制算法越来越复杂。早期交流电机的控制均以模拟电路为基础,采用运算放大器、非线性集成电路以及少量的数字电路组成,控制系统的硬件部分非常负载、功能单一,而且系统控制非常不灵活、调试困难,因此阻碍了交流电机控制的发展和应用范围的推广。微电子、信息技术等为交流传动技术的进步提供了现代控制手段,从过去复杂的模拟数字电路实现简单的控制功能,进入现代网络化控制、小型化及模块化结构。微计算机和微处理器品质不断提升,由位发展到位、位,由定点运算发展到浮点运算,处理能力大幅提升,构筑了以高速数字信号处理器为核心的实时控制器,使很多功能和算法可以采用软件技术来完成,为交流电机的控制提供了更大的灵活性,并使系统能够达到更高的性能,交流电机的数字控制系统因而得以迅速推广。

第九章　辅助电源系统

> **岗位应知应会**
>
> 1. 了解辅助电源系统组成。
> 2. 了解列车负载供电类型、蓄电池充电机类型。
>
> **重难点**
>
> 掌握辅助逆变器、蓄电池的组成和工作原理。

第一节　辅助电源系统概述

一、辅助电源系统的定义和组成

1. 定义

辅助电源系统的"辅助"是相对于牵引系统而言,辅助电源系统包括辅助供电系统和蓄电池系统两大系统。辅助电源系统的电力主要来自牵引供电接触网或第三轨,经受电弓或集电靴进入列车,当牵引系统无法来自接触网或第三轨时,则可采用外接电源或蓄电池电源供电。辅助电源系统是地铁或轻轨车辆上一个必不可少的关键电气部分,它可作为牵引逆变器冷却风扇、辅助逆变器冷却风扇、空调压缩机、通风机、空气压缩机、继电器、接触器、蓄电池充电器及照明等辅助设备的供电电源。

2. 组成

目前从我国地铁列车的供电系统来看,大部分地铁列车辅助电源系统都是由输入电路、逆变器、输出电路、控制模块以及蓄电池组成,为列车提供恒压恒频的 AC380V、220V 交流电源和 DC110V 列车控制电源。

二、辅助电源系统的发展

随着电力电子技术的发展,辅助电源系统已从早期的旋转式电动发电机组发展为静止式变流机组,即静止辅助电源装置;同时随着电力电子器件的发展,静止辅助系统中采用的电力电子器件也经历了从晶闸管（图 9-1）、大功率晶体管（图 9-2）、可关断晶闸管到绝缘栅双极型晶体管（IGBT）（图 9-3）的发展过程。采用新一代性能优良的电力电子器件，这也是科技发展的必然趋势，标志着科技的进步。由于 IGBT 器件属与电压驱动的全控型开关器件，脉冲开关频率高、性能好、损耗小，且自保护能力强，如将驱动与保护功能也封装在模块内，便构成智能功率模块。目前世界上在地铁与轻轨辅助电源系统中均采用 IGBT 模块。

图 9-1　晶闸管

图 9-2　大功率管

图 9-3　IGBT 模块

三、辅助电源系统的供电方式

辅助电源系统的供电方式主要包括集中供电和分散供电两种方式，常见的地铁交流电源网络有交叉供电、扩展供电及并网供电网络。

1. 集中供电方式

在集中供电系统中，地铁车辆仅在 TC 车上设置辅助逆变器，辅助逆变器通过三相输出接触器分别向所设定车厢供电。供电电路一般有并联供电、扩展供电两种方式。

在扩展供电方式下，M 车上的扩展供电接触器处于断开状态，两个单元各自独立工作；当某个辅助逆变器出现故障时，首先断开输出接触器，并将其与供电母线隔离，通过闭合扩展供电接触器及时将非故障单元电流引入故障单元，以保证故障单元的正常工作。如图 9-4 所示，地铁车辆每个单元均装有一台 240kVA 左右的交流电源设备，这种供电方式即为集中供电方式。集中供电系统多数采用扩展供电方式，每个单元的运作是独立的，即使出现负载波动，也只影响本单元。列车采用集中供电系统时，需要的辅助逆变器设备数量少，检修及维护成本低。

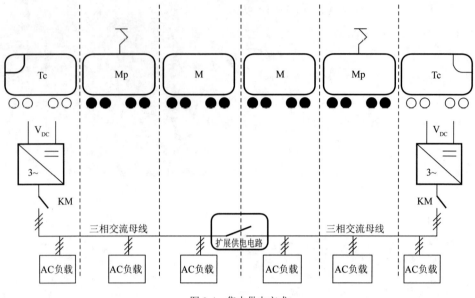

图9-4 集中供电方式

在并联供电方式下,列车的交流供电母线是贯通的,两个辅助逆变单元共同向列车负载供电。当辅助逆变故障时,通过断开其输出接触器与供电网络隔离,正常的辅助逆变器通过车端连接器承担整列车交流负载供电。当正常辅助逆变器容量不足以满足整列车交流负载供电需求时,则通过切除部分交流负载,以避免辅助逆变器超负荷运行。

2. 分散供电方式

分散供电是指在地铁列车的每一节车上都设置一台辅助逆变器,并且通过辅助供电系统的三相输出接触器,为列车母线提供380V的交流电压。通常情况下,分散供电的辅助逆变器功率设计为80kVA左右,从而使地铁列车交流供电容量增加,以满足列车的负载要求。分散供电系统的故障冗余能力比较强,抗负载冲击能力比集中供电系统强,但列车布线复杂,检修及维护成本高。

如图9-5所示,地铁每单元车辆均装有多台交流电源设备,如每辆车均装有一台80kVA电源设备,或者每单元均装有两台120kVA设备的情况等,这样单台电源设备容量相对较小,在地铁车辆上分布比较平均,即为分散供电。分散供电情况下,各设备间可以采用扩展供电或并网供电的方式连接,其中并网供电优点较多,是目前国内外的主要研究方向。

3. 交叉供电、扩展供电及并网供电网络比较

常见的地铁交流电源网络供电结构有以下三种:

(1)交叉供电:全车设置两组交流电源母线,将全车负载根据需要平均分成两部分,有两台交流电源设备分别供电。

两台交流电源设备分别置于地铁车辆两端。全车共设有两组交流电源母线,分别贯穿全车,每台设备为一组母线供电,同时将全车负荷平均分为两部分,分别接于两组母线之上。

这样在正常工况下每台电源设备承担全车一半的负荷,当一台设备发生故障,则每辆车均仍有一半的空调、照明等设备正常工作。另外,牵引、辅助风机以及空气压缩机等特殊的负荷,需要始终保持正常的供电,所以这些设备同时接于两组母线之上。当一台设备发生故障,通过接触器控制,可将其切换到另一组正常供电的母线之上。交叉供电工作原理如图9-6所示。

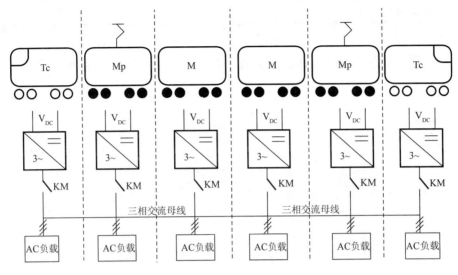

图9-5 分散供电方式

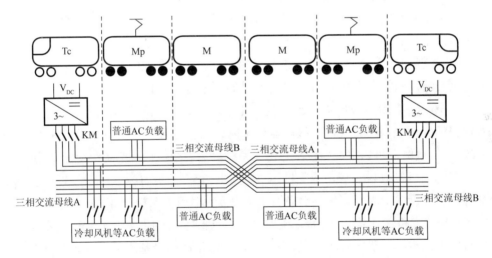

图9-6 交叉供电工作原理图

交叉供电的系统冗余性差,当一台设备发生故障时,即使另一台设备没有达到额定功率,也无法为该设备所带的负载供电,如此时空调未启动,全车也始终只能维持一半的照明;同时交叉供电布线采用双交流母线的结构,全车有8根线,使线缆重量、成本加倍,也使整车布线更为复杂。

(2) 扩展供电:全车一组交流母线被分为两段,两台电源设备各自为半车负载供电,当一台设备出现故障,通过扩展供电电路用另一台设备为全车负载供电。如果超出单台设备容量限制,则车辆通过减载指令,将空调机组减半运行,其余设备保持正常运行状态。当故障设备恢复工作能力,此时扩展接触器不能带载断开,控制系统先禁止两台设备输出,再将接触器断开,之后两台设备恢复正常运行状态。图9-7所示为扩展供电工作原理。

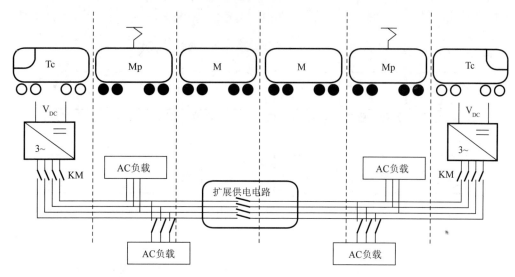

图9-7　扩展供电工作原理图

扩展供电的优点在于布线相对简单,全车只有一组交流母线,这样单台设备容量可以充分利用,能够维持全车基本负载完全正常运行,照明等不受单台设备故障影响,比交叉供电方式就乘坐舒适性有很大的提升。同时,扩展供电也存在不足之处,如需要加装额外的扩展供电电路,由车辆控制系统通过设备状态对其进行控制。列车控制及硬件上都比较复杂,如果车辆控制及通信系统发生故障,扩展供电功能将无法正常运行。

(3)并网供电:多台电源设备均连接于一组交流母线上,同时为全车负载供电。并网供电方式优势较为明显,正常情况下,接触器处于闭合状态并且所有设备处于并联供电模式,当发生故障时,接触器可以将故障设备与供电系统隔离。交流母线为各类交流负载供电,例如空调压缩机、空调通风机、空调冷凝机、空调电加热器、制动空压机、牵引及辅助逆变器风机等交流负载。母线上的所有负载都提供独立的接触器用来保护,当任意一个负载故障时,接触器将断开负载和交流母线的连接以确保母线不受影响,并网供电工作原理如图9-8所示。

并网供电优点在于供电较为分散,当一台设备发生故障时基本不会对系统供电产生影响。从系统冗余角度考虑要比交叉供电和扩展供电好很多,车辆只有一组交流母线,也无须加装额外扩展供电装置,车辆布线结构和控制都非常的简单,设备比较分散,使得整车的配重较为平衡,单台设备容量低,易于工程实现。并网供电有很多的优势,但也存在一些缺点,如整车设备价格较高,检修工作量较大,设备本身控制比较复杂,交流电源并联运行在实现上难度较大。并网供电投入及维护成本较高,但是对系统的冗余度等性能有较为明显的提升。综合来看,随着交流电源并网技术不断完善,地铁车辆采用并网供电方式为国内外主要的发展趋势。

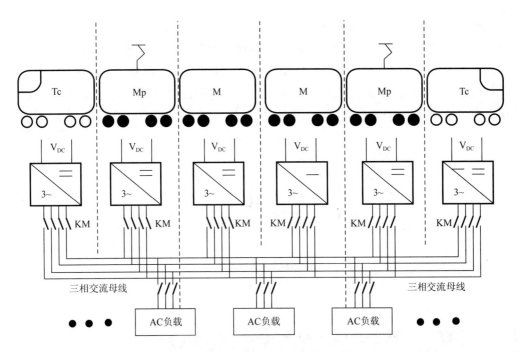

图 9-8 并网供电工作原理

四、辅助电源系统的电气隔离方式

为了人身安全,低压系统及控制电源必须实现与高压网压系统 DC1500V 的电气电位上的隔离。最佳的隔离方式是采用变压器隔离。目前有工频变压器隔离和高频变压器隔离两种方式。工频隔离变压器尽管其效率偏低、体积大且比较笨重,但其工作稳定、成本低,电路相对比较简单;而高频隔离变压器体积与重量较小,但它必须采用性能好的高频磁芯,主电路及控制都相对复杂,当前大都采用进口的铁氧体磁芯或国内已研制成功的铁基微晶合金磁芯。

工频变压器基本结构如图 9-9 所示,供电网经过一级滤波环节,直接与逆变器相连,输出三相交流电压,通过工频变压器隔离、降压,最后输出三相 380 V 交流电。该方案的优点是逆变器结构和控制较为简单,变压器没有偏磁问题,还可以设计不同的变压器匝数比来满足不同的电压值需要。该方案的不足之处在于:工频隔离变压器的质量和体积偏大,随着输入侧网压增加,开关管的耐压等级需要相应的提高。

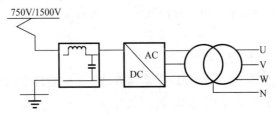

图 9-9 工频隔离变压器方案原理图

高频隔离变压器的工作频率可达几十千赫兹,方案的结构如图 9-10 所示。经过滤波后的直流电压经过第一级逆变,输出高频交流电,通过调节高频变压器的原副边匝数比,得到需要的次级高频交流电压,经过整流、逆变后输出期望的三相工频交流电。该方案也存在着一些问题:高频变压器容易产生饱和,需要对逆变器的脉冲严格控制,以满足变压器初级绕组正负电流的伏秒值相等,避免变压器磁饱和,增加了一个整流和一个逆变环节。

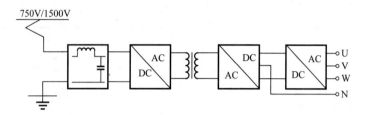

图 9-10　高频隔离变压器方案原理图

第二节　辅助逆变器

一、列车辅助逆变器类型

逆变器是将直流电变为交流电的装置,按换相方式的不同可分为电网换相、自换相和负载换相三类。根据转换电路中直流源是恒压还是恒流,可以将逆变器分为电压源逆变器和电流源逆变器,由于目前城轨车辆中主要采用电压型逆变器,本节主要介绍电压型逆变器。

1. 脉宽调制逆变器

脉宽调制逆变器的输入直流电压的幅值基本是恒定的,逆变器必须能够控制交流输出电压的幅值与频率,以满足负载的要求。通过对逆变器开关做脉宽调制来控制交流输出电压的幅值与频率的逆变器称为脉宽调制逆变器。

2. 方波逆变器

在这种逆变器中,为了控制交流输出电压的幅值,输入直流电压是可控的,所有只要求逆变器能控制输出电压的频率。由于输出交流电压具有与方波类似的波形,所有这种逆变器称为方波逆变器。

3. 利用电压抵消的单相逆变器

当逆变器在单相输出情况下,即使逆变器输入是一个恒定的电压,而且逆变器开关不是脉宽调制的,要控制逆变器输出电压的幅值和脉宽也是可能的。所有,这种逆变器是将前面两种逆变器的结合。

二、辅助逆变器的原理

辅助逆变电源主要有输入滤波模块、逆变模块、输出整流滤波模块和控制模块四部分组成。

1. 输入滤波模块

辅助供电输入电路主要由电路熔断器、输入滤波器等构成,其中熔断器是一种负责地铁列车后极电路产生过载或者出现短路的情况下及时断电的装置。滤波器主要控制及过滤前极电路产生的共模高频干扰信号。

输入滤波模块应具有动态电压限制保护和短路保护功能。动态电压限制保护了电力半导体元件和其他电子元件免受高压尖峰冲击。主滤波器是由扼流线圈和电容器组成,如果有尖峰在输入端出现,电压的上升会通过扼流线圈和电容器限制,瞬时的能量储存在电容器内。如果电容器的电压高于扼流线圈前的电压,特殊保护电路就会动作,触发晶闸管,瞬时能量就通过电阻来消耗。如果输入的尖峰超过逆变电源保护值时,一个独立的保护电路就会激活,晶闸管就会熔断输入电源熔断器,断开逆变电源,而通过此晶闸管的电流仍然由输入滤波扼流圈来限制。

2. 逆变模块

逆变模块包括一个具有转变电压的受控电桥,通过该电桥将地铁列车接触网电压转变成为列车工作需要的三相交流 380V,并且运用一定的方式进行电流输出,逆变器通常情况下以固定的频率进行工作。目前,城轨车辆逆变电源一般多采用三相电压型逆变器。如图 9-11 所示为三相桥式逆变电路图,图中 N' 点为直流侧假想的中点,N 为负载中点。U、V、W 各为一相,每相由一个半桥逆变电路构成,采用 180° 导电方式,同一相上下两个臂交替导电,各相开始导电的角度依次相差 120°,在任一瞬间都有 3 个桥臂同时导通。

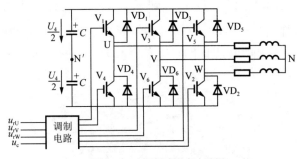

图 9-11 三相桥式逆变电路图

在逆变电路中,开关器件为 IGBT,其开关控制技术为广泛应用的 PWM 控制技术,通过对 IGBT 通断的波形脉宽进行调节,有效地使逆变器输出尽量趋于纯正的正弦交流电,同时可实现电压、频率的可调节功能。

3. 输出整流滤波模块

输出整流滤波模块主要包括三相输出变压器、正弦滤波器以及熔断器等相应模块。

输出电压经过正弦滤波器滤波后,经由输出接触器输出,电路中的熔断器在电压过高或过流时起保护作用。三相变压器将逆变器的输出电压转换成辅助系统的额定电压,同时有隔离高压系统和辅助系统的功能。输出整流滤波模块降低逆变器输出电压中由于切换所产生的高频电压,使其输出畸变很小的正弦波,保证总的谐波畸变少于基础频率 50Hz 的 10%。

4. 控制模块

辅助电源系统的控制模块主要包含主控制器、模块控制器以及输入、输出节点等设备。控制模块主要负责对辅助供电系统进行全方位控制,同时也负责上级通信控制以及对不同变流器的电压和电流进行控制与调节。当控制模块检测到列车发生辅助电源系统故障时,将下达关闭辅助逆变器的命令。

控制模块通常情况下有两个微处理器。一个微处理器负责对辅助逆变器进行控制以及对逆变器的运行状态进行诊断,包括传感器信号评估以及顺序启动控制等功能。另一个微处理器主要负责进行特殊独立检测,例如对辅助供电系统的干扰电流进行监控。

三、常见辅助逆变器

目前,城轨车辆逆变电源主要采用三相电压型逆变器,下面就主要介绍西门子生产的基于 MTP-MF 平台的辅助逆变器。该辅助逆变电源系统采用集中布置、并网供电方式。在 Tc 车车底各布置 1 个辅助逆变器箱,每个箱体内部集成有 2 套辅助逆变器(Auxiliary Power Supply),每套辅助逆变器内包括 1 台逆变器(Auxiliary Inverter)和 1 台蓄电池充电器(Battery Charger),为列车提供 3AC 380V 和 DC110V 电源。

1. 冷却系统

空气通过外部进风格栅(图 9-12)、内部风道(图 9-13)、主风机导入下部机箱区域。在主风机的作用下,空气在内部循环对进线滤波扼流圈、升压扼流圈、正弦滤波扼流圈、MF 变压器、MF 整流器、预充电保护单元等部件进行冷却。

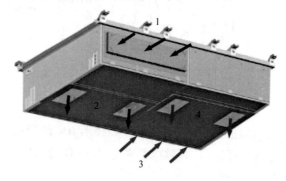

图 9-12　外部进风与出风口

1-H1 进风格栅;2-H1 出风口;3-H2 进风格栅;4-H2 出风口

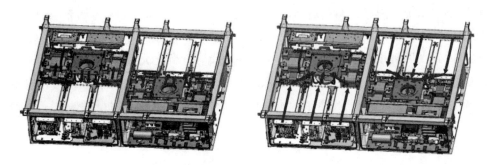

图 9-13 内部风道及循环系统

2. 内部组成

辅助逆变器箱主要部件分布如图 9-14 所示：

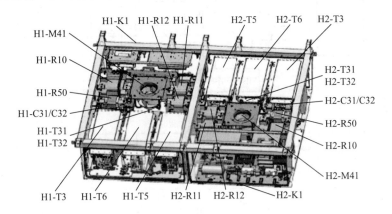

代码	名称	代码	名称
H1-T3	DC/DC 模块	H1-R50	正弦滤波器扼流圈
H1-T6	蓄电池充电器	H1-R10	进线滤波扼流圈
H1-T5	PWMI 逆变器	H1-R11，R12	升压扼流圈
H1-T31，T32	中频变压器	H1-M41	主风机
H1-C31/C32	共振电容器	H1-K1	Sibcos-M2500
H1-T4	全桥整流器	H1-C40	电解电容器

图 9-14 箱体中主要部件位置

3. 辅助逆变器原理

接触网电压通过输入熔断器接入辅助逆变器内，经过 EMC 滤波器及预充电过压保护电源进入 DC/DC 模块，通过 DC/DC 模块输出一个中间电压供后续脉宽调制逆变器和蓄电池充电机使用，脉宽调制逆变器将直流环节电压转换成 380V 交流电源，经过正弦滤波器确保三相负载为正弦曲线；蓄电池充电机将直流环节电压转换成电位隔离的直流 110V 输出电压。

辅助电源系统（图9-15）的启动由输入端高压情况和列车控制与诊断系统的控制来决定。每个辅助逆变器系统配置一个切除开关用于进行手动切除控制，该切除开关安装在Tc车电器柜内。切除辅助逆变器时，辅助逆变器断开输入端的DC1500 V接触器和输出端三相AC380V输出接触器。根据图9-16的系统原理框图分析，DC/DC转换器模块对整个系统的可靠性十分关键，一旦其出现故障不能正常工作，会直接导致辅助逆变器和蓄电池充电机模块不能正常运行。

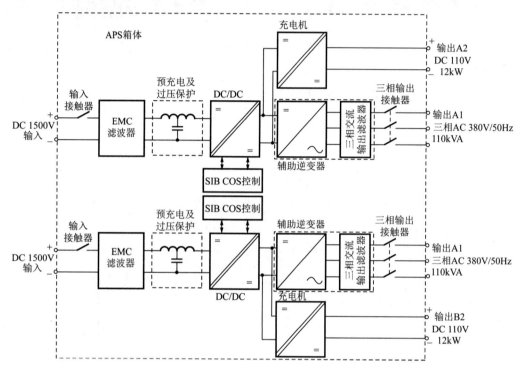

图9-15　辅助电源系统原理框图

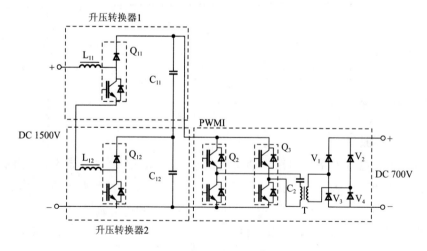

图9-16　DC/DC转换器电路

由 DC/DC 转换器电路可知,升压转换器的 IGBT 模块 Q_{11} 和 Q_{12} 为可开关式的,当 IGBT 模块导通时,能量储存于升压电感 L_{11} 和 L_{12} 中;当 IGBT 模块关闭,则能量转移到 DC-Link 电容 C_{11} 和 C_{12} 中。通过这种方式,在输入电压的变化范围内,输出至 PWMI 电压稳定在 DC1200V。PWMI 模块由逆变器和整流器组成。IGBT 模块 Q_2 和 Q_3 组成全桥型的逆变器电路,逆变频率为 20kHz,同时与电容 C_2、高频变压器 T 的原边线圈共同组成准谐振电路,降低 IGBT 模块导通和关断时开关应力。另外,足够高的 PWM 调制频率可减小高频变压器 T 的尺寸和重量。整流器由高频变压器 T 和二极管 $V_1 \sim V_4$ 组成。高频变压器 T 将其次边电压调至适用电压,并通过由二极管 $V_1 \sim V_4$ 组成的整流桥输出稳定的电压 DC700V。

辅助逆变器的逆变模块通过脉宽调制的方式将直流环节的 DC700V 电压逆变成三相交流电压输出,再经过三相正弦波滤波器,输出频率 50Hz 的 AC380 V 三相正弦波交流电压。基于输出滤波器 EMI 的良好控制,逆变器的高次谐波含量小于 5%。逆变模块内部通过 CAN 总线进行通信,其电路原理图如图 9-17 所示。

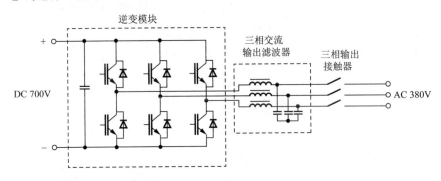

图 9-17 辅助逆变器原理图

辅助电源系统的 4 台辅助逆变器采用并联供电的方式,需要解决好 4 台辅助逆变器的不同步并网供电问题。辅助电源系统在输入电压允许范围内,预充电保护单元控制输入接触器闭合,预充电电路开始充电。此时若预充电电路无任何故障,则系统主保护闭合,PWMI 正常运行。在三相输出接触器断开的情况下,系统测试列车的三相交流母线是否有交流输出,以及滤波电路、内部短路、内部接地等各种故障。如果自检没有错误,为了与列车三相交流母线同步,PWMI 又一次关断。如果列车三相交流母线上没有电压,则三相输出接触器闭合,输出保护接通,PWMI 接通系统正常启动;如果在系统自检后列车三相交流母线已经存在电压,PWMI 开始与列车三相交流母线的电压同步,达到同步后输出保护接通,这时 PWMI 已经接管了全列车母线的输出。

Sibcos 控制器是用于辅助电源系统紧凑型电子控制单元,它采用高性能 16 位微处理控制器,控制单元包括闭环控制、保护、通信和监控的所有功能。Sibcos 控制器内部主要由 Sibcos-M2500 及 Sibcos-M2000 两个功能模块构成。控制器主控单元 Sibcos-M2500 通过多功能车辆总线 MVB 向车辆控制单元发送信号,执行辅助逆变器所有控制和诊断功能,该处理器同时控制产生 IGBT 点火脉冲的可编程逻辑回路；同时具有独立监控功能，如干扰电流监控、安全相关控制信号等。

4. 模块功能介绍

辅助逆变器模块功能如图 9-18 所示。

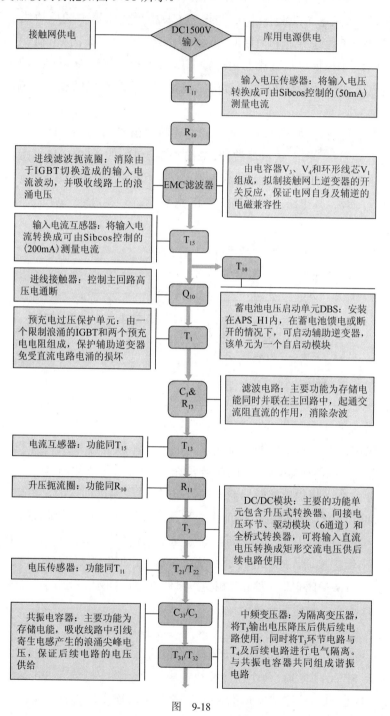

图 9-18

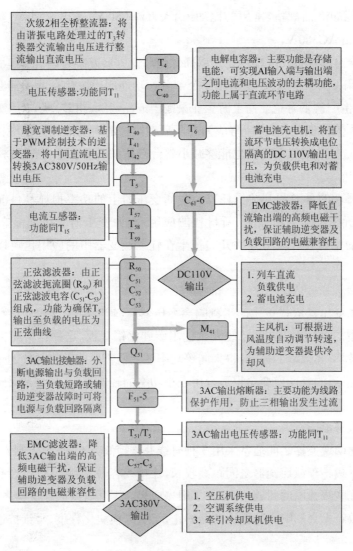

图 9-18 辅助逆变器模块功能

四、辅助逆变器的发展趋势

最早的辅助电源系统核心部件是旋转式发电机,随着电力电子技术的发展,辅助逆变器已经取代了旋转发电机的位置。辅助逆变器的发展也经历了 40 多年的历程,核心功率器件从最初的快速晶闸管,到 GTO 晶闸管,再到现在的高压 IGBT/IPM 模块,未来的辅助逆变器将会在模块化、高效化、小型化和无互联线并联这几个方向有更大的发展。

1. 模块化

辅助逆变器有标准的输入和输出电压,其输入输出的接口标准、形状尺寸将逐渐统一,实现模块化,甚至不同厂家生产的逆变器可以互换。根据不同的输入输出电压和功率等级,会形成几种不同的产品规格,常用的比如:输入直流750 V,输出三相AC380 V;输入直流1500 V,输出三相AC380 V。

辅助逆变器内部也将实现模块化。以高频隔离变压器方案为例,根据功能,可划分为初级逆变、交流调压、次级整流、逆变输出4个部分。功能的模块化有助于辅助逆变器上下游产业链的形成,生产链下游企业向上游企业采购半成品,完成组装。随着人力成本的不断提高和元器件成本的降低,以旧换新将成为产品后期维护的主要形式。模块化的产品简化了故障定位的过程,模块的以旧换新也能够减小整台产品以旧换新造成的经济损失。

2. 高效化

功率开关器件的导通和开关损耗以及隔离变压器上的功率损耗是目前辅助逆变器最大的功率损失所在。随着新技术、新材料的应用,比如变压器采用非晶态铁芯可以极大地减小变压器的空载损耗。另外软开关技术在辅助逆变器中的应用也可以大幅降低开关损耗。

3. 小型化

用高频隔离变压器取代传统的工频隔离变压器后,辅助逆变器的体积和质量将会大幅幅度下降。新型的大功率IGBT已经开始使用碳硅化铝基板,这种材料能提高器件的散热性,伴随着逆变器整体效率的提升,将来同等功率逆变器需要的散热部件的体积和重量会大幅减小。"瘦身"后的辅助逆变器也适合用在小功率的轻轨车辆,甚至是对轴重要求更高的磁悬浮车辆上。

4. 无互联线并联

目前车载辅助逆变器之间通常采用3种有线并联控制方式:集中控制方式、分散控制方式和主从控制方式。车载逆变器之间距离较长,连接线容易受到干扰,已经有学者开始研究逆变器之间无互联线并联的问题,并且有了很多成果。无互联线的逆变器之间独立性提高,单个逆变器的故障不会影响到其他逆变器的正常工作,模块化程度、可维护性和可靠性均比有线并联更高。

五、蓄电池充电器

1. 蓄电池充电器的基本功能

蓄电池充电器将输入电压转换成电位分离的直流110V输出电压。在正常运行的模式下,蓄电池充电器的主要功能是为车载辅助设施提供DC110V电源,及对车载蓄电池进行充电。同时DC110V直流电还能转换为+24V直流电和+12V直流电,用于驱动各种不同设备中的操纵和控制单元。

2. 蓄电池充电器的原理

目前城轨车辆直流电源的实现方式主要有两种:一种是由DC1500V或DC750V电网供电的变换器,即独立的蓄电池充电器;另一种是由辅助逆变器供电,所以实际上是DC/AC/

DC间接供电的变换器,即非独立的蓄电池充电器。

在城市轨道交通车辆上DC24V电源功率很小,一般只有1～2kW,多数由DC110V供电,采用专用模块。所以本文主要介绍DC110V电源的变换器。

1)独立蓄电池充电器原理

在蓄电池充电器输入装置中,有一个输入滤波器,用于抑制寄生电流;一个增压逆变器,用于调节输入电压;还有一个全响应开关转换器,用于产生1kHz的交流电压,在电离后,该交流电压可通过星形连接整流输出DC110V直流电并使波形平滑。该充电器直接与接触网相连,只要车辆受电弓与接触网线连接,直流输入电压通过熔断丝与充电器相连。

充电器内部电源由蓄电池供应,并备有一个紧急启动电池,当蓄电池电压供给到充电器时,将启动内部电源,同时启动内部微处理器控制系统,并等待启动信号。在这种状态下,可以对充电器进行分析诊断。一旦得到启动信号,充电器即开始工作,输出电压将沿一定的斜率上升,在2s内达到额定输出电压。

如果输入电压中断,蓄电池充电器会立即停止工作。当输入电压重新达到规定值时,蓄电池充电器自动在2s内进入到满负载工作状态。相对于非独立的蓄电池充电器,独立蓄电池充电器不受辅助逆变器故障影响,在一定程度上提高了可靠性。

2)非独立蓄电池充电器原理

非独立蓄电池充电器使用一个整流器,再通过中频发射器,直流输出电压以12kHz的切换频率被发送。二次侧产生的自由电位交流电压经由输出整流器补偿。通过输出端的电感器滤波,使输出电压变得平稳。这种从交流电源直接进行转换的直流输出电路比单独的蓄电池充电器所用的元器件少、维护简单、解构紧凑、重量轻、电气隔离性能更高。

3. 几种常见蓄电池充电器

1)独立方式的蓄电池充电器

独立方式的蓄电池充电器用的是独立变换器,通过IGBT斩波模块将接触网1500VDC直流电压变为DC110V。广州地铁2号线蓄电池充电器用的是独立变换器,单独DC/DC蓄电池充电器安装在两个单元的A车,即一列6节编组的列车有两个独立的DC/DC蓄电池充电器。

2)非独立方式的蓄电池充电器

广州地铁3号线蓄电池充电器是非独立充电器,它直接集成在辅助逆变器内。辅助逆变器逆变输出的AC380V就作为充电器的输入电压,直流输出电路将交流电压整流成DC110V。正常运行模式下,充电器给蓄电池充电,同时也为输出端连接的负载供电。

广州地铁4号线蓄电池充电器也是非独立充电器,它集成在整个辅助逆变器SIV内,SIV的直流输出电路为带有限流功能的IGBT整流桥,它将交流AC380V电压转换到DC110V,提供给低压负载和蓄电池负载。

4. 蓄电池充电方式

蓄电池充电方式一般分为恒流充电和恒压限流及浮充电三种状态。镍镉蓄电池按照可达到放电倍率来划分,可分为低倍率、中倍率、高倍率、超高倍率几种,每种倍率的蓄电池的充电电压的指标有所差异。

1)恒流充电法

恒流充电方式,即保持一定的电流倍率给蓄电池充电,这种方法通常用于电池初充电、恢复或容量检查。传统的恒流充电实现手段包括调整充电装置电压或改变与蓄电池串联电阻的方法。蓄电池充电电流可以表示为

$$i = \frac{u-e}{R}$$

式中,e 为电池内部电动势,u 为充电电压。在初始阶段,因为电池电动势 e 较小,所以为保持充电电流,此时的充电电压相对较低。但是随着时间推移,电池内部电动势增加并短期内维持恒定,此时充电电压 u 亦保持不变。但当充电过程进入末端,电池的电动势 e 再次增大;为了保证充电电流恒定,需要相应提高充电电压。然而,充电电压过高将对电池造成很大的损害,因此往往需要在这一阶段对电压进行限幅。因此,通常将这一方法主要用于电池电量恢复和检测等场合。

2)恒压充电法

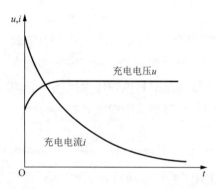

图9-19 恒压充电时的电压、电流曲线

恒压充电是指充电电源的电压在全部的充电时间内保持恒定,其曲线如图 9-19 所示。

在初期阶段,充电电流 i 较大。但是由于电压恒定,导致电流随着电动势的增加而逐渐减小,其变化趋势与最佳充电曲线较为接近。虽然恒压充电的控制方法较为简单,但是在充电初期过大的充电电流,容易造成蓄电池极板弯曲,对其寿命造成较大的损害,因此直接的恒压充电在实际工程中应用较少,只有在充电电源电压低而电流大时采用。

3)阶段充电法

在充电的第一阶段采用恒流方式对蓄电池进行充电,避免初期因电动势较小而造成的大电流充电。随着充电时间的推移,维持恒流的充电电压增大到一定值后,调整控制系统,使系统转入第二阶段,即恒压充电模式,以此避免因充电电压过大而对电池造成的损害和寿命的影响。

所谓浮充电是指一种连续、长时间的恒电压小电流的充电方法。浮充电电压略高于涓流充电,足以补偿蓄电池自放电损失并能够在电池放电后较快地使蓄电池恢复到接近完全充电状态,又被称为连续充电。这种充电方式既结合了恒压充电和恒流充电的优点,避免了恒压充电在起始阶段给蓄电池造成的瞬间大电流冲击,又避免了在恒流充电末期,因维持电流而产生的高电压过充现象;此外通过第三阶段的浮充电,用恒压小电流方式在不损坏电池的前提下最大限度地将蓄电池电量充满。

第三节 蓄 电 池

一、蓄电池的用途与分类

1. 蓄电池的用途

蓄电池对城轨车辆的安全运行起关键作用。一旦列车出现供电事故时,蓄电池可向逆变器提供必要的启动电量。另外,蓄电池也对地铁列车的其他用电设备进行供电,例如列车照明设备等。当地铁列车处于正常行进过程中,蓄电池都是以浮充电的形式存在。只有当列车供电设备出现故障以及辅助电源无法供电情形时,蓄电池才会进行相应的供电活动,同时蓄电池也是一种应急电源,当出现紧急情况时,蓄电池要保证紧急负载的供电。

2. 蓄电池的分类

根据电极和电解液所用物质的不同,蓄电池一般分为酸性蓄电池和碱性蓄电池。

酸性蓄电池的电解液是一定浓度的硫酸水溶液,硫酸是酸性化合物。酸性蓄电池正极板的活性物质是二氧化铅,负极的活性物质是绒状铅,所以酸性蓄电池又叫作铅蓄电池。

碱性蓄电池的电解液是一定浓度的氢氧化钾水溶液,氢氧化钾是碱性化合物。在碱性蓄电池中,用氢氧化镍做正极板、用铁做负极板的叫作铁镍蓄电池;用镉做负极板的叫作镉镍蓄电池。用银做正极板、锌做负极板的叫作锌银蓄电池。

城轨车辆目前主要采用镉镍蓄电池,因此,本节只简单介绍铅酸蓄电池,着重介绍镉镍蓄电池。

3. 铅酸蓄电池

铅酸蓄电池从问世至今,一直是军用、民用领域中使用最广泛的化学电源。由于它使用硫酸电解液,运输过程中会有酸液流出,充电时会有酸雾析出,对环境和设备造成损害,研究人员就试图将电解液"固定"起来,将电池"密封"起来,于是使用胶体电解液的铅酸蓄电池(图9-20)应运而生。几乎在研制胶体电池的同时,采用玻璃纤维隔膜的阴极吸收式密封铅酸蓄电池却诞生了,它不但使铅酸蓄电池消除了酸雾,而且还表现出内阻小、大电流放电等优良特性。在国民经发展济中,尤其是原来使用固定型铅酸蓄电池的场合,得到了迅速的推广和应用。

4. 铅酸蓄电池的工作原理

铅酸蓄电池在充电过程中 $PbSO_4$ 接近全部转化为 PbO_2 和 Pb,当电压达到一定值时,正极板

图9-20 铅酸蓄电池

1-盖;2-溢气阀;3-汇流导体;4-单格;5-壳体;6-间隔;7-负极板;8-含电解液的多孔物质;9-正极板

析出氧气,负极板析出氢气。充电后期,随着电极电压的升高,水被电解,气体析出。当端电压升高到 2.5V 时,氢气和氧气按化学计量比例析出。这种电池能够实现密封是利用阴极吸收再化合的原理,使正极析出的氧气迅速到达负极板生成氧化铅,氧化铅再与硫酸发生反应,生成硫酸铅和水。化学反应式:

$$2Pb+O_2=2PbO$$
$$PbO+H_2SO_4=PbSO_4+H_2O$$
$$PbSO_4+2H^++2e=Pb+H_2SO_4$$

5. 铅酸蓄电池关键性能

1）放电容量

根据铅酸蓄电池用途不同,规定的放电量和放电率也不同,具体体现在放电终止电压和放电电流大小不同。如果电池放电容量不合格,就会造成电池使用时间不能满足用户的使用设计要求,使用容量不合格的蓄电池,会造成使用设备的可靠性、安全性降低。同时,蓄电池与充放电系统的不匹配会造成蓄电池寿命的大大缩短。

2）低温性能

有低温性能要求的蓄电池,在低温状态下使用时应满足使用要求。蓄电池的低温性能在制造中可通过活性物质配方得到改善。电池在给定的低温和放电条件下,放电时间或电压不能低于规定值。

3）循环寿命

铅酸蓄电池经历的一次充电、放电为一个循环。循环寿命是指蓄电池按照一定的充放电条件,循环充放电至电池容量下降到规定值时经历的循环次数。不同的蓄电池标准规定了不同的循环寿命次数（或周期）。循环寿命不合格,会造成电池用户使用成本的提高、资源的浪费,同时大量的蓄电池回收处理还会造成一定的环境污染。

4）电池内阻

电池内阻是电池性能的一个关键参数。电池内阻与电池制造工艺、电池结构、极板、隔板、电解液等因素有关。电池内阻越小,电池性能就越好。电池内阻可以通过内阻仪测得或充放电数据计算得到。

6. 铅酸蓄电池分类

铅酸蓄电池大体上分为固定型防酸铅蓄电池、阀控式密封铅酸蓄电池、富液式胶体电池 3 种。

1）固定型防酸铅蓄电池

这种电池存在许多缺点,如电池体积大,电解液易溅出伤人和损物,而且充电过程中不断产生氢气和氧气,在气体析出过程中伴随着酸雾的产生,常使防酸帽堵塞,极易发生安全事故;并且充电过程中能耗大,充电手续繁杂,维护操作困难,这种电池已逐渐被淘汰。

2）阀控式密封铅酸蓄电池

它的出现替代了原来使用的固定型酸铅蓄电池。由于它在维护中不需要添加蒸馏水和测量电解液的密度、温度,维护方便,能力密度高,基本无酸雾溢出,可任意放置,所以得到了迅速的推广和应用。

3）富液式胶体电池

它是把电解质进行糊化、胶化，以便电池能以各种方式放置而正常工作，且不会有电解液溢出。由于这种电池性能指标较好，所有日常维护只需测量电池电压，检查各电池间电压是否均匀以及有无故障电池。

无论是采用玻璃纤维隔膜的阀控式密封铅蓄电池还是采用胶体电解液的阀控式密封铅蓄电池，它们都是利用阴极吸收原理使电池得以密封的。

二、镉镍蓄电池

碱性蓄电池，即一种电解液是碱性溶液的蓄电池。碱性蓄电池具有体积小，机械强度高、工作电压平稳、可以大电流放电、使用寿命长和易于携带等特点，可用作仪器仪表、自动控制、移动的通信设备等电子设备的直流电源，也可作为反压电池使用。碱性蓄电池与同容量的铅蓄电池相比其成本较高。

碱性蓄电池由于其极板活性物质材料不同，可分为锌银蓄电池、铁镍蓄电池、镉镍蓄电池等系列。下面主要介绍镉镍蓄电池。

1. 镉镍蓄电池结构

镉镍蓄电池（图9-21）按极板结构可分为有极板盒式和无极版盒式蓄电池；按外形结构可分为开口式和密封式蓄电池。镉镍蓄电池正、负极材料分别填充在穿孔的镍钢带中，经拉浆、滚压、烧结、涂膏、烘干、压片等方法制成极板；用聚酰胺非织布等材料作隔离层；用氢氧化钾水溶液作电解质溶液；电极经卷绕或叠合组装在塑料或镀镍钢壳内。

图9-21 镉镍蓄电池

2. 蓄电池工作原理

蓄电池极板的活性物质在充电后，正极板为氢氧化镍〔Ni（OH）$_3$〕，负极板为金属镉（Cd）；放电终止时，正极板转变为氢氧化亚镍〔Ni（OH）$_2$〕，负极板转变为氢氧化镉〔Cd（OH）$_2$〕，电解液多选用氢氧化钾（KOH）溶液。蓄电池充放电反应：

$$2Ni(OH)_2 + Cd(OH)_2 \underset{放电}{\overset{充电}{\rightleftharpoons}} Cd + 2NiOOH + 2H_2O$$

充放电化学反应中有水的参与，所以在充电时会有液面升高，放电时液面降低现象。如果蓄电池充电时间过长、工作环境温度过高、充电电压偏高等会导致有O_2从电解水中析出，出现电解液减小的现象，所以需要严格控制充电条件。

3. 镉镍蓄电池特点

（1）极板：正极板为氧化镍；负极板为镉，是三维结构的烧结极板。活性物质被镶嵌在极板内,内阻极小、导电性好、重量轻、富有弹性、抗振强度大。

(2)电解液:1.20 kg/L 的 KOH 溶液,使用过程中不用更换电解液,能有效保护环境不受污染。

(3)蓄电池壳、盖:防火、阻燃、无毒、由不含卤的特殊 PP 材料组成。

(4)配件:所有的金属配件采用铜镀镍材料,极柱用特制的"O"形圈密封。

4. 镉镍碱性蓄电池的维护工作

城轨车辆对镉镍碱性蓄电池的维护工作主要分为预防性维护和校正性维护两种。

1)预防性维护

(1)加蒸馏水。电池电解液液面应该3个月检查一次,当电解液液面降至测量电解液液面的玻璃管上指示最大与最小刻度之间的中间以下时,蒸馏水应加到最大刻度。蒸馏水纯度应符合 1989 年颁布的 IEC993 规定。

(2)检查充电电压。充电电压最长每6个月检查一次,当充电机在恒定电流状态下充电时不必测量充电电压。充电机电压应调整为 126V±1%,如果充电电压在推荐值之外,辅助发电机应该重新调整。

(3)容量试验和检修充电。在城轨车辆大修期间蓄电池应该进行容量试验并做检修充电。

(4)清洁和紧固电池之间的连接。蓄电池充电试验后,应对蓄电池进行清洁并检查电池之间的连接力矩。清理时取一清洁布,浸少许蒸馏水仔细清理电池表面。为了防止手接触到电解液,清理时应戴手套。电池之间的连接力矩为 17～20N·m,隔栅与隔栅的连接力矩为 17～20N·m。

2)校正性维护

(1)耗水量。耗水量取决于充电电压和电解质温度。如果在小于6个月时间内要求注水,应检查充电电压和电解质温度。如果充电电压在推荐水平 ±1% 以外,充电电压应重新调整。如果电解质温度高于 45℃,必须更换新的蓄电池,并通知蓄电池生产厂家进行维修。

(2)单个电池电压。如果单个电池电压与平均值相比超过 ±50mV,则必须重新进行调整充电。

5. 城轨车辆用镉镍碱性蓄电池常见故障分析与处理

城市轨道交通车辆的车载蓄电池通常采用镉镍碱性蓄电池,在车辆起动时受电弓落下,接触网无法给车辆送电,所以首先要求受电弓升起,这个动力就来源于车载蓄电池。如果受电弓升不起来,首先要去测量车载蓄电池的电压,当然也有其他原因会引起受电弓不能正常升弓,这里主要讲车载蓄电池故障引起列车不能升弓的情况,当电压显示低于 96V 时,蓄电池自身低压保护开关动作,封锁了蓄电池的输出电路,使其失去作用进而保护蓄电池不会损耗太多。镉镍碱性蓄电池并不是一次性工作的,由于其造价很高,当蓄电池发生损耗时应及时补救避免报废。车辆段的临修作业大多是对蓄电池进行补加蒸馏水溶液。由于蓄电池在充电的过程中会发热,使电解液蒸发,甚至发生电解液缺乏影响到车辆的正常起动,这就要求检修过程中需要经常查看蓄电池内电解液的液面高度,如果液面有所下降,则需要及时补液,或者采取相应的维护措施;如果蓄电池严重缺液,蓄电池很有可能因此报废,甚至是发生爆炸,造成严重的后果。城轨车辆用镉镍碱性蓄电池常见故障分析与处理如表 9-1 所示:

故障分析与处理　　　　　　　　　　　　　　表 9-1

序号	故 障	可能引起的原因	矫正的方法
1	严重缺水	1. 充电超出了可调的范围; 2. 电池温度过高	1. 检查充电电压; 2. 检查电池温度
2	列车上无电池电压	1. 熔断丝烧断了; 2. 连接件断裂	检查电池充电箱中的电池熔断丝
3	充电开始单体电池电压异常高	单体电池无电解液	加入电解液并调整液面高度
4	单体电池及连接板有异常发热现象	极柱螺母松动	拧紧螺母
5	单体电池外壳膨胀	1. 气塞孔堵塞; 2. 使用不当造成极板膨胀	用热水清洗气塞至其畅通或更换新气塞

第十章　列车控制系统

> **岗位应知应会**
>
> 1. 了解DC110V低压控制方式，了解列车网络通信的基本原理。
> 2. 熟悉低压控制电路的几种典型电路工作方式，能够阅读电气原理图。
>
> **重难点**
> 了解总线网络技术和微机控制功能。

　　本章第一节对控制系统两种方式进行说明，概括了网络总线技术的发展现状，使读者对城市轨道交通车辆的控制方式有基本认识；第二节介绍低压控制电路组成、功能和主要元器件；重点阐述典型控制电路的原理；对轨道交通车辆的驾驶控制模式及司机室控制部件进行说明，使读者理解低压控制电路的基本组成和原理。第三节叙述网络控制的发展，列举最流行的几类网络通信标准；以列车多功能总线为例，对列车网络控制系统的体系结构、功能模块及车载通信网络的拓扑结构、信息传输进行说明，介绍网络控制的基本原理；介绍了应用最为广泛的几类列车微机控制系统。

第一节　控制系统概述

一、列车控制方式介绍

　　城市轨道交通车辆作为一种交通工具，最根本的任务是旅客的运输，列车运行的控制是完成运输任务的关键。列车控制的目的是实现列车可靠安全的运行，例如：列车能够牵引和制动、车门开启和关闭、为乘客提供信息服务、列车状态评估与显示、列车自动驾驶等等。

　　列车控制系统通过外围接口，与地面系统无线通信，实现自动驾驶，同时司机能够了解整个列车的运行状况，并在必要时进行人工干预。城市轨道交通车辆需要利用微机控制系统来实现信息采集、传递和分析处理，实现了牵引、制动、车门、空调等系统的控制，车辆上的各设备通过机械、电器、电磁、网络等形式形成一个统一的整体。轨道交通车辆是一个机械与电气相互结合的有机体，其控制方式呈现出集中化和复杂化，目前最先进的轨道交通车辆控制技术已经实现了无人驾驶。

轨道交通车辆的控制系统包括传统的有接触点电路控制方式和网络总线控制方式两种，其中低压控制电路是传统的有接点电路控制方式，通过一系列开关元件（主要是继电器、接触器、按钮）的"接通"和"断开"来传递控制与检测信号，从而实现对车辆各系统的控制。由于使用的电源以直流110V为主，因此也称为直流110V控制，这种控制方法技术成熟，应用也比较广泛。司机室设置各种按钮和开关，通过操作这些按钮和旋钮实现对列车各系统的控制。

轨道交通车辆使用的继电器及接触器数量在两三百个，触头动作频率最高的每天上千次，触头接触不良或卡滞故障均能对列车运营产生严重影响，因此有些地铁运营公司提出了无触点逻辑控制替代继电器，以避免此类故障发生。采用PLC控制取代继电器有触点控制方式解决了继电器触头故障，同时带来了成本高、改造难度大以及故障影响大等问题，一些关键控制回路仍然需要使用继电器控制。低压控制电路中普遍使用继电器作为控制器件，虽然微机控制的总线网络在列车控制系统中普遍使用，极大地减少了整车的硬线控制电路布线，然而直流110V低压控制电路的现场执行部件仍广泛采用接触器、继电器控制方式。

二、网络总线技术发展

网络总线控制方式是建立在计算机通信技术基础上的总线控制方法，城市轨道交通车辆主流的总线控制方式有绞线列车总线（WTB）、多功能车辆总线（MVB）以及CAN、ARCNET总线。实行总线控制后，列车控制监测信号包括车门控制和监测信号、气制动检测信号等均可通过总线进行传输，并通过软件实现启动联锁和保护功能，减少了导线布置及继电器的使用。

控制网络技术作为现代列车的关键技术，在世界范围内得到了越来越广泛的应用。目前，世界上主要列车电气部件供应商都推出了基于网络的控制系统，比如：西门子公司的SIBAS32铁路自动化系统、AD tranz公司（现已被Bombardier公司收购）的MITRACR列车通信和控制系统、Alstom公司的A-GATER控制系统以及日本三菱、东芝公司的TCMS列车控制监视系统等。

近年来，随着用户对控制网络的开放性、性价比等要求的提高，以及基于网络的远程诊断与维护、旅客信息与舒适性支持等新需求的提出，IEC TCN列车通信网络、World FIP、Lon Works、CAN总线、工业以太网以及无线网络等技术都在车载控制系统中找到了它们最合适的应用场合，今后一段时间，控制网络在列车上的应用将呈现出多种技术并存、相互竞争和融合的局面。

工业以太网的优势使其在因特网中得到快速发展，把以太网的机制用在列车通信网络中，成为列车通信网络的研究重点之一，也成了当前一个新兴的热点。现在列车上的以太网仅负责旅客信息系统和音频视频系统的数据传输，与列车控制网络没有实际联系，是独立的网络。基于以太网的列车通信网络是轨道交通车辆控制总线今后的发展趋势。

第二节 列车低压控制电路

一、低压控制原理及器件简介

城市轨道交通车辆低压控制指的是直流110V控制电路,也称为辅助电路。高压电路指的是直流1500V主电路或直流750V主电路。辅助电路是控制线路中除主电路以外的电路,其流过的电流比较小,包括控制电路、照明电路、信号电路和保护电路。其中控制电路是由按钮、接触器和继电器的线圈及辅助触点、热继电器触点、保护电器触点等组成。主电路是电气控制线路中大电流通过的部分,包括从电源到电机之间相连的电器元件,一般由受电弓、高速断路器、主熔断器、接触器主触点、电动机和接地装置等组成。

控制电路中使用的元器件种类较多,下面简单介绍控制电路中使用数量较多的电子元器件:继电器、接触器、微型断路器及按钮旋钮。

1. 继电器

继电器是一种根据某种物理量的变化,使其自身的执行机构动作的电子元器件。它既可以用来改变控制线路的工作状态,按照预先设计的控制程序完成预定的控制任务,也可以根据电路状态、参数的改变对电路实现某种保护。

继电器一般由三个基本部分组成:检测机构、中间机构和执行机构。检测机构的作用是接受外界输入信号并将信号传递给中间机构;中间机构对信号的变化进行判断、物理量转换、放大等;当输入信号变化到一定值时,执行机构(一般是触头)动作,从而使其所控制的电路状态发生变化,接通或断开某部分电路,达到控制或保护的目的。电磁继电器一般由铁芯、线圈、衔铁、触点簧片等组成的,图10-1为继电器结构示意图。只要在线圈两端加上一定的电压,线圈中就会流过一定的电流,从而产生电磁效应,衔铁就会在电磁力吸引的作用下克服复位弹簧的拉力吸向铁芯,从而带动衔铁的动触点与静触点(常开触点)吸合。当线圈断电后,电磁的吸力也随之消失,衔铁就会在弹簧的反作用力回到原来的位置,使动触点与原来的静触点(常闭触点)释放。这样的吸合和释放,就实现了电路的导通和切断。对于继电器的"常开、常闭"触点,可以这样来区分:继电器线圈未通电时处于断开状态的静触点,称为"常开触点";处于接

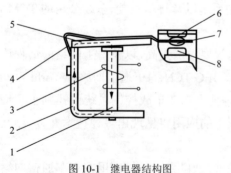

图10-1 继电器结构图

1-铁芯;2-轭铁;3-线圈;4-动簧片;5-衔铁;6-常闭静触点;7-动触点;8-常开静触点

通状态的静触点称为"常闭触点"。

继电器种类很多,按输入信号可分为:电压继电器、电流继电器、功率继电器、速度继电器、压力继电器、温度继电器等;按工作原理可分为:电磁式继电器、感应式继电器、电动式继电器、电子式继电器、热继电器等;按用途可分为控制与保护继电器;按输出形式可分为有触点和无触点继电器。城市轨道交通车辆主要使用的继电器有电磁继电器、时间继电器和欠压继电器,下面介绍这三种继电器工作原理。

1)电磁继电器

电磁继电器是一种利用电磁铁铁芯与衔铁间产生的吸力作用而工作的电气元件。它主要由电磁线圈、触头和二极管组成,其中触头又分为常开触头(NO)和常闭触头(NC)。在未通电状态下,常开触头是断开的,常闭触头是闭合的;当在电磁线圈两端通上额定电压时,由于电磁铁铁芯与衔铁间产生的吸力作用,继电器动作,常开触头闭合,常闭触头断开。

在电路图中电磁继电器的表示方式如图 10-2 所示。图中的长方形表示电磁线圈,A_1、A_2 是电磁线圈的两端,其中 A_1 接 +110V,A_2 接地。K 是二极管的阴极,A 是二极管的阳极,二极管与电磁线圈是反向并联,线圈断电后,线圈上持续电流通过二极管放电。13、14 和 43、44 是常开触头,21、22 和 31、32 是常闭触头。当 A1、A2 接通 +110VDC 电压时,继电器动作,常开触头 13、14 和 43、44 闭合,常闭触头 21、22 和 31、32 断开。

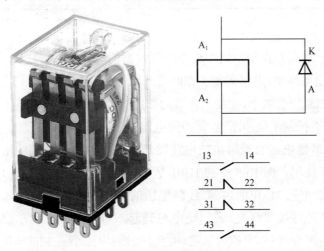

图 10-2 电磁继电器实物与电气符号

2)时间继电器

时间继电器的作用在于能按预定的时间接通或分断电路。从结构上可分为机械式和电子式。目前大多数的时间继电器都是电子式的,其利用电容的充放电特性,通过调节 RC 电路中电阻或电容的大小,即改变充放电时间常数 τ 的大小,来调节延时时间的长短,实现延时功能,时间长短可选择几分钟到几十分钟不等。

几种不同的时间继电器符号表示见表 10-1。

几种不同的时间继电器符号表示　　　　　　　表 10-1

类型	说明	符号
延时断开型继电器	Z_1、Z_2 短接,当 A_1 接通 +DC110V 时,继电器立刻动作,常开触头闭合。经过延时 t 秒后,即使 A_1 端仍然有 +110VDC 电压,常开触头都会自动断开	
延时闭合型继电器	Z_1、Z_2 短接,当 A_1 端接通 +110VDC 时,继电器不会立刻动作,要经过延时 t 秒后才动作,常开触头闭合,直到 A_1 端取消 +DC110V 时,继电器失电,常开触头才断开	
延时断开型继电器	只有当 A_1 和 B_1 都接通 +110VDC 时,继电器才动作,常开触头闭合。当 A_1、B_1 中任何一端取消 +110VDC,继电器延时 t 秒后常开触头断开	
闪烁继电器	当 A_1 端接通 +110VDC 时,继电器动作,常开触头闭合,经过延时 t 秒后,常开触头断开,又经过延时 t 秒后,常开触头又闭合。就这样,常开触头不停地断开闭合,直到 A_1 端取消 +110VDC 时止	

3)欠压继电器

欠压继电器一般用在保护电路中欠电压继电器的电磁线圈与被保护或检测电路并联,辅助触点接在控制电路中,电路正常工作时常开触点闭合,而当电压低至其设定值时,由于电磁系统产生的电磁力会减小,在复位弹簧的作用下,常开触点断开,常闭触点吸合,从而使控制电路断电,进而控制主电路断电,保护用电器在低压下不被损坏。

图 10-3 是欠压继电器监控网压的电路图。由于该继电器监控的电压高,需要跟一个变压器 1U01 配合使用。图 10-3 中的 1U01 是变压器,它把接触网的高电压按一定比例变换成低电压。在继电器 7U01 的内部,线路电压的大小决定触头的状态。当 $U>1000V$ 时,触头闭合,受电弓升弓按钮灯亮,表示受电弓升起。触头串联在列车空调启动电路中,当 $U>1200V$ 时,触头闭合,列车空调可以启动,当接触网电压小于 1200V 时,列车空调将被自动关断(车间电源供电时除外)。

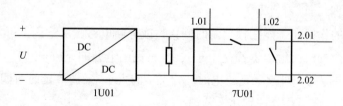

图 10-3　欠压继电器控制电路

以上列举的几类继电器为电客车使用较多使用的类型,其中电磁继电器占绝大多数。继电器一般按照在继电器柜或箱体内部,图10-4为车辆继电器实物安装情况。

图10-4　电器柜内接触器安装情况

2. 接触器

电磁式的继电器和接触器,它们的工作原理是一样的。继电器的主要作用是信号的检测、传递、变换或处理,它通断的电路电流通常较小,即一般用在控制电路(与"主电路"对比)。接触器主要作用是用来接通或断开主电路,所谓主电路是指一个电路工作与否是由该电路是否接通为标志。接触器主要由触点、传动机构、灭弧系统组成。触头是电器的执行机构,直接关系到电器工作的可靠性。触头有4种工作状态:闭合状态、触头闭合过程、触头断开状态和开断过程。在触头开断电流时,一般在两触头间会产生电弧,所以城市轨道交通车辆上的接触器都有灭弧栅。触头磨损有机械磨损、化学磨损和电气磨损三种,而电气磨损是主要的,发生在触头闭合电流的过程和触头开断电流的过程。触头熔焊主要发生在触头闭合电流的过程和触头处于闭合状态。触头熔焊后就不能执行开断电路的任务,甚至引起严重故障。主电路概念与低压控制电路相对应。一般主电路通过的电流比控制电路大。因此,容量大的接触器一般都带有灭弧罩(因为大电流断开会产生电弧,不采用灭弧罩灭弧,将烧坏触头)。接触器具有继电器所有的特点,是一种特殊的继电器。接触器控制容量大,适用于频繁操作和远距离自动控制,最高操作频率可达每小时1200次,通断电流比较大。图10-5和图10-6给出接触器实物图及地图空调控制系统的接触器安装情况。

图 10-5　接触器实物　　　　　　　图 10-6　电器柜内部接触器的安装情况

3. 微型断路器

微型断路器（MCB）是一种终端保护器件，也称自动空气开关，能接通、承载以及分断正常电路条件下的电流，也能在规定的非正常电路条件下接通、承载一定时间和分断电流的一种机械开关电器。对电路及设备提供保护功能，包括过载、短路、过压和漏电等。城市轨道交通车辆每一个使用 DC110V 供电的设备或者系统均有相应的微动开关进行控制，负责接通和断开电源。

微型断路器由操作机构、触点、保护装置（各种脱扣器）、灭弧系统等组成。其主触点是靠手动操作或电动合闸的。主触点闭合后，自由脱扣机构将主触点锁在合闸位置上。过电流脱扣器的线圈和热脱扣器的热元件与主电路串联，欠电压脱扣器的线圈和电源并联。当电路发生短路或严重过载时，过电流脱扣器的衔铁吸合，使自由脱扣机构动作，主触点断开主电路。当电路过载时，热脱扣器的热元件发热使双金属片上弯曲，推动自由脱扣机构动作。当电路欠电压时，欠电压脱扣器的衔铁释放。也使自由脱扣机构动作。

低压断路器主要用于线路的过载、短路、过电流、失压、欠压、接地、漏电、双电源自动切换及电动机的不频繁起动时的保护、操作等用途，其选择原则除遵守低压电器设备的使用环境特征等基本原则外尚应考虑如下条件：

（1）断路器的额定电压不应小于线路额定电压；

（2）断路器额定电流与过流脱扣器的额定电流不小于线路的计算电流；

（3）断路器的额定短路分断能力不小于线路中最大短路电流；

（4）选择型配电断路器需考虑短延时短路通断能力和延时保护级间配合；

（5）断路器欠压脱扣器额定电压等于线路额定电压；

（6）当用于电动机保护时，则选断路器需考虑电动机的起动电流并使其在起动时间内不动作；

（7）断路器选择还应考虑断路器与断路器、断路器与熔断器的选择性配合。

图10-7 城市轨道交通车辆控制柜内部微型断路器面板实物图。每个微型断路器对应标识断路器型号、容量及功能名称,该标识为永久标识。如果运营维护过程中进行了相应的整改,必须对该标识进行更新。

图10-7 微型断路器安装面板

4. 按钮、旋钮开关

控制按钮是一种接通或分断小电流电路的主令电器,其结构简单、应用广泛。触头允许通过的电流较小,一般不超过5A,主要用在低压控制电路中手动发出控制信号。控制按钮由按钮帽,复位弹簧,桥式动、静触头和外壳等组成。一般为复合式,即同时具有常开、常闭触头。按下时常闭触头先断开,然后常开触头闭合。去掉外力后在压缩弹簧的作用下,常开触头断开,常闭触头复位。

旋钮是一种低压开关器件,它的边缘刻有一个或者一系列的符号,类似于圆盘或者标度盘等,可通过将其旋转或推进拉出,以此来启动或者操纵控制某种电器等。它应用比较广泛,并且操作起来简单容易,是很多电器开关的首选。但是由于其功能的特殊性,所以它的模具设计非常复杂。

旋钮的制作材料一般为聚碳酸酯/丙烯腈—丁二烯—苯乙烯共聚物,其内部结构比较复杂,既有肋板,又有装配用的结构,并且要求其电绝缘性能好,要具有一定的机械强度和较高的耐磨性、阻燃性和尺寸稳定性。旋钮外边的结构比较简单,由凹模成型即可,但是其内部结构由整体的凸模成型,使得制造很是复杂。

由于对旋钮塑件的质量要求较高,并且生产批量较大,所以对于旋钮塑件的设计提出了更高的要求和挑战。虽都为开关,旋钮开关和按钮开关却有着很大的不同。按钮开关是单刀单掷开关,这种开关的接通方式是通过按下开关来接通电源,典型的例子就是电脑的主机箱上的电源开关,只要按一下,电源就会接通。而旋钮开关的样子像一个纽扣,通过向不同方向旋转,使得开关处于接通或者断开的状态。

开关可分为普通旋转开关、自复位旋转开关、行程开关和钥匙开关。普通旋转开关就是当开关旋转到某一位置时能固定在该位置上,如控制司机室灯的普通旋转开关。自复位旋转开关是一种有回复力的开关,当开关被旋转到任一位置时松开手,它会自动旋回到原来的位置。

旋钮开关安装实物如图 10-8 所示。

图 10-8　旋钮开关安装实物

二、基本电气控制电路

低压控制电路使用电气原理图进行功能描述,电路图中的电器元件的图形符号和文字符号,电气原理图中电器元件的布局,根据便于阅读的原则进行编排。电气原理图中,当同一电器元件的不同部件(如线圈、触点)分散在不同位置时,为了表示是同一元件,要在电器元件的不同部件处标注统一的文字符号。对于同类器件,要在其文字符号后加数字序号来区别。如两个接触器,可用 KM1、KM2 文字符号区别。电气原理图中,所有电器的可动部分均按没有通电或没有外力作用时的状态画出。对于继电器、接触器的触点,按其线圈不通电时的状态画出,控制器按手柄处于零位时的状态画出;对于按钮、行程开关等触点按未受外力作用时的状态画出。

由于各主机生产厂家使用的设计方法、布线工艺不同,提供给用户的电气原理图风格差异很大,因此不针对某一具体城市轨道交通车辆的电气原理图进行解说,这里只介绍一些控制的基本方式。由继电器接触器所组成的电气控制电路,基本控制规律有自锁与互锁的控制、点动与连续运转的控制、多地联动控制、多条件控制等。

1. 自锁电路

继电器通过自身的常开辅助触头使线圈总是处于得电状态的现象叫作自锁。这个常开辅助触头就叫作自锁触头。在接触器线圈得电后,利用自身的常开辅助触点保持回路的接通状态,一般对象是对自身回路的控制。如把常开辅助触点与启动按钮并联,这样,当启动按钮按下,接触器动作,辅助触点闭合,进行状态保持,此时再松开启动按钮,接触器也不会失电断开。

在接触器线圈得电后,利用自身的常开辅助触点保持回路的接通状态,一般对象是对自身回路的控制。如把常开辅助触点与启动按钮并联,这样,当启动按钮按下,接触器动作,辅助触点闭合,进行状态保持,此时再松开启动按钮,接触器也不会失电断开。一般来说,在启动按钮和辅助触点并联之外,还要在串联一个按钮,起停止作用。点动开关中作启动用的选择常开触点,作停止用的选常闭触点。

城市轨道交通车辆控制电路自锁应用案例比较多,例如列车激活电路、受电弓控制、照明控制电路。下面以三相电机控制为例,说明自锁电路的原理。

如图10-9所示,主电路从三相电源端点 L_1、L_2、L_3 引来,经电源开关 Q,熔断器 FU_1 和接触器 KM 的三对主触点 KM 到电动机 M。控制电路(或称辅助电路)由按钮 SB_1、SB_2 和接触器线圈 KM 组成。

合上电源开关 Q,按启动按钮 SB_2 接触器 KM 的线圈通电,在主电路中的三对主触头闭合,电动机得电而启动;与此同时,接触器 KM 的常开辅助触点闭合,将按钮 SB_2 的常开触点短接。从按钮 SB_2 接通到接触器 KM 常开触点闭合只需数十毫秒的时间,因此松开启动按钮后线圈 KM 已完全可以通过辅助触头 KM 而维持自己的导电通路,不再受启动按钮 SB_2 控制,也就确保了松开启动按钮 SB_2 后电动机的继续运行。把与启动按钮 SB_2 并联的常开辅助触头 KM 叫接触器 KM 的自锁触头。

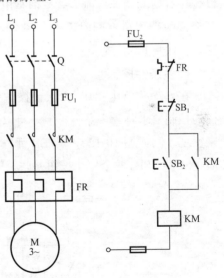

图10-9 自锁电路

2. 点动与连续运转的控制

点动控制方式指的是电路中的按钮按下后,电路导通,继电器得电。如图10-10a)所示,当按下按钮 SB 后,接触器 KM 得电;当松开按钮 SB 断开,继电器失电。如果利用自锁电路与旋钮并联,则能够保证按下旋钮后,回路仍然得电。图10-10c)是一个点动与连续运转的混合型控制电路,单独操作 SB_3 为点动控制方式,SB_2 按钮为连续运转控制。例如城市轨道交通车辆的电笛控制方式为点动,按下鸣笛按钮,电笛声响起,松开按钮后电笛停止工作。

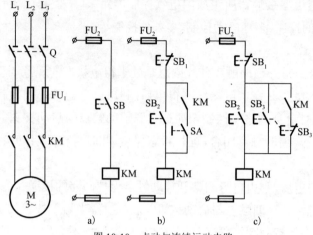

图 10-10 点动与连续运动电路

3. 多地联动控制

多地联动控制指在两地或两个以上地点进行的控制操作。规模较大的设备,为了操作方便,常要求能在多个地点进行操作。城市轨道交通车辆两个司机室的所有布置均相同,可以看作典型的两地控制方式。但是出于安全考虑,仅允许在一端司机室占有的情况下操作,不允许两端司机室同时操作。图 10-11 电路中 SB_1、SB_3、SB_5 是三个停止控制按钮,其余三个按钮是起动按钮。

4. 多条件控制

在自动控制电路中,为保证操作安全,需要满足多个条件,设备才能开始正常工作,这样的控制要求称为多条件控制。可以通过在电路中串联或并联电器的常闭触点和常开触点来实现。例如图 10-12 中,当 SB_3 和 SB_4 两个按钮同时被按下时,启动按钮串联工作才能导通。SB_1 和 SB_2 两个停止按钮并联工作,当这两个按钮同时断开时,才切断电路。

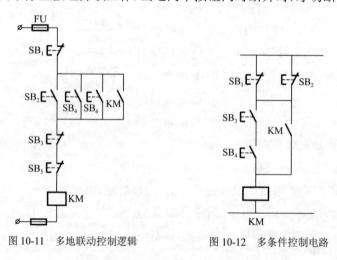

图 10-11 多地联动控制逻辑　　图 10-12 多条件控制电路

三、列车驾驶控制

1. 司机台的占有

用钥匙插入司机台上的钥匙开关,将其旋转至位置"ON",列车便被激活。两个司机室占有通过互锁电路,当一个司机室占有时,另外一个司机室无法占有。司机室被占有后,钥匙是不能从钥匙开关中取出的,此时,可以在占有端一般可进行以下操作:

(1)缓解或施加停车制动;

(2)闭合或断开高速断路器;

(3)升起或降下受电弓;

(4)开启或关断列车空调。

当进行以上操作后,即使关断了司机台,即把钥匙旋转至位置"OFF",停车制动、高速断路器、受电弓和列车空调都能保持原有的状态。所以,激活司机台后升弓,然后再关司机台钥匙,受电弓仍然能保持升弓状态。

司机台占有后,车辆显示屏唤醒,本端司机室可以进行相应的操作,空调开关、受电弓升降、高速断路器分断、客室车门开关等需要司机室占有后操作才有效,有些开关旋钮不受司机室占有的控制,例如:紧急停车按钮(俗称蘑菇按钮)、电笛、客室照明、刮水器,司机室对讲功能。

2. 全自动驾驶 ATO

要启动全自动驾驶,必须符合如下条件:

(1)主控手柄在"0"位;

(2)方向手柄在"向前"位;

(3)ATP 控制旋钮开关处于"ATO"的位置。

在以上条件均符合的情况下,按下副司机台上的"ATO 启动"按钮。

当列车在下一个站停车,ATO 自动开门时,全自动驾驶终止。当碰到如下情况时,全自动驾驶被中断:

(1)主控手柄离开"0"位;

(2)方向手柄离开"F"位。

列车在全自动驾驶状态下推动主控手柄,列车立刻转换为人工驾驶模式,当"启动全自动驾驶"的条件符合时,按下"ATO 启动"按钮,列车又会重新进入全自动驾驶模式。

3. 无人折返 ATB

无人折返,就是指列车上无司机操作的自动折返。这种模式需要在车上执行下面所述的一些操作,以及站台处的开关操作来完成。这里所说的"站台处的开关"是指安装在站台端部墙上的开关。

1)自动无人折返的启动

先是按下"自动折返"按钮,ATP 会让显示屏显示该信息,然后拔出司控器钥匙,关闭司机台。

2）自动无人折返的复位

在下列情况下，自动无人折返操作将被取消：

（1）主控手柄离开"0"位；

（2）有车门打开；

（3）ATC 电源关断。

3）人工或 ATO 的自动折返

有司机的自动折返也是可行的。当按下"自动折返"按钮后，司机台保持激活状态，这时司机能采用人工或通过按下"ATO 启动"按钮来实现自动折返操作。

4. 人工驾驶

操作主控手柄，列车能在任何时候进行人工驾驶。把主控手柄向前推，列车加速向前；把主控手柄向后拉，列车则实施制动。若把手柄推回到"0"位，列车惰行；当把主控手柄向后拉到极限位，列车实施快速制动。

1）向前牵引

非"NRM"模式下，列车能够向前加速到 ATP 的速度限定值。如果列车的速度超过 ATP 的速度限定值，列车将会给出声音警告信号，接着 ATP 触发列车紧急制动。在"NRM"模式下，只有 80km/h 的限速，该限速功能由 VCU 实现。

2）向后牵引

非"NRM"模式下，向后牵引的距离受 ATP 的限制。若向后牵引的距离超过 ATP 限制的距离，ATP 会触发紧急制动。这个过程能够重复几次。在 NRM 模式下（库内），向后牵引的距离不受 ATP 的限制。

在 ATP 保护或 NRM 模式下，向后牵引速度达到 10km/h 时，DCU 会把牵引力降为 0，处于滑行状态。但是，如果是在斜坡上下行，即使牵引力为 0，由于列车重力的作用，列车仍然会加速，速度可能大于 10km/h。当然，若是在水平轨道上，向后牵引的速度最大为 10km/h。

3）警惕按钮

当进行非 ATO 驾驶时，在推动主控手柄到"牵引"位之前，警惕按钮必须按下。在牵引过程中松开警惕按钮（图 10-13），若时间超过规定时间（一般设置为 3s，该数值可以进行调整），列车将触发紧急制动，若在规定时间内重新按下警惕按钮，列车不会触发紧急制动，保持原来的牵引状态。在自动驾驶模式（ATO）下，警惕按钮不起作用，司机不需要操作该按钮。

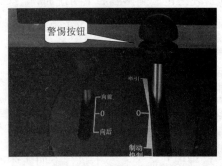

图 10-13　司机控制器手柄

四、司机室

1. 操纵台

列车在两个端部车厢车分别设置一个司机室，司机室内部布置有司机操作台、列车运行监控设备、信号设备等。司机室与客室之间的通道上安装有端门,左右两侧各安装一个侧面,司机室前外部安装安全玻璃,采用高强度抗冲击的材料,玻璃内部安装待电加热丝,并配备电动刮水器和遮阳帘。有的轨道交通车辆在司机台前方设置疏散门。

结合人机工程学,考虑到中国的人口分布,司机室在设计时符合身材范围从 5% 的女性到 95% 的男性的分布率。为了减少司机手上的危险,所有外形上的边缘和拐角均进行了磨圆处理司机室的设计融入了现代美学的风格,并考虑了列车司机的舒适性、安全性和可靠性。司机前方的操作台上有操作面板,水平面板上设有按钮、开关、司控器,前部倾斜面板上安装了旋钮开关、速度表、里程表、无线电控制器和显示器,如图 10-14 所示。座椅和控制器的分布使得列车司机可从事日常工作,也可坐或站。此设计让外部视线非常清晰,从而使得司机可以达到视野要求,以便从事正常工作。车顶面板用于安装照明、空调出风口以及乘客对广播和无线电系统扬声器。

图 10-14 城市轨道交通车辆司机控制台布置

司机操纵台面板集成了列车控制的大部分功能,通过按钮、旋钮开关,实现对列车各系统的控制及监控。下面对司控器左右两个面板（如图 10-15、图 10-16 及表 10-2、表 10-3 所示）的部件功能进行介绍。

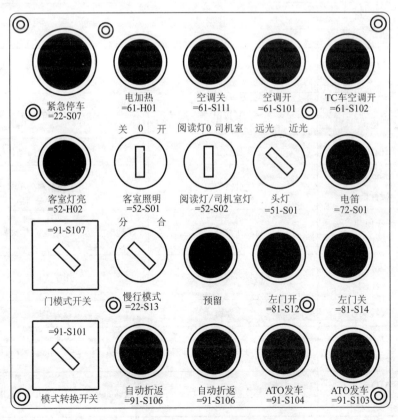

图 10-15 左控制面板按钮实拍图

司机台左侧面板按钮功能　　　　表 10-2

序号	按钮/旋钮/指示灯	描述	功能
1	=22-S07 紧急停车	蘑菇自锁按钮	紧急情况下的快速制动
2	=61-H01 电加热	指示灯	空调加热时点亮
3	=61-S111 空调关	自复带灯按钮	空调关控制及提示
4	=61-S101 空调开	自复带灯按钮	空调开控制及提示
5	=61-S102 Tc 空调开	自复带灯按钮	Tc 车空调开控制及提示
6	=51-H01 客室灯亮	指示灯	客室照明亮时点亮
7	=52-S01 客室照明	三位自复旋钮(关/0/开)	客室照明的控制及监视
8	=52-S02 司机室/阅读	3 位自锁旋钮(阅读灯/0/司机室灯)	司机室照明的控制及监视
9	=51-S01 头灯	2 位自锁旋钮	头灯控制
10	=72-S01 电笛	自复按钮	电笛控制
11	门模式开关	三位旋钮	可以选择开关门动作模式
12	=22-S13 慢行模式	2 位自锁旋钮	用于洗车和列车联挂
13	左门开 =81-S12	自复带灯按钮	在列车门允许的情况下,用来打开左侧车门
14	左门关 =81-S14	自复带灯按钮	用于关闭左门
15	模式转换开关	5 位旋钮	选择列车运行模式
16	自动折返 =91-S106	自复按钮	相邻的两个按钮一同按下,实现自动折返
17	ATO 发出 =91-S104	自复按钮	相邻的两个按钮一同按下,实现 ATO 发车

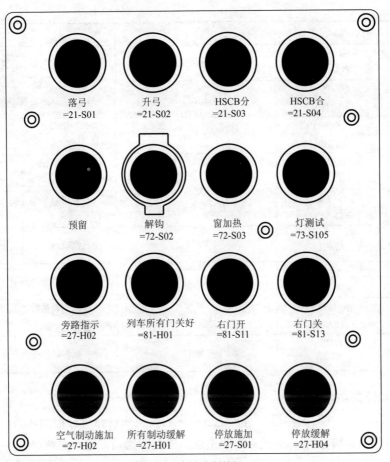

图 10-16 司机台右侧按钮

司机台右侧面板按钮功能　　　　　　　　　　　　表 10-3

序号	按钮/旋钮/指示灯	描　　述	功　　能
1	落弓 =21-S01	自复带灯按钮	落弓控制及监视
2	升弓 =21-S02	自复带灯按钮	升弓控制及监视
3	HSCB 分 =21-S03	自复带灯按钮	HSCB 的控制及监视
4	HSCB 合 =21-S04	自复带灯按钮	HSCB 的控制及监视
5	预留	预留	为后期增加按钮预留
6	解钩 =72-S02	自复带灯按钮	自动车钩解钩控制及监视
7	窗加热 =73-S03	自复按钮	可以打开前窗玻璃的加热丝

续上表

序号	按钮/旋钮/指示灯	描述	功能
8	灯测试 =73-S105	自复按钮	检查带灯按钮是否正常
9	旁路指示 =81-H104	指示灯	旁路开关状态监视
10	左门关好 =81-H01	指示灯	所有门关好指示
11	右门开 =81-S11	自复带灯按钮	在门允许的情况下,用此按钮可以打开右侧车门,并点亮红色指示灯
12	右门关 =81-S13	自复带灯按钮	此按钮可以关闭左侧车门,并点亮绿色指示灯
13	空气制动施加 =27-H02	指示灯	空气制动施加时点亮指示灯
14	所有制动缓解 =27-H01	指示灯	制动缓解时点亮指示灯
15	停放施加 =27-S01	自锁按钮	停放制动司机按钮,该按钮按下,会自锁,再按压一次复位
16	停放缓解 =27-H04	指示灯	停放缓解时点亮指示灯

2. 按钮开关功能

列车低压控制回路的导通和断开使用相应的按钮或旋钮进行控制。司机室设备柜旁路开关布置如图10-17所示。下面对一些重点的控制回路功能进行介绍。

(1)警惕按钮旁路(=22-S120):当司机台上的警惕按钮发生故障不能正常工作时,将此旋钮转到合位,可以让列车实现警惕按钮的功能。使用条件:列车产生紧急制动,检查微动开关、紧制按钮、主风压力等设备正常,报行调同意后使用。

(2)车钩监视旁路(=72-S107):此旁路激活后,列车车钩监控回路设备不再检测车钩监控回路,当列车车钩监控回路故障时操作此旁路。若列车在运行的过程中,突然降弓、激活掉电并产生紧制,尝试重新激活列。若成功继续运营到本站或下一站退出服务;若不成功则可能为车钩监控回路故障。报行调,经同意后使用。

(3)总风压力低旁路(=27-S03):当总风压力检测电路故障时,(检测总风压力过低(小于550kPa)导致的列车不能牵引,但实际风压正常。)将此旋钮转到合位,可以重新实现牵引。使用条件:从显示屏、气压表确认主风压力不低于 5.5×10^5 Pa,经行调同意后使用。

(4)停放缓解旁路(=27-S103):由于列车停放制动检测回路故障,但停放制动实际已缓解,停放制动缓解灯不亮,导致列车不能牵引,将此旋钮转到合位,可以重新实现牵引。操作该旁路后,车辆将自动限速10km/h。使用条件:从显示屏、气压表确认主风压力大于 5×10^5 Pa;从显示屏确认所有停放制动已缓解,经行调同意后使用。

(5)所有制动缓解旁路(=27-S104):在某节车或列车的气制动检测电路故障时,必须尝试牵引缓解保压制动确认车辆显示屏所有气制动图标显示为缓解状态,经行调同意后在列车静止状态下使用。操作该旁路后,车辆将自动限速10km/h。

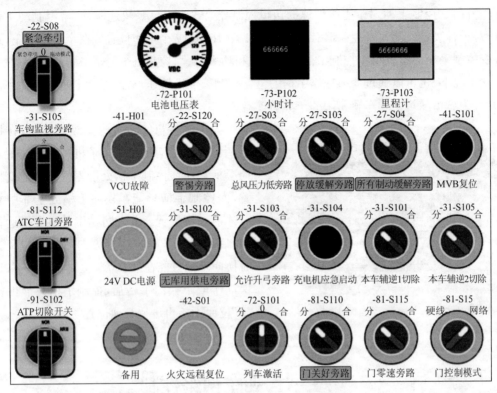

图10-17 司机室设备柜旁路开关布置

（6）无库用供电旁路（=31-S102）：当无库用电源供电继电器故障时,列车会封锁牵引指令,将此旋钮打到合位后可以正常行车。

（7）允许升弓旁路（=31-S103）：此旁路激活后,列车高压箱内闸刀位置检测行程开关故障后受电弓也能升起。当列车在正线运行停车后速度为零时列车两端受电弓自动降下操作此旁路升起受电弓,只能在正线停车后速度为零时列车两端受电弓自动降下经行调同意后操作此旁路,其他时候严禁操作此旁路。

（8）门关好旁路（=81-S110）：在车门检测回路故障时且相应侧关门灯不亮,司机必须现场确认所有车门机械锁好,车辆显示屏车门显示关闭状态或切除,经行调同意后使用。

（9）门零速旁路（=81-S115）：当列车发生零速继电器故障导致车门无法打开时,确认为零速继电器故障,经行调同意后使用。

3. 司机控制器

司机控制器是铁道机车、动车组及工业自动化的控制设备,作为机车换向、调速的主令电器。它在电机车中与机车牵引变流器连接,给变流器提供可识别的电机转向信号及转速信号。它是司机用来操纵机车运行的主令电器。司机控制器利用控制电路的低压电器来间接控制主电路的电气设备,其动作的好坏直接影响到机车的平稳操纵以及各种工况的实现。

司机控制器主要有两个操纵手柄:一个称为换向手柄,另一个称为控制手柄,又叫主手柄。换向手柄一般设有"前进"、"0"和"后退"3个手柄位置,用来改变机车的前进、后退的行驶方向。控制手柄对于无级调速的司机控制器有"0"、牵引、快速制动、常用制动工作位置,对于有级调速的司机控制器有"0"位及1~16共17个工作位置。在牵引工况下,通过改变控制手柄的位置可以控制柴油机的转速和功率,从而控制机车的牵引力和速度;在电阻制动工况下,也可以通过变换控制手柄的位置控制柴油机转速,从而控制电阻制动功率。图10-18为城市轨道交通车辆常用的一类司控器。

图 10-18　城市轨道交通车辆司控器外观

为了确保机车运行中操纵的安全,在控制手柄与换向手柄之间加装了机械联锁装置。换向手柄只能在控制手柄处于零位时才能变换位置,而控制手柄只能在换向手柄处于非中立位时才能变换位置。前者防止了带电变换运行方向,后者保证了确定运行方向后才能带载。同时换向手柄只能在"中立"位时才能取下,这就保证了取下换向手柄后,控制手柄只能保持在"0"位而不能再进行其他位置的移动。

第三节　列车网络控制

列车网络控制集列车数据通信和各子系统功能控制与一体,包括网络通信和微机控制两方面内容。网络通信是为列车控制数据传递服务的"通道",属于计算机网络通信的应用;微机控制系统是对列车数据进行分析处理的"大脑",实现牵引控制,即牵引特性曲线的实现和牵引功能的优化;实现列车牵引的黏着控制,使列车在各种运用条件下,都能保持轮轨间的黏着力,并尽可能地使机车运用在轮轨间的牵引力实现最大化;实现列车运用过程中各种可能需要的功能关联和电路连接,即逻辑控制功能;以及实现列车运行过程中的故障信息处理,即进行故障信息的采集、处理、传输、显示和记录,并为列车乘务员提供故障的现场处理和排除的信息提示。

一、列车通信网络技术发展及应用

列车通信网络是在列车上用于连接车载设备,实现控制功能、信息共享、监测诊断的通信系统。其经过20多年的发展现在已经走向成熟,并成为现代列车的关键技术之一。但是由于列车通信网络技术的发展差异,造成了现在世界范围内的多种网络技术共存的局面。

除了 TCN 标准的列车网络以外，Lon Works、World FIP（阿尔斯通公司开发的已用于高速列车的控制系统）、ARCNET（用于日本新干线列车）、CAN 等其他形式的总线技术也都在列车通信网络中有不同程度的应用。

1. 列车控制网络 TCN

TCN 是专门为轨道交通列车（铁路机车、动车）的控制而开发的网络技术。1988 年，国际电工委员会（IEC）第九技术委员会（TC9）邀请来自 20 多个国家和国际铁路联盟（UIC）的代表成立了第 22 工作组（WG22），其任务是为铁路设备的数据通信制订一个统一的标准。经过 11 年的努力，IEC/TC9/WG22 于 1999 年成功制订了列车通信网络标准，标准号 IEC61375-1，简称 TCN，从此 TCN 标准正式成为了国际标准。2002 年，我国在铁道部标准 TB/T3025-2002 中也正式将 TCN 标准确认为列车通信网络标准。

国外方面，应用 TCN 的项目主要包括西门子公司项目（布拉格地铁列车、德国铁路摆式列车、ICE 高速列车等）和 AD tranz 公司（2001 年被 Bombardier 公司收购）的项目（瑞典的 SBBLOK460-1/2/3 和斯德哥尔摩地铁列车、德国的 LRu Mann Heim、挪威的 Gard monde 等）。

我国把列车通信网络 IEC61375-1 标准等效采纳为铁路行业的标准，列车总线 WTB 首先在"蓝箭"号上使用，"先锋"号是我国首列采用了 TEC 列车通信与控制系统的动力分散交流传动电动车组。在"蓝箭"的基础上，"中华之星"充分吸收了国外先进技术，是第二列采用 TEC 标准的动车组。将 WTB 作为列车总线，MVB 作为车辆总线，其技术符合 TCN 标准，具有良好的性能。中车株洲电力机车公司把从德国 Siemens 公司引进的 SIBAS 系统成功地用在了广州地铁一号线上，和谐号 CRH1/3/5/380B 型动车组上也都使用了 TCN 标准的网络控制技术。另外，TCN 在北京地铁亦庄线、昌平线、房山线、15 号线，广州地铁 2、3、8 号线，上海城轨交通 1、2、4、9、11 号线等城市轨道交通车辆上也得到了广泛应用。目前国内的 CRH 系列动车组中，CRH1、CRH3 和 CRH5 全部基于 TCN 标准构成的列车通信与控制系统。

2. Lon Works 网络

Lon Works 网络是美国 Echelon 公司推出的全开放智能分布式测控网络。Lon Works 网络采用的是 Lon Talk 协议，具有 OSI 模型的全部 7 层。其组网灵活，具有星形、环形和总线型等多种拓扑结构。网络结构形式包括主从式、客户/服务式和对等式。支持光纤、同轴电缆、双绞线和无线电等传输介质。1997 年 5 月，美国铁路协会 AAR 将 Lon Works 网络作为其列车内部通信规范。1999 年 8 月，IEEE 将其作为列车通信协议标准 IEEE1473-1999 的一部分（IEEE1473-L）。

国外方面，Lon Works 网络主要应用于北美和亚洲的一些国家。如美国的纽约地铁车辆、新泽西轻轨、旧金山地铁、ACELA 高速列车；南非和加拿大等国的重载货物列车；澳大利亚和德国等国的轨道车辆；日本的单轨列车。

国内方面，2002 年 7 月，我国将 Lon Works 网络作为列车通信网络的一部分，写进了列车通信网络标准 TB/T 3035—2002，并开始正式应用于我国机车车辆。Lon Works 网络在"新曙光"号和"神州"号等内燃动车组以及25G型客车和19K型客车等车辆中都有应用。

3. World FIP 总线

1987年3月，由Alstom等几家法国公司成立了World FIP组织。他们根据用户的要求开发出了FIP现场总线，成为法国标准。于1999年被采纳为现场总线国际标准IEC61158-2，后更名为World FIP总线。现在World FIP总线既是欧洲现场总线标准EN50170-3，也是国际标准IEC61158-type7，属于八种现场总线之一。

World FIP总线已经在70多个国家的汽车制造、化工、能源、空间技术、电力等领域得到了广泛应用同样World FIP总线在铁路上也有应用。国外方面，Alstom公司将World FIP总线用在其开发的AGATE列车控制系统中，成功应用于TGV高速列车，并且在2007年4月创造了574.8km/h的世界最高运行记录。此外，欧洲的Euro Star高速列车、巴黎无人驾驶地铁、比利时重载列车、新加坡地铁等也都应用了World FIP总线。由Alstom与浦镇车辆厂制造的上海明珠线轻轨车辆上应用了World FIP总线。

4. ARCNET 网络

ARCNET网络是一种基于令牌传递（Token Passing）协议的现场总线，其最初是美国Data point公司在20世纪70年代末作为办公自动化网络发展起来的。ARCNET是一个真正开放标准协议，于1999年成为了美国国家标准ANSI/ATA-878.1。

日本的高速列车所使用的列车通信网络主要采用ARCNET网络，我国中车四方车辆股份公司引进日本川崎公司的高速动车组（CRH2）中使用了ARCNET网络。

5. CAN 总线

CAN（Controller Area Network）即控制器局域网，是应用最广泛的现场总线之一。该总线是在20世纪80年代初期由研发和生产汽车电子产品著称的德国Bosch公司开发的一种串行数据通信总线，在1993年成为了国际标准ISO11898。主要应用于汽车监测和控制系统。

CAN open是一种架构在CAN上的高层通信协议，它是由CiA（CAN in Automantion）组织来制定与维护的，CiA组织以非营利的形式负责开发CAN open应用层协议规范。其中CiA421-CAN open轨道车辆集成网络规范，是专门为轨道车辆网络制定的子协议，用来连接由不同公司制造的像牵引控制、司控台、主变流器、门控器等车辆子系统。

近年来，CAN与CAN open协议在轻轨、地铁和货车等轨道车辆以及车门、空调、倾摆、制动、牵引和旅客信息等控制子系统中获得了广泛应用。

国外方面，瑞士Stadler Rail公司的FLIRT城市轨道列车、德国SAB-WABCO公司的基于CAN open的制动控制系统、德国Selectron公司在车辆翻新改造项目中使用的基于CAN open的分布式控制系统、捷克Unicontrol公司开发的基于CAN open的模块化的控制系统Unitrackll、芬兰EKE电子公司开发的WTB/CAN网关、德国货运和法国铁路的货车车辆网络等。另外，Siemens、Alstom、Bombardier、Fiat、GE等公司在其内燃机车、轻轨车辆、地铁等产品中也使用了CAN和CAN open。

国内方面，CAN open在长春轻轨、北京机场轻轨线都有应用，另外，我国的一些动车组也采用了 CAN 总线完成动车之间的重联控制。

二、多功能列车总线(MVB)通信方式简介

1. 列车网络控制基本功能

列车网络控制系统主要实现对列车关键设备运行状态监视,并根据需要对设备进行远程控制。列车网络控制系统集列车控制系统、故障检测与诊断系统以及旅客信息服务系统于一体,以车载微机为主要技术核心,通过网络实现列车各个系统之间的信息交换,最终达到对车载设备的集散式监视、控制和管理的目的,实现列车控制系统的智能化、网络化与信息化。

列车上与列车网络连接在一起的各智能控制单元通过传输过程数据、消息数据和监督数据来实现列车的控制、诊断以及列车状态评估。而其他未与列车网络连接的智能控制单元则通过硬线来实现其控制功能。

列车网络控制系统实现以下主要控制功能:
(1)实现各动力车的重联控制;
(2)实现全列车动车和拖车所有由计算机控制的单元联网通信和资源共享;
(3)实现全列车的制动控制、门控制、空调控制及轴温检测等功能;
(4)完成全列车的自检及故障诊断决策。

TCN 是一个安装在列车上的计算机局域网络系统,负责对整列车各个部分信息的采集与传递,对整列车进行控制、检测、诊断及记录,并为乘客提供信息服务。TCN 将整列车连成一个整体,司机对整列车的控制命令通过 TCN 传送到列车的每辆车上,而每辆车的工作状态及故障信息可通过 TCN 传送到司机显示屏,使整列车有效而安全地运行。

列车总线由每辆车内固定安装的电缆及通信节点互连而成。每辆车一般设一个通信节点,列车总线通过通信节点与车辆总线交换信息。列车在运行中有且只能有一个控制列车总线工作的节点,称为主控制节点。车辆总线用以连接列车总线通信节点和该节点所在车内的各种设备。车辆设备是各种信息发源地,它接受通信节点的命令,将各种信息按一定的格式送往通信节点;从节点或非控制主节点将各设备送来的信息重新编排,按照主控制节点的命令,按顺序送往主控制节点。通信节点的功能类似于网关,通过它们,列车总线与车辆总线之间才能交换信息,完成对整列车的控制、检测和诊断等信息的传输。

2. 多功能列车总线 MVB

本文以应用最为广泛的 TCN 网络 MVB 总线为例,介绍网络通信的功能、网络构架及数据特点。

多功能列车总线(Multifunctional Vehicle Bus,MVB)是一种便于传感器和执行机构连接的现场总线,连接一个车辆内各个设备;总线能快速响应,传输速率为 1.5 Mb/s,介质为双绞线或光纤。列车总线(Wire Train Bus,WTB)贯穿全列车,连接列车中各个车辆;总线能自己组态,传输速率可达 1.5 Mb/s,介质为双绞屏蔽线。

郑州地铁1号线、2号线均采用的是MVB列车总线。多功能列车总线（MVB）由MVB主干线和MVB车辆总线组成。车辆间的通信由MVB主干线实现，位于同一节车上的设备之间的通信由MVB车辆总线实现。采用全冗余的总线连接方式。列车故障诊断具有诊断和故障存储功能、列车实时状态记录功能。

列车通信控制系统（TCMS）采用列车多功能总线（MVB）进行通信，该总线由车辆间的MVB主干网和每节车上子系统间的MVB车辆总线组成。车辆间的MVB主干线，即MVB Backbone，实现车辆间的通信；每节车上子系统间的MVB车辆总线，即MVB，实现位于同一节车上的设备之间的通信，如车辆控制单元（VCU）、SIBAS-KLIP站、制动控制单元（BCU）、逆变器控制单元等子系统控制单元的通信。总线系统将采用全冗余的总线连接方式，一根MVB电缆故障将不会导致总线通信故障。MVB主干线和MVB车辆总线通过MVB中继器相连以构成完整的列车网络控制系统，完成列车的各种控制功能。

为了达到列车控制系统的冗余要求，总线系统的方案提升了MVB系统的性能。两组相互独立布置的MVB电缆可充分保证列车控制系统的可靠性（图10-19）。每一组MVB电缆承载通道A或通道B，这样可以确保即使在某一个部件的两个接头完全断开的情况下也不会干扰MVB的通信。如果MVB的某个节点通信完全中断，那么该节点与其他部件的通信会中断，然而基于并行设计的其余部件的通信会正常工作。与以前的MVB设计相比，新设计的单个插头接有两根电缆，第二根MVB电缆能够取代列车控制系统的硬连线。用第二根即冗余的MVB电缆代替了通常使用的列车控制系统硬线。在一车辆内的两根电缆里的两个通道全部中断的极端情况下，列车依旧能够运行。这是因为在每个车辆里都有一个转发器，它能够从MVB总线上断开故障车辆。其他零部件之间的通信仍然不受影响，列车仍能在限制很少的情况下继续运行。转发器自身具有冗余设计，即使一个VCU失效，另一个VCU会接管其操作。报文的准确性通过两种检测途径：其一是计算报文的检验和，其二是始终对两个通道信号进行比较。与硬线系统相比具有重量轻，接口资源少和高可靠性。

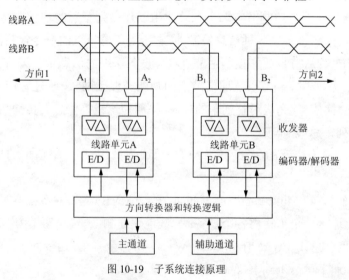

图10-19 子系统连接原理

MVB 总线符合 IEC 61375—1 1999 标准。MVB 总线主要参数如下（表 10-4）。

MVB 总线主要参数   表 10-4

拓扑	电气总线（变压器隔离）
长度	200m，32 设备/段，可容纳 128 节点
介质	双绞屏蔽线（两条路线） 隔离（变压器）
信号形成	曼彻斯特编码 II，9 位起始帧定界符
信号速率	1.5 Mb/s
帧长度	16，32，64，128，256 位
周期性发送	1~1024 ms（典型值：32 ms，64 ms，128 ms，…，1024 ms）
介质分配	由一个中央主控决定
主控权的转移	通过令牌传递来转移主控权，多个总线管理器依次转变为主控设备
通信	周期性（主要用于过程数据） 偶发性（主要用于消息数据） 监督性（主要用于监控数据）

3. MVB 总线传输数据类型及格式

MVB 总线支持的数据类型有三种：

（1）过程数据：该类数据的特点是具有周期性，数据通信短，只有一个设备是数据源，其他一个或多个设备是接受者。一般包括列车速度、电机电流、方向信号、牵引制动指令等。

（2）消息数据：通信数据长度不固定，有一个或者多个数据源，只有一个设备是接受者。数据具有偶发性，传输时间取决于数据长度和总线负载。数据包括子系统状态信息、故障信息等。

（3）监督数据：该类数据完成总线的管理功能，对总线上的设备进行初始化、状态校验、诊断检测和其他管理功能。

MVB 总线传输的数据报文帧格式有两种：主帧报文和从帧报文。主帧报文是由某个总线管理器发生的帧，从帧报文是由总线从设备发生，相应某个主帧。

主帧报文的格式如图 10-20 所示，报文起始分界符 Start_Bit 用 9 位的高低电平来识别，16 位报文主体包括功能代码 F_code 和地址信息，来请求总线从控设备的网络数据；8 位的校验码符合 ICE60870-5-1 的运算法则计算出来；报文停止位由 1 位高低电平来标示主控帧报文的结束。

图 10-20　主帧报文格式

从帧报文与主帧报文的格式（图 10-21）不同的地方在于 Frame_Data 帧主体数据的不同。主帧报文的数据段长度为 16 位固定值，从帧报文中的 Frame_Data 数据段不固定。

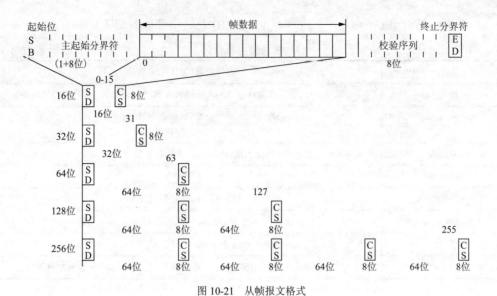

图 10-21　从帧报文格式

三、列车网络结构及各模块功能

城市轨道交通车辆通常由两个完全一样的单元车组对称编组而成，每个单元编组由若干节动车和拖车组成（如 1 动车 1 拖车，2 动车 1 拖车，2 动车 2 拖车）。对应于列车编组结构，其列车通信控制（TCMS）系统也采用同样对称的结构方式，半组车的 TCMS 系统结构示意图（见图 10-22），通过该结构图可以看到单元车组中 TCMS 系统中主要部件及其连接方式。由于列车通信控制（TCMS）系统与列车控制配置原则为：对于有微机控制的子系统应尽量通过 MVB 接口与 MVB 车辆总线直接连接，用于传递控制、诊断及辅助信息；对于没有微机控制的子系统可通过 SKS 与 MVB 车辆总线相连接，传递 I/O 控制和状态信号。

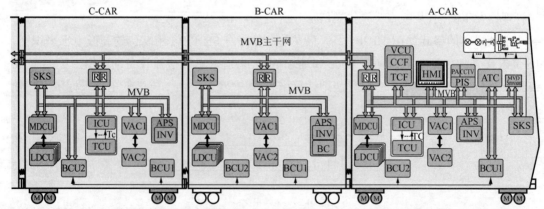

APS-辅助逆变器；ICU-逆变器控制单元；R-中继器；ATC-自动列车控制；M-动车；SKS-智能外围终端；BCU-制动控制单元；LDCU-从门控器；Tc-带司机室的拖车；CCF-列车控制功能；MDCU-主门控单元；TCF-牵引控制功能；CCTV-闭路电视；MVB-多功能列车总线；VAC-空调控制器；HMI-人机界面；PIS-乘客信息系统；VCU-列车中央控制单元

图 10-22　TCMS 系统结构示意图

整列车控制与网络系统实现的控制功能有：列车总线管理、车辆总线管理、牵引特性控制、制动特性控制、恒速及定速控制、重联控制、空电联合控制、逻辑控制、辅助系统控制、空转/滑行保护、拖车集中控制、智能故障诊断、列车信息显示与查询、冗余控制、火灾报警及其他保护、辅助系统库用测试、故障处理及故障安全导向等等。

以西门子（Siemens）典型的 MVB 网络结构为例，介绍网络系统各部件及其功能。每单元车内中继器（R）、列车控制单元（VCU）、输入输出接口（德语简称 SKS）、司机人机界面（HMI）以及各功能子系统都是通过两条冗余的相互独立的 MVB 总线并行连接，I/O 控制和状态信号等通过 SKS 与 VCU 等实现通讯，乘客信息系统 PIS（PI/PA）、CCTV 分别通过 RS485 线、Ethernet（以太网线）与 HMI 的 CPU 相连，再接入 TCMS 系统，各单元车的中继器（R）之间通过 MVB 主干线相连，共同构成列车 TCMS 通信网络。

1. 车辆控制单元

列车中央控制单元安装于 Tc 车司机驾驶室司机台后面的电子柜中。对于一整列车来讲，在激活司机驾驶室的 VCU 则为主控单元，另一台则为从。VCU 属于 SIBAS®32 系列产品的一部分，为 32 位微处理器系统，采用单尺寸和双倍尺寸的欧洲格式模块化设计，是列车通信控制系统的核心部件。VCU 可实现功能有控制高速断路器、发出与联锁状态（如：空气压力、开门、安全装置、欠压等）有关的牵引和制动信号、为所有与 MVB 相连的子系统提供主时钟、通过车辆总线传送运行条件和故障信息到 HMI、其他控制和监控功能如受电弓控制、门控制、PIS 控制、照明控制等。

VCU 整合了 CCF（中央控制功能）和 TCF（牵引控制功能）功能。CCF 主要实现串行数据通信管理（车辆总线）、控制功能（车辆、列车）、部件自动测试、诊断设备、存储故障功能。TCF 提供一系列的保护和监视功能用于保护牵引系统和保证列车的安全运行：HSCB 监视、过电压监视、低电压监视、线电流监视（RMS）、运行状态间转换的监视、能量平衡的监视、方向监视、温度监视、牵引监视、ICU MVB 通信的监视、测量速度监视、空转/滑行监视、轮径值监视等。

2. 中继器

MVB 中继器位于一个压制的铝罩体内，可以方便地夹装在安装轨道上。它用于连接两单元车之间的 MVB 主干线通信，两个独立的 MVB 通道冗余布置，包括两个独立的供电电路，利用变压器对电机驱动段进行电气隔离，抗线路干扰。X_1 插口和 X_2 插口为单元车内的 MVB 总线 A 通道和 B 通道连接插，X_3 插口和 X_4 插口为单元车组之间 MVB 主干线 A 通道和 B 通道连接插，X_5 插口和 X_6 插口为电源提供端口。电源供给的额定值为 DC110V，每根线的电流约为 70mA，MVB 的接口为 9-针 SUB-MIN-D，最小输入电压 200mV，输出电源典型值为 40mA 动态电流。中继器对 MVB 网络信号进行放大，以减低信号的衰减。

3. 输入输出接口

A 车、B 车和 C 车各配有一个 SIBAS-KLIP 站，用于把控制系统分散，并收集以下信号：数字输入信号（DC110V），如控制指令或状态信号；数字输出信号（DC110V），如接触器控制信号；模拟输入和输出信号（0~10V DC，0~20mA，如果需要）；模拟输入信号，例如温度、电压、气压值。这些信号通过 MVB 传到 VCU 进行处理。通过 I\O 接口采集到的外界信号传递到 MVB 网络中，被 TCMS 系统分析处理，同时 TCMS 系统的指令通过 MVB 传输至 I\O，最终送达被执行单元。

4. 人机交互界面

HMI 是 Human Machine Interface 的缩写，即"人机接口"，也叫人机界面。人机界面（又称用户界面或使用者界面）是系统和用户之间进行交互和信息交换的媒介，它实现信息的内部形式与人类可以接受形式之间的转换。主控制器钥匙开关转到"ON"位置，车辆屏被激活。当本端司机台被激活时，本端车辆屏亮，表明此屏可通过触摸接受指令。当本端司机台为非激活状态时，其车辆屏为黑屏，而且不接受任何指令，但是此装置本身还是接通电源的。

该模块主要完成司机与列车网络控制系统的信息交换。每个司机室设置有一个，安装在司机台上，显示列车各子系统工作状态，为列车驾驶人员或检修人员提供状态参考和信息提示，同时能够显示列车详细的故障提示和诊断，方便故障查看。司机通过该模块向列车网络控制系统输入必要的信息，列车网络控制系统通过该模块向司机提供目标速度、目标距离、系统动作情况、系统工作状态、系统故障状况等信息。图 10-23 为郑州地铁 1 号线 HMI 主界面显示方案。车辆屏是列车控制与监控系统的显示终端设备，是司机和维护人员操作机车的窗口，具备如下功能：

（1）信息显示：向车辆驾驶人员和维护人员提供车辆综合信息，各设备的工作状态，故障信息的综合处理等功能；

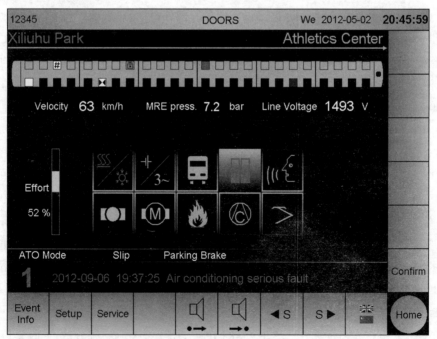

图 10-23　HMI 主界面显示

(2)参数设定:对广播、空调、站点、时间、日期等参数进行设定与更改;

(3)功能测试:进行列车运行时加速度、减速度等基本参数的测试。

(4)标题区:标题区域显示一些基本信息(从左至右)旅程号(来自ATO)画面标题(如"门状态")实际日期和时间,如图10-24所示。

| 12345 | HEADER | We 2012-05-02 20:45:59 |

图10-24 标题区域显示

(5)乘客信息区:乘客信息区位于标题区下方,在列车外右侧显示目的地站名,在列车外左侧显示下一站(或实际)站名。行驶方向为"从左至右"显示在画面上,如图10-25所示。

| Xiliuhu Park | Athletics Center → |

图10-25 乘客信息区显示

(6)车组区:车辆为6节编组。位于乘客信息区下方的车组区根据选择的画面显示实际信息(如车辆编号)。前方目的地定义为右侧,司机的位置用符号●显示。如果为拖车联挂模式,"车末端"符号显示在列车末端,如图10-26所示。

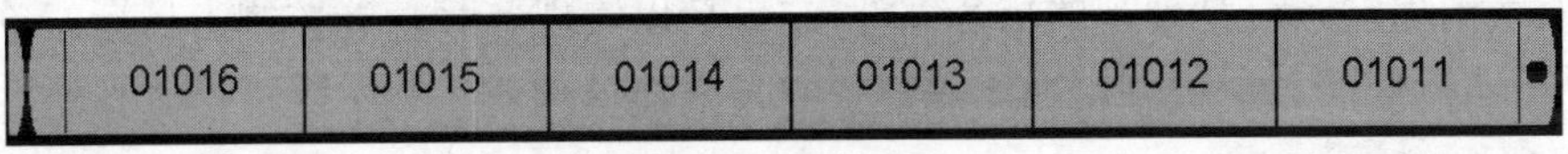

| 01016 | 01015 | 01014 | 01013 | 01012 | 01011 | ● |

图10-26 车组区显示

(7)过程值区域:一些有意义的过程数值显示在这个区域内,提供司机必要信息。整列车的实际牵引/制动力以百分比(%)的棒状图和阿拉伯数字表示。牵引力(>0)用绿色的棒状图表示,制动力(<0)用红色的棒状图来表示,如图10-27所示。

| Velocity 63 km/h | MRE press. 7.2 bar | Line Voltage 1493 V |

图10-27 过程值区域显示

(8)功能概述区:

在每个操作画面的中间区域,布置有10个矩形图标,分别是空调、辅助逆变器、列车编组、车门、广播、制动系统、牵引电机、火灾报警、空气压缩机、受电弓,如图10-28所示。这些按钮里的符号描绘了相应操作画面的意义。"触摸"按钮,将显示相应的操作画面。选择后,按钮的背景颜色将会改变。

图10-28 功能概述区显示

车辆屏上颜色含义见表 10-5。

车辆屏（HMI）上颜色含义　　　　　　　　　表 10-5

颜　色	代　表　含　义
绿色	正常的激活状态
白色	未激活
灰色	无显示或未激活
黑色	激活
红色	报警状态，严重（或中等）故障
黄色	警告状态，小（或中等）故障选择的项目，引起注意的对象或状态
橙色	需引起注意的特殊对象或状态
蓝色	设备自检激活

四、列车微机控制系统

列车微机控制系统是列车的核心部件，它包括以实现各种功能控制为目标的单元控制机、实现车辆控制的车辆控制机和实现信息交换的通信网络。列车微机控制系统的发展过程从系统功能上来看经历了由单一的牵引控制到车辆（列车）控制，到现在的信息控制的阶段；从系统的结构上来看，列车微机控制系统从单机系统发展为多机系统，现在已经进入分布式控制系统的发展阶段。

1. 列车微机控制系统的发展

列车微机控制系统是基于列车控制的复杂性需求和人们对于控制的智能化要求，以及随着计算机技术和控制技术的发展所提供的可能性而逐步发展的。随着人们对列车运用要求的提高，对于列车控制系统的期望值和要求也越来越高。人们希望系统信息处理的容量更大、速度更快、应用更可靠。根据这种要求，列车微机控制系统将在系统的结构上有所发展和突破，特别是单元控制机的结构和组织会有较大的改变，以往的总线式结构将会被淘汰，而代之以更紧凑的系统结构形式。在控制策略上，各种新型的控制方法和手段将被应用到列车控制中来，从而使列车控制系统具有更高的精度和智能化。此外，控制软件的硬件化则是发展的另一个方面，使控制系统具有更快的响应速度和更好的可靠性。当然，列车控制系统的这些发展必然需要建立在器件发展的基础上，这些发展需要速度快、处理能力强的处理器；需要体积小容量大的存储器；需要更大容量的可编程器件以及各种实时多任务操作系统。

其次，列车微机控制系统将进一步朝着分布式控制系统的方向发展。列车控制系统朝着分布式方向发展是列车控制系统的一种自然趋势，也是提高列车控制系统可靠性的要求。但要成为一种真正意义上的分布式控制系统需要进一步解决控制系统的透明性，即系统的同步、通信的实时性、存储器共享等问题。人们已经在实际应用中感受到了这些问题所带来的障碍和限制，但这些问题的解决需要做大量的基础研究和实践，相信随着这些问题的研究和逐步解决，列车微机控制系统必将成为一个真正意义上的分布式控制系统。

另外，列车微机控制系统发展将逐步融入公共的网络平台，即接入互联网。这是运输部门实现大系统闭环控制的必然要求。在实现系统联网的技术方面比较容易实现，主要的问题在于安全性。作为一个公共交通工具的控制系统，其安全性，即保证列车和旅客的安全是第一位的。因此系统必须具备很好的安全防范性能，系统在受到恶意攻击时应具有"自卫"能力和应急处理措施，从而保证列车运行的安全。

列车微机控制系统是多种技术结合的产物，是多学科综合应用的结合体。它运用了电工技术、模拟电子技术、数字电子技术、计算机技术和自动控制技术。列车微机控制系统的发展在很大程度上依赖于电子器件和计算机技术的发展。当前计算机控制已经进入嵌入式控制和网络控制的时代，相信随着电子技术、自动控制技术和计算机技术的发展，列车微机控制系统也会随之发展到一个更新更高的程度。

2. 列车微机控制系统的功能

列车微机控制系统的功能主要包括：实现牵引控制，即牵引特性曲线的实现和牵引功能的优化；实现列车牵引的黏着控制，使列车在各种运用条件下，都能保持轮轨间的牵引力，并尽可能地使机车运用在轮轨间的牵引力实现最大化；实现列车运用过程中各种可能需要的功能关联和电路连接，即逻辑控制功能；以及实现列车运行过程中的故障信息处理，即进行故障信息的采集、处理、传输、显示和记录，并为列车乘务员提供故障的现场处理和排除的信息提示。列车微机控制系统还可以提供列车运行的状态信息。

3. 城市轨道交通列车微机控制系统的应用

目前国内外的轨道交通车辆控制领域使用最广泛的技术主要有：Siemens 的 SIBAS 系统、Bombardier 的 MITRAC 系统、Alstom 的 AGATE 系统、日本新干线 TIS 系统、株洲电力机车所研发的 DTECS 系统。

1）SI BAS 系统

SIBAS 系统是德国 Siemens 公司提供的列车控制系统，能够实现列车的牵引系统控制、信息传输、运行监控和诊断等全部控制任务。SIBAS 控制系统目前有 SIBAS-16 和 SIBAS-32 两个系列。SIBAS-16 是典型的第一代微机控制系统，核心部分是由 16 位的 8086 型微处理器构成的中央计算机、存储器组件以及一个或多个子控制机组成。采用集中式机箱和插件式机械结构，数据的传输采用了位并行总线和 RS-485 标准物理接口及 RS-422 串行总线技术。控制系统由中央控制器集中管理，采用分层结构，即列车控制层、机车控制层和传动控制层。尽管采用了多个串行总线系统，但在传输速率和运行记录方面都能满足列车控制的响应要求。SIBAS-16 本质上还不能算是一个分布式的列车控制系统。SIBAS-16 的编程工具为 SIBASLOG，系统提供了大量的标准程序模块，为控制软件的编制提供了有利的条件。

20 世纪 90 年代，Siemens 公司在 SIBAS-16 的基础上进一步推出了采用 32 位芯片

(Intel 486)的SIBAS-32系统,并保持与SIBAS-16系统的接口兼容。为了减少传统机车车辆布线,SIBAS-32系统设有智能外围设备连接终端,即SIBAS KLIP站。采用SIBAS KLIP可以迅速综合信息和控制指令,并且通过一根串行总线传输给中央控制装置。KLIP站可以很自由地分布在各类车辆上。

SIBAS-32具有以下主要特点:

(1)采用高集成度的芯片,如ASIC、LCA等,用于控制装置,通过软件来完成硬件的功能,简化了硬件系统。存储器容量扩大,加速了存储器的存取。

(2)采用网络技术,引入了TCN标准的列车通信网络。大大减少了导线、管路、电缆、连接点和接头数量。

(3)提供更加完整方便的软件开发环境,全图形设计,开发了SIBAS G语言作为设计工具,采用简单的工具(个人计算机)就可以有效支持整个设计过程,并支持软件的在线下载功能。

(4)提供完善的故障诊断和显示功能。具有瞬态记录仪功能的测量组件,通过各种各样的触发方式,可以把记录限制在故障前后相当大的范围内。

2)MITRAC系统

MITRAC系统是Bombardier公司的系列化产品,其中包括MITRAC TC(IGBT牵引逆变器)、MITRAC CC(列车控制系统)、MITRAC AU(辅助逆变器)和MITRAC DR(牵引驱动器)。MITRAC CC系统是在ABB公司MICAS-S2系统的基础上,研制开发的新一代基于MVB总线的分布式、实时的列车控制与通信系统。Bombardier公司为了适应不同用户,推出了MITRAC 500系,1000系和3000系。500系主要用于城际有轨列车,1000系主要用于高速及城市轨道交通车辆(它具有良好的适应恶劣环境的性能),3000系主要用于大功率机车。MITRAC列车控制通信系统的核心是TCN标准,允许不同用户之间的互操作。交换信息使用的传输介质为屏蔽双绞线或者光纤,列车上所有MITRAC CC器件都连在同一个网络上,从而可以交换程序和诊断数据,很容易增加新的设备。在MITRAC中没有控制柜和机箱,而是各个控制单元或I/O单元均自成一体封装在一个具有较好的电磁兼容性性能的机壳中。每个壳体均有自己的电源和车辆总线接口。

MITRAC CC主要具有以下特点:

(1)符合各国际标准(EN50155:车辆上的电子设备标准;EN50121-3-2:铁路应用电磁兼容性标准;EN50204:数字无线电话电磁场辐射标准;IEC 61375-1:列车通信网络标准;IEEE 1473:1999中关于列车通信协议标准;UIC556/557列车中信息传输的诊断标准),具有开放接口。

(2)MITRAC CC器件结构紧凑,电源直接由列车蓄电池提供,可以实现分布式安装,而且不需要额外的加热和制冷,器件配线最少,重量显著降低。

(3)用线少,通过冗余增强系统可用性,传感器的短距离连接和I/O设备接口减少了冲突。可测量性和模块化使得系统配置灵活,并可兼容和连接以前不同的列车控制系统。

（4）MITRAC CC 具有自诊断功能。诊断功能组合在监控系统中，通过数据可视化的远程交互式诊断、车辆跟踪详细目录、GPS 系统、货物跟踪、旅客载量数据搜集等方式，进行实时监控和故障诊断，提高了应用的可靠性。

（5）支持远程无线数据恢复系统。系统可以支持轨旁无线系统通信，如 GSM，GSM/R 无线局域网。互联网和企业互联网作为客户端访问介质，通过 MVB 或者其他通信方式连接车辆控制通信系统。通过提供连接到运输车辆上的数据来增强维护服务的质量，允许诊断和操作数据直接传递给列车的系统操作者，系统使用开放的标准，例如移动电话（GSM）、无线局域网以及因特网相关的通信协议。

（6）提供 MITRAC CC 远程平台。现代铁路运作要求全部车辆具有高度的实用性、低成本和良好的旅客服务体系。MITRAC CC 远程平台使用互联网技术和移动通信，结合 Bombardier 公司的铁路专业技术，开发出新技术以降低维护成本（减少保养停工期），推进整个系统的可靠性。MITRAC CC 远程平台提供多种服务，通过标准接口访问车辆。由于服务本身来源于不同的厂商，MITRAC CC 远程平台保证了不接受未经授权的厂商的访问，同时保证在线的控制通信系统不冲突。

3）AGATE 系统

AGATE 系统是 Alstom 公司开发的列车控制系统。AGATE 系统主要由 AGATE link（列车监控）、AGATEAux（辅助控制）、AGATE Traction（牵引控制）和 AGATE e-Media（乘客信息系统）4 个部分组成。南京浦镇车辆厂生产的南京地铁一号线使用了该类型的微机控制系统。

AGATE 牵引控制系统主要是实现实时的机车牵引控制和产生制动命令。其主要特点是模块化设计实现安全快速的操作；主要功能的子装配系统标准化；采用 World FIP 总线网络，实现和主要数据网络（TCN、CAN、FIP、LON）的通信网关；具有自测试功能；使用 EASYPLUG 技术；包含了最新技术 FPGA 器件和 PCI 总线接口。

AGATE 辅助控制系统主要是实现对列车上静态逆变器和电池充电的控制，其主要特点是结构紧凑，模块化，低成本，低噪声和快速保护等。AGATE e-Media 乘客信息系统主要是在列车运行中，提供实时的多媒体信息和休闲娱乐，为乘客提供便利性和舒适性，同时还可以作为一种高效广告媒体，能带来新收益。AGATE e-Media 主要功能有：系统用发音系统自动报站，并在屏幕上以有色信息显示，具有动力学线路地图，也可显示广告和新闻。当系统突然中断或者意外情况发生的时候，优先直接向乘客广播实时信息。

AGATE Link 是管理和监视列车上在线的电子模块，是整列车辆维护的有效工具。通过监视列车各子系统的运行状况来提供迅速准确的列车故障诊断，从而减少了检查时间和成本，缩短了停工维护时间。AGATE Link 的突出特点是改善了列车生命周期成本（LCC）。AGATELink 可根据应用需要对基本部件来进行组合，如远程输出模块、司控台、GPS 定位模块、无线电数据传输模块和发展而来的。Fip 总线是一种面向工业控制的通信网络，其主要特点可归纳为实时性、同步性、可靠性。World-Fip 的设计思想是：按一定的时序,为每个信息生产者分配一个固定的时段,通过总线仲裁器逐个呼叫每个生产者,如果该生产者已经上网,应在规定时间内应答。生产者提供必要的信息,同时提供一个状态字,说明这一信息是最新生产的,还是过去传送过的旧信息。消费者接收到信息时,可根据状态字判断信息的价值。AGATE 系统采用 WorldFip 总线完整地实现了列车控制的所有功能。图 10-29 为 AGATE 控制系统的结构示意图;图 10-30 为 AGATE 系统的运用示意图。

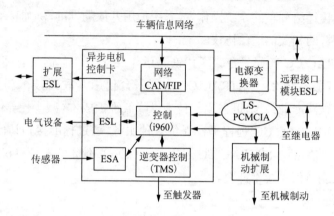

图 10-29　AGATE 控制系统的结构示意图

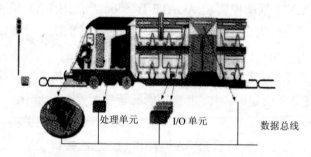

图 10-30　AGATE 系统的运用示意图

4)TIS 信息系统

TIS（Train control Information management System）信息系统是日本新干线各型列车上装备的信息控制与传输系统。TIS 系统由列车通信网络、各车厢通信网和功能单元控制机组成。在各车厢内设有一终端站,它是列车通信网上的节点,也是本车厢信息传输的主站,各车厢内功能单元的信息均通过这个终端站(节点)向列车通信网络发送或从列车通信网接收信息。新干线的列车编组是以 2～4 节车厢组成一个车组单元为基础的,在一个车组单元内,由牵引制动控制系统、辅助电源、车门空调控制、变压器及信息子系统等相对独立的子系统构成对车组单元的完备控制。当列车根据需要由 n 个车组单元构成列车编组时,这些相对独立的子系统,通过一定的信息传输手段连成一个完整的列车控制系统。图 10-31 是 TIS 系统的结构示意图。

TIS 系统网络的基本结构有两种。一种结构是车厢内的终端(节点)只传输 TIS 系统的信息;另一种是节点既传输信息又传输控制命令,因此在日本新干线及既有线铁路列车上有以下 3 种应用形式。

(1)二重直通线的方式:控制命令和 TIS 的信息都在二重的直通线上传输,A、B 总线上的传输方式为 FSK,速率为 100kb/s。

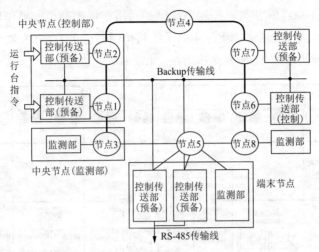

图 10-31　TIS 系统的结构示意图

(2)控制命令用二重直通线:控制命令从司机台发出,通过 A、B 二重总线与各车厢变流器 - 逆变器单元直接连接。命令传送方式采用移频键控 FSK 方式,速率为 19.6kb/s,TIS 信息用单一 FSK 方式传输,速率 38.4kb/s。

(3)列车总线和车厢总线方式:各车厢的节点通过两个方向相反的环形网络连接,采用光纤作为介质,波特率为 2.5kb/s;车厢总线用于连接车厢节点和车厢内的功能单元,采用双绞线及 RS-485 电气标准,波特率最大为 1Mb/s,控制命令和 TIS 信息都在这两个网上传输。

TIS 系统具有以下功能:

(1)司机操作向导:指导列车正确、正点运行,并指示运行图。向司机指示设备的工作信息,在异常情况下,给出操作指南以及简单的检查程序,能进行出库检查。

(2)乘务员操作功能:乘务员可以通过 TIS 的终端站(车长站)设定车厢的空调温度,异常情况下能发出警报;还可以通过 TIS 系统查询客车情况,并做出处理。

(3)维修支持功能:具有自动测试各功能单元的运行情况(用于系统调试),调阅各设备的故障记录,做出故障分析,收集、记录运行数据,为检修提供依据。

(4)旅客服务功能:向旅客提供各种信息,如到站和前方站、运行时刻表等。

(5)控制命令传送:该功能只有在最新的 700 系列车上才有完全的运用。控制命令包括牵引动力、制动、门控与空调、照明、辅助电源、受电弓、蓄电池开闭等。

随着 TIS 系统功能的增强,它在列车控制系统中的作用越来越重要,已经成为新干线列车系统中不可缺少和不可替代的一个重要组成部分。TIS 系统在列车运行、检修和故障诊断中的作用越来越大,有关人员对其的依赖性也越来越强,维修基地的工作人员基本都是按

TIS 系统的检查测试结果来检修控制系统及各功能单元的故障,而 TIS 系统本身的可靠性也很高,几乎没有听说 TIS 系统本身有故障发生。

5) 列车分布式网络通信与控制系统 DTECS

除了上述国外的典型系统之外,我国也已经研发了多个列车微机控制系统,其中株洲电力机车研究所开发的 DTECS 微机控制系统已经运用在城市轨道交通车辆上。图 10-32 是 DTECS 系统在城市轨道交通车辆上运用的系统结构图。整个 DTECS 系统包括了功能不同的若干模块,各个模块通过 TCN 网络连接在一起。

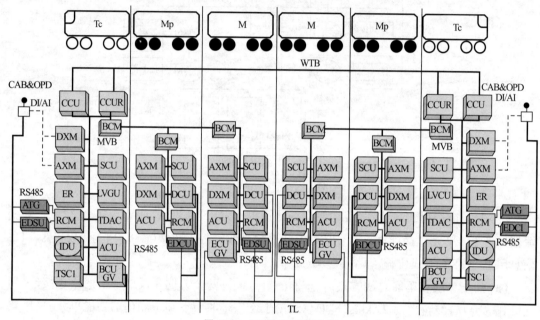

图 10-32 DTECS 系统结构图

DTECS 主要用于机车、城轨、动车及地铁等的微机网络控制系统,由 TCN 网关模块(TCN Gateway Module,GWM)、车辆控制模块(VCM)、数字量输入输出模块(DXM)、模拟量输入输出模块(AXM)、智能显示装置(IDD)等组成,其网络拓扑如图 10-32 所示。其中,GWM 实现 TCN 网关、列车级控制/故障诊断与信息记录功能,VCM 主要实现 MVB 总线管理、车辆的控制/诊断与记录功能等,DXM 实现对开关量信息采集与 MOSFET 输出,AXM 实现对模拟量信息采集与输出,IDD 智能诊断装置实现车载信息的图形化显示、提供良好的人机界面,PTU 用于总线设备的诊断、测试级数据下载等。DTECS 系统工作原理如下:在车辆内各设备通过 MVB 总线相连,车辆间各设备通过 WTB 总线相连。VCM 通过 MVB 总线实时采集 AXM、DXM、DCU 等各设备信息,同时通过 GWM 接收其他车辆信息,然后 VCM 将所有接收信息运算、处理后经 MVB 总线传送相应控制命令到 MVB 总线上各设备。GWM 实时采集 MVB 总线上其他设备信息,然后经 WTB 总线传送到他车,他车 GWM 模块将从 WTB 总线接收的信息转换成 MVB 网络信息再传送给他车 MVB 总线上各设备。

(1) 车辆控制模块(VCM)

VCM作为一个基于MVB总线的分布式控制系统中的核心功能模块,可方便实现车辆级的过程控制、车辆级的故障诊断与存储、车辆级的通信管理等功能。VCM是TCN的4类设备,具有MVB总线主功能。2个VCM可以实现总线主和网络数据的热备冗余,极大地提高了系统的可靠性。

(2) 网关模块(GWM)

GWM是一个基于MVB/WTB总线的分布式控制系统的核心模块,可以实现列车/车辆级的过程控制、列车/车辆级的通信管理以及列车/车辆级的故障诊断功能。GWM模块是TCN的5类设备,可以实现列车初运行功能,MVB总线和WTB总线的通信转换功能。

(3) 事件记录模块(ERM)

事件记录模块主要用来实现故障记录和事件记录,具有大容量的NAND FALSH,用于存储大量的故障数据、诊断数据和环境数据。

(4) 数字量输入/输出模块(DXM)

DXM模块包含16路独立的数字量输入通道和6路独立的数字量输出通道。DXM为MVB的1类设备,可以实现过程数据通信。

(5) 模拟量输入/输出模块(AXM)

AXM模块包括6路实时采集的输入模拟信号量(AI),4路实时模拟量输出(AO),AXM为MVB的1类设备,可以实现过程数据通信。

(6) RS485通信接口模块(RCM)

RCM作为MVB与RS485串口数据转换模块,可以实现具有RS485接口的设备与MVB总线互连,具有实现过程数据通信的能力。RCM共有4路RS485通道。

(7) 网卡板

网卡板主要用来实现其他设备与MVB总线的通信,这些设备包括传动控制单元DCU、辅助供电单元、DC/DC等设备。

(8) BCM模块

BCM模块主要实现ESD和EMD介质的通信转换。ESD传输距离较短,抗干扰性能差,一般只适合在一个车辆内使用,如果要跨多个车辆使用,必须采用EMD介质,可以通过BCM进行二者的转换。

(9) 智能显示器(HMI)

HMI是安装于司机室操作台、列车员操作间等部位的电子装置,用于显示列车上各种设备以及与列车运行有关的各种信息,并为操作者提供与各种设备交互信息和数据的接口。

(10) 便携式测试设备(PTD)

PTD主要用于DTECS系统的系统测试、在线数据采集、调试及分析,数据的下载和上载。诊断工具根据TCN标准,具有MVB第4类设备的能力。PTD可以通过以太网与PC机进行通信。

DTECS 系统已成功应用于上海地铁 1 号线 102 号改造车,上海地铁 A 型车和上海低速磁悬浮列车。目前,DTECS 系统已经开始在上海改造车和沈阳地铁 2 号线开始批量装车。另外在出口车方面,比如伊朗机车也将使用 DTECS 系统。

自主知识产权 DTECS 系统作为国际先进的现代列车网络控制系统,打破了国外大公司对该项技术的垄断,提升了我国铁路装备的现代化水平,有巨大的经济和社会效益。在 DTECS 系统中,取得了十几项发明和实用新型专利,对提高列车通信网络和现场总线技术,具有重大的意义。

第十一章　乘客信息系统

> **岗位应知应会**
> 1. 了解乘客信息系统基本组成。
> 2. 掌握司机对客室广播的操作方法。
>
> **重难点**
> 熟悉 PIS 的演变过程和广播系统的主要功能。

第一节　PIS 概述

一、系统简述

城市轨道交通的主要服务对象是乘客,现代城市轨道交通系统的运营管理越来越注重对乘客的服务质量。目前,城市轨道交通正由以车辆为中心的运营模式向以服务乘客为中心的运营模式发展。乘客信息系统(Passenger Information System,PIS)是城市轨道交通运营商运用现代科技成熟可靠的网络技术与多媒体技术、显示技术,在指定的时间,将指定的信息向指定的人群显示。通过在地铁空间里建立起的动态的乘客信息显示,可让乘客身处地下空间,仍然能够时刻保持与外部世界的信息交流,充分体现以人为本、以为乘客服务的理念。

PIS 系统是重要的运营生产服务系统,以文字、图像、声音等多媒体形式,在列车内、站厅、站台、出入口、站前广场等位置,提供显示屏、触摸式查询机、网站、手机终端等平台,为轨道交通乘客及员工提供以运营信息为主,商业广告为辅的多媒体综合信息显示。使乘客通过正确的服务信息引导,安全、便捷地乘坐轨道交通。PIS 在常态下为旅客提供乘车须知、服务时间、列车到发时间、列车时刻表、管理者公告、政府公告、出行参考、股票信息、媒体新闻、赛事直播、广告等实时动态多媒体信息;在火灾、阻塞及恐怖袭击等非常态下,为旅客提供动态紧急疏散服务信息。

PIS 的网络化建设与运营对方便乘客出行、宣传城市轨道交通和传播城市文化等方面作用巨大。

PIS 在城市轨道交通的应用始于 21 世纪初，系统最初主要引用了应用于广播电视、商场的播控系统，并在实施中逐步完善和发展。国内外相关学者和机构从系统的结构研究出发，对乘客信息的采集、传输、处理、调度发布、传播方式及安全性等关键技术进行了研究，推动了城市轨道交通乘客信息系统的完善和发展。

PIS 作为一种功能齐全、实时动态的信息服务的系统，是城市轨道交通车辆非常重要的组成部分，早期主要为乘客提供即时导乘服务功能。随着信息革命的兴起，特别是进入 21 世纪以来，借助于信号处理、互联网、计算机等现代信息技术，PIS 已扩展为一个拥有信息咨询、站点周边介绍、紧急通话、媒体播放、安防监控等功能的一个综合系统，不仅可提升城市轨道交通形象，还拉近了公众距离，增强了认同感，展示了轨道交通所具有的人性化特点。

PIS 是轨道交通行业中一个新兴的系统，是继自动售检票系统之后，第二个直接面向乘客，为乘客提供服务的系统。依托互联网技术与计算机技术，以为乘客提供信息服务为首要任务。PIS 会向乘客提供列车到发时间、车站引导信息以及出行参考信息等动态的多媒体信息，因此通常也将 PIS 发布的乘客信息简称为 PIS 信息。

乘客在城市轨道交通因素中扮演着极其重要的角色，是系统参与的主体。对于当前客流信息的掌握和选择体现"以人为本"的思想，而 PIS 就是与乘客交互的最直接参与者，设计良好的 PIS 应该为乘客提供清晰、直观并且具有参考价值的信息，并在疏散和引导方面可有效地帮助乘客的路线选择，最大限度减少群体性事故的发生。各国对 PIS 都非常重视，尤其在应急处理方面有着不断深入的研究。

PIS 可以向乘客提供列车信息，为乘客的出行提供服务，还可以通过播出各类节目，以消除乘客在候车和乘车过程中的枯燥感，除此之外，PIS 还可通过交互式界面，与乘客进行互动，为乘客提供车站附近的城市功能区服务信息以及公交、出租车等其他交通换乘信息。

城市轨道交通的主要服务对象是乘客，国内外许多城市的轨道交通运营管理都强调"以人为本"的服务理念，使乘客不但"走得了"，还要"走得好"，因此，在各城市轨道交通建设中，均非常注重 PIS 的建设。PIS 可以为乘客提供直观、高效和人性化的服务，通过正确的服务信息引导，使乘客安全、便捷地乘坐轨道交通。同时极大地提高了城市轨道交通的服务水平、运营效率、应急处理能力及市场竞争力。另外，通过信息发布渠道开展广告等商业活动还可以获得额外的收益。

二、发展历程

早期的 PIS 信息来自人工，只有简单的文字导向和宣传告示，引导乘客乘车。随着计算机网络技术的飞速发展，目前，PIS 采用最新的显示技术、先进的通信技术及智能的管理技术，使 PIS 成为相对独立的多功能乘客服务系统。

PIS 从产生到现在经历了由单一化的文字转向声音图像等多媒体显示，固定提示方案转向计算机智能控制这一发展历程。随着科技的不断发展，PIS 已经逐渐发展为了功能强大的多样化乘客服务系统。图 11-1 展现了城市轨道交通乘客信息系统的发展阶段。

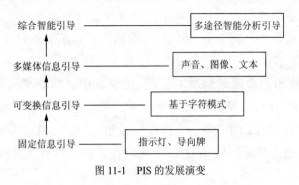

图 11-1　PIS 的发展演变

1. 固定信息引导

在城市轨道交通 PIS 发展初期,一般使用硬线接口的以固定文字或者图形的灯箱向导牌为主要手段的乘客引导方式,我们统称为旅客向导牌或引导标识牌,为乘客提供位置、方向和周围环境标识。因为其显示的内容固定单一,所以被称为固定信息引导。

固定信息引导的显示一般由简单的电源开关控制,为车站乘客作引导指示。其优点是简洁、明了、安全及可靠;缺点是可以提供的信息单一,并且信息的更换比较麻烦,功能简单。

作为最安全和可靠的一种导向方式,目前固定信息显示模式的旅客向导牌仍然得到广泛的使用。

2. 可变换信息引导

随着发光二极管(LED)显示技术的发展,由微处理器控制的,具有高亮度、低功耗的 LED 点阵显示屏在城市轨道交通 PIS 领域中得到大量的使用。由于 LED 点阵显示屏可以根据需要显示不同的文本、图形乃至简单的视频信息,相对于固定信息显示而言被称为可变换信息引导。它除了可以显示固定信息显示所提供的内容外,还可以显示以文本信息为主的提示和公告等信息。

可变换信息引导一般由专用的计算机控制,所有的消息触发可以通过程序控制实现,在较小的显示范围内能够显示较多的引导信息。其优点是发光亮度高、使用环境范围广(可在较低温度下使用)、使用寿命长、功耗较低、显示信息量大和显示内容可通过计算机程序控制。其缺点是点阵的像素比较大,对字符的显示有最小点阵要求,图形和视频信息显示效果比较差,不适合近距离观看。

另外,随着 LED 显示技术的提高,显示色彩丰富的 LED 全彩屏在不同领域得到了很大的发展。但是在城市轨道交通 PIS 领域,由于其显示像素大、图像效果差而很难得以应用。对于 PIS 使用温度适宜的地区,人们更倾向于使用大屏幕的等离子显示屏(PDP)或者液晶显示屏(LCD)。对于不适宜的地区(如 PDP/LCD 不能满足使用环境温度要求),则更喜欢使用 LED 图文显示屏。

3. 多媒体信息引导

随着计算机控制、网络通信和平面显示技术的不断发展,特别是平面显示技术的快速提高,价格低廉、能适合室外使用的较高亮度的 PDP 和 LCD 显示屏出现,它可以显示大容量、高清晰的画面,使旅客信息服务系统的显示内容获得很大的提高。它通过软件/硬件分屏技术,将多种信息叠加在一个屏幕上同时显示,在这个信息缤纷的时代,使乘客能够在同一时刻得到尽可能多的信息。

媒体信息引导显示一般通过局域网控制,由控制中心的 PIS 统一协调控制车站、列车的乘客信息显示屏,并可对整条轨道交通线路的乘客进行引导。其优点是显示设备标准化、显示信息量大和图像清晰,尤其适合视频显示;缺点是 PDP 和 LCD 显示屏对使用环境的要求比较高,自身显示亮度比较低,不适合在我国北方有半开放空间的城轨站台上使用。

4. 综合智能引导

随着城市规模的发展,人们生活节奏的加快,轨道交通运营网线得到了大幅度的扩展,随之而来的是乘客出行的复杂性增加,对出行参考信息的需求有所扩大。比如,城轨—城轨、城轨—公交、城轨—火车、城轨—长途汽车、城轨—客船和城轨—飞机等交通工具间的换乘信息、天气预报信息、实时新闻信息、交通管制信息以及灾难预警信息等,都需要在出行过程中快捷方便地掌握。这样就产生了由多个系统信息支撑的,有多种出行参考信息供乘客参考的 PIS,被称为综合智能引导。

综合智能引导的显示通过局域网或者城域网控制,一般由综合控制中心的 PIS 统一协调,可对整个城市的轨道交通线路的乘客进行引导。根据各条线路的拥堵情况,及时、准确地疏导客流,将乘客关心的出行参考信息及时告知乘客。综合智能引导的 PIS 一般采用可同时多内容显示的 LCD/PDP 显示屏,也可以根据不同需要,采用灯箱向导牌、LED 显示屏和 CRT 显示器等其他信息播放设备。

当前,正在建设的城市轨道交通 PIS 最多的是使用综合智能引导。图 11-2 所示为一个典型的综合智能引导的 PIS 结构。由图 11-2 可见,可以有多个系统为 PIS 提供信息支持,然后,通过 PIS 显示播放终端将信息提供给乘客。

目前比较先进的 PIS 结构如图 11-2 所示,控制中心对各个分散的综合智能引导进行统一协调和控制,并在整个轨道交通系统各线路的乘客进行引导的同时根据当前的线路状况及时准确地为乘客提供所需的出行参考信息。采用多媒体的方式显示和发布,主要的显示手段有灯箱向导牌、LCD 显示屏、CRT 显示器等。

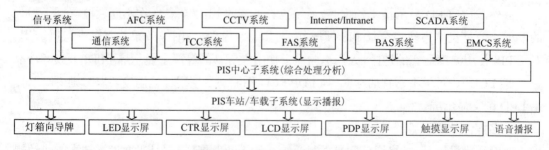

图 11-2 综合智能引导的 PIS 结构图

其他系统可为 PIS 提供的信息大致如下。
(1) 信号系统：提供列车的运营和运行信息；
(2) 通信系统：提供系统时钟和 PIS 基本通道；
(3) AFC（自动售检票）系统：提供乘客客流信息；
(4) TCC（轨道交通指挥中心）系统：提供交通运营管理信息；
(5) CCTV（闭路电视监视）系统：提供乘客所处环境实际信息；
(6) FAS（防灾报警）系统：提供灾难报警引导信息；
(7) Internet/Intranet：提供远程的乘客服务信息，如气象局提供的天气预报等；
(8) BAS（环境与设备监控）系统：提供乘客疏散引导信息；
(9) SCADA（电力监控）系统：提供乘客疏散引导信息；
(10) EMCS（电机设备监控）系统：提供乘客疏散引导信息。

5. PIS 的发展方向

为了提高整个运营系统的效率和设备的使用效率，在保证运营安全的前提下，需要对各有关系统进行调整合并，做到资源共享。PIS 作为直接服务于乘客的一个重要部分，为了向乘客提供更好的服务，有必要和其他系统进行整合。根据目前情况来看，集引导、广告、资讯、设备监控和客流监控为一体的综合智能引导 PIS，是当前发展的主要方向。北京、上海、广州和南京等城市新建的城市轨道交通 PIS 已经或多或少地集成了上述功能。

第二节 设 备 介 绍

一、功能概述

PIS 主要功能是提供语音通信与语音广播，为乘客提供高质量的视音频和文本信息，以及为运营控制中心（OCC）提供音视频监视等功能。PIS 一般又分成以下 3 个子系统：

1. 列车广播系统

列车广播系统（PA）分为列车公共广播系统和司机对讲乘客紧急报警系统。系统主要通过优先级控制实现对客室进行中心广播、数字化自动报站广播、人工广播、司机与司机之间对讲、司机与乘客之间对讲等功能。

2. 乘客信息显示系统

乘客信息显示系统（PIDS）分为乘客信息 LED 显示系统和乘客信息 LCD 显示系统。系统接受控制中心发布的实时多媒体信息，按照播放列表和播放模板组织本列车的播放。网络故障情况下，播放本列车预存储的多媒体信息节目。接受列车管理系统的到站信息并进行显示。临时通知和紧急通知的插播。本地系统运行状态的上报等。

3. 列车视频监视系统

列车视频监视系统（CCTV）是地铁运营、管理现代化的配套设施，主要用于运营管理人员、地铁公安有关人员、列车司机等实时监控客室乘客状况、旅客上下车情况，确保安全正点的运送乘客。

二、主要设备

根据需要实现的功能不同，PIS 的主要设备分为广播主机、操作设备、显示设备等。

1. 广播主机

广播主机是 PIS 的核心设备，其主要功能是完成广播系统的通信控制、音频处理、音源选择、对讲、列车联挂、媒体视频输入接口以及与车辆线的接口等。同时能够完成系统内部故障的检测及系统的自诊断。

广播主机一般由中央控制部件、通信部件、音频处理部件、以太网交换部件等主要部件构成，同时还有一些其他辅助部件。典型的广播主机结构如图 11-3 所示：

中央控制部件是广播主机的控制核心，负责整个系统的通信、管理、调配以及故障信息的搜集存储等功能，并作为设备间系统控制总线的通信管理；同时负责系统多路音频信号的输入输出选择。能够集中控制列车广播、无线电广播、数字式语音广播、乘客报警、对讲与信息传输等功能，并作为设备间系统控制总线的通信管理。

通信部件是 PIS 与列车控制网络的接口模块，是列车广播与列车通信网络之间的接口，通过串行连接发送和接收控制信号或状态信息。该模块将列车控制网络传来的数据转发给 PIS 的中央控制部件进行处理，并上传 PIS 的故障信息至列车控制系统。

音频处理部件负责整车的音源选择和音频处理。当该设备所在机柜为主设备时，音源选择处理器控制根据中央控制部件的指令和各路音源的优先级控制相应的音源输出到列车广播音频线上。同时在输入和输出端分别对音频信号进行放大、去噪等优化处理。系统可能有多个音频输入，当前广播类型究竟来自哪个音源需要看中央控制部件上相应的音源指示灯。

以太网交换部件是基于以太网传输数据的交换机，以太网采用共享总线型传输媒体方式的局域网。以太网交换机的结构是每个端口都直接与主机相连，并且一般都工作在全双工方式。交换机能同时连通许多对端口，使每一对相互通信的主机都能像独占通信媒体那样，进行无冲突地传输数据。

广播主机一般采用模块化设计，使用哈丁插座，具有防插错功能，防止相同尺寸不同功能模块间的错插，从而彻底消除由于设备插错位置而对设备造成的破坏。

2. 操作设备

它是指使用列车广播、对讲等功能时用到的人工操作装置，例如广播控制盒、乘客报警器、话筒等。

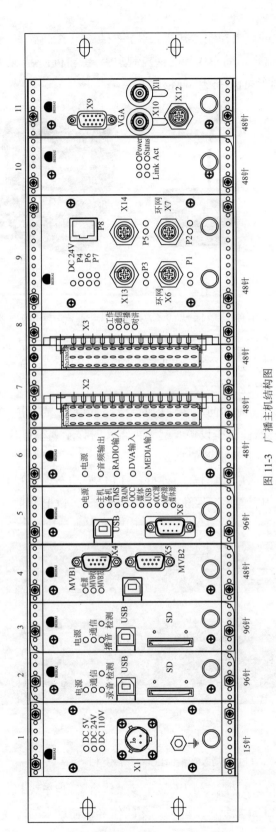

图 11-3 广播主机结构图

1-电源模块；2-录音模块；3-数字信息处理器；4-TMS接口单元；5-中央控制器；6-音频处理器；7-司机室接口单元；8-广播控制盒模块；9-以太网交换机；10-视频编码器；11-视频接口单元

图11-4列出了一些典型的广播控制盒样式。广播控制盒一般包含有操作按键、音量旋钮等。一种典型的广播控制盒把话筒集成到广播控制盒上,供司机使用,还有一类是把话筒与控制盒分离,分别安装在列车司机台的不同位置。

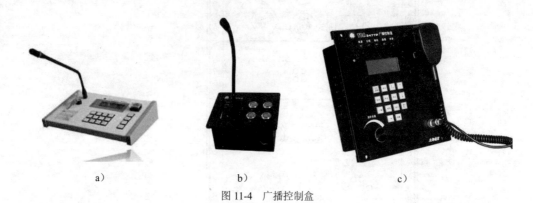

图 11-4　广播控制盒

图 11-5　紧急报警器

在客室出现紧急情况或突发事件时,乘客可以通过客室内紧急报警装置(图11-5)上的"报警"键向司机室报警。司机室内提示报警呼入,司机接通报警,与乘客建立对讲。

3. 显示设备

显示设备是面向乘客使用的设备,如 LCD 显示屏、LED 显示屏、动态地图等设备,这些设备一起为乘客实时显示列车行驶方向、站点信息、新闻、广告等相关服务信息。

主流的动态地图有两种形式:LED 型动态地图和 LCD 型动态地图(图11-6)。LED 型的简洁,但内容固定,已经制作内容不便修改。LCD 型的内容丰富,可以随时通过更换模板来修改显示内容,但由于大小所限,显示内容有限,且故障率较 LED 型的更高。

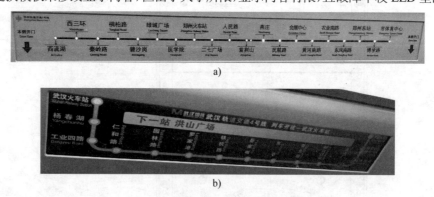

图 11-6　动态地图

a)LED 型动态地图;b)LCD 型动态地图

LCD 显示屏(图11-7)作为一种载体用于显示多媒体信息,当车载 LCD 播放控制器接收到无线设备下发的数据时 LCD 显示屏实时显示无线信号传输过来的内容;当无线信号不存在时 LCD 屏播放提前预录的本地视频信息。

列车每节车客室两端各安装一个 LED 显示屏（图 11-8），实时显示列车将要到达的下一站、当前停靠站及相关服务信息。显示内容变动可通过通信接口更新及下载。到站显示能与数字报站广播同步。显示方式为中、英文滚动播出。

图 11-7　LCD 显示屏　　　　　　　　图 11-8　LED 显示屏

第三节　功 能 介 绍

一、广播

1. 分类

广播系统分为对讲和广播两大类。对讲主要包含：司机室对讲、司机与乘客对话等。广播主要包含：无线电广播、司机对客室广播、紧急信息广播、数字化报站等。

无线电广播（控制中心对乘客的语音广播）、人工广播（司机对客室广播）、紧急信息广播、数字报站广播以上几种广播操作均须在激活端操作。

2. 广播原理

国内各地铁公司采用的广播模式总体可分为三类：人工广播、半自动广播和自动广播。三种模式在操作上存在差异，但原理比较类似，如图 11-9 所示。

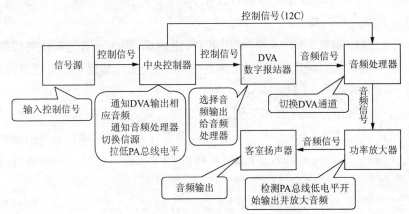

图 11-9　典型的广播原理

针对不同的广播模式,信号源不同,如人工模式信号来自于广播控制盒,半自动模式来自于速度、距离信号,自动模式来自于网络接口数据。

不同的广播模式在信号源部分存在差异,信号到达 PIS 设备后途经的路线是一样的:信号发送至中央控制器,中央控制器将控制信号发送至数字报站器及音频处理器,同时数字报站器将音频信号一同发送给音频处理器,经音频处理器处理后音频信号发送至功率放大器进行降噪、放大等处理,最终传到扬声器进行播出。

3. 主要功能

(1)司机室对讲:在列车激活时,列车两端的司机室能够互相通话,在列车连挂状态下多个司机室能够互相通话。

(2)司机与乘客对讲:在客室出现紧急情况或突发事件时,乘客可按下客室内的紧急按钮,通过内藏对讲装置与司机进行通话。

(3)数字化报站:通过司机操作或信号系统控制列车广播装置播放预录的报站信息为乘客提供离、到站信息等。

4. 主要功能的操作

以下结合某种典型的 PIS,对 PIS 主要功能的操作进行简要介绍。

1)司机对客室广播

司机对客室广播指司机操作的人工广播,主要用到的设备为广播控制盒(如图 11-4b)所示)。

广播控制盒安装在司机台面板上,自带蜂鸣器、鹅颈话筒,面板上有 PTT、PC、PA、VOL 四个按键。通过广播控制盒实现司机人工广播、司机室对讲、司机与乘客对话等功能。

(1)PTT 按键:持续按该键,可实现话筒音频输入,松开该键,停止音频输入;

(2)PC 按键:实现司机与乘客对话的通道打开/关闭;

(3)PA 按键:实现司机对客室广播通道打开/关闭;

(4)VOL 按键:实现对司机室扬声器音量调节。该按键设有 4 挡:静音及其他三挡音量依次增大,并有相应指示灯显示。按键每按 4 次,音量大小循环一次。在激活端,司机可通过鹅颈话筒对客室进行广播。

司机按下广播控制盒上的 PA 键,此时若 PA 键闪烁,则表示有更高优先级的广播在进行,需等待;在无更高优先级广播时,PA 键点亮,表示人工广播通道已开通,可进行人工广播。此时另一端司机室的 PA 键亦点亮。

此时司机持续按压控制盒上 PTT 键,便可通过话筒讲话并在客室广播,此时客室扬声器和另一端司机室扬声器里发出人工广播声音,但进行人工广播端司机室扬声器保持静默(无声音,防止啸叫)。若司机需暂停广播,可释放 PTT 按键,如继续广播,再持续按压 PTT 按键即可。

人工广播完毕,松开 PTT 键,再按下 PA 键,PA 键灭,人工广播结束。同时另一端司机室广播控制盒上的 PA 按键指示灯也变为灭。

司机对客室广播操作流程具体如图 11-10 所示：

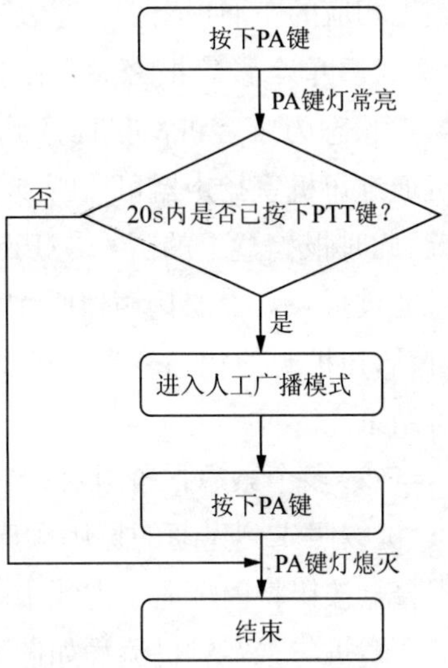

2）数字报站广播

数字报站广播采用普通话和英文两种语言，通过客室扬声器广播。

数字报站广播两站之间播报两次，进行离站广播和到站广播。系统可根据运行交路和上、下行的不同播报相应的内容。

广播语音文件采用 MP3 格式，存储在司机室广播主机的 SD 卡中。语音信息数据可以通过语音编辑软件更改，并提供 USB 接口。

通过播放司机室广播主机 SD 卡中存储的语音报站信息，可实现：全自动报站、半自动报站、手动报站。

全自动报站是在 ATC 模式有效情况下，广播系统接收信号系统提供的相关路程、速度、开关门信号后经过分析执行报站广播并在 LED 屏上进行显示。

图 11-10 司机对客室广播流程

当 ATC 模式无效时，PIS 无法接收信号系统的相关信号，此时将进行半自动报站，即司机通过 HMI 触摸显示屏，选择线路起点站及终点站；广播系统接收 TCMS 发送的相关信号，触发报站广播及 LED 显示。

手动报站为司机通过 HMI 显示屏，对每一站都进行手动触发报站，从而实现到站、离站等广播。

3）司机室对讲

在有蓄电池供电的情况下，一列车两端可以通话。任意一端司机持续按压广播控制盒上的 PTT 键即可建立司机对讲，呼叫方按压 PTT 键并讲话，被呼叫方的扬声器输出语音，呼叫方司机室扬声器保持静默；通话完毕，松开话筒上的 PTT 键，司机与司机对讲结束。另一端要实现司机对讲则重复该过程。

特别地，当两列车重联时，4 个司机室也可以实现对讲。即任何一个司机室均可以发起对讲，默认情况下，未发起对讲的司机室为"听"状态。对讲结束，发起方松开广播控制盒上的 PTT 按键，对讲结束。

司机室对讲操作流程如图 11-11 所示。

4）司机与乘客对话

每节车厢设置有两个紧急对讲装置（如图 11-5 所示）用于紧急情况下乘客向司机报警，乘客可按下设置在客室的紧急对讲装置的"报警"按钮，并通过内藏麦克风和扬声器实现与司机的半双工双向通话。

当紧急情况发生时，乘客可以掀开报警盒上的报警按钮保护罩，按下按钮报警，该按钮闪烁，司机室广播控制盒上的蜂鸣器开始鸣叫，司机室广播控制盒上 PC 键闪烁，HMI 显示屏上相应的车厢报警器编号及其状态将显示。

（1）单个紧急报警对讲：司机按下广播控制盒上的 PC 键，则该键点亮，对讲通道打开，默认状态为乘客讲，司机听，此时报警盒上听/讲灯未点亮，乘客对着报警盒 MIC 讲话，司机通过司机室扬声器可监听到讲话；当司机回复乘客时，司机持续按压广播控制盒上的 PTT 键，此时报警盒上的听/讲灯点亮，系统处于司机讲、乘客听状态，司机对着话筒讲话，乘客可通过报警盒上的扬声器听到司机讲话。司机讲话完毕后松开 PTT 键，系统又恢复到乘客讲话、司机听的状态。当司机要挂断此次报警时，再次按下 PC 键，该键灯灭，乘客与司机对讲结束。

（2）多个紧急报警对讲：当同时有多个紧急报警器呼入时，司机可按下广播控制盒上的 PC 键按照先到先通的原则顺序接通每个乘客报警。接通后乘客对讲流程同上。未接通的报警器按钮将闪烁显示占线中。

司机与乘客对讲流程如图 11-12（此时默认无更高优先级对讲）所示。

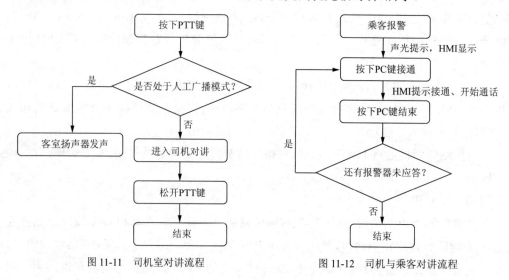

图 11-11　司机室对讲流程　　图 11-12　司机与乘客对讲流程

当通话功能激活时，系统的司机室广播控制主机就会自动开始录制报警音频，音频文件存储于司机室广播控制主机 SD 卡内，可通过查看 SD 卡或 USB 接口查询和下载。

二、媒体播放

媒体播放系统主要通过 LCD 显示屏、LED 显示屏为乘客提供高质量的音视频信息和必要的即时信息，如天气预报、新闻等。

系统主要设备包含 LED 显示屏、LCD 显示屏、动态地图等，多种显示设备共同为乘客提供全方位的音视频信息。

LCD 显示内容包括视频、图片、文本等，播放视频时有伴音。当显示终端未接收到视频信号时会自动播放预设显示信息。

LED 显示屏显示报站相关的一些信息，如列车当前站、下一站信息、温馨提示信息等。

地铁上的 LED 屏分两种：一种放置于车厢内侧，用于显示列车运行区间、运行方向和前方到站站名，中英文兼容显示；也可根据运行需要显示其他服务信息：文字显示可选静止、滚动、平移、瀑布、动画等多种效果，一般最大显示字符数为 16×16 点阵字符 12 个。另一种为终点站 LED 显示屏，放置于车外。终点站 LED 显示屏可按列车运营要求预置终点站，并实时显示前方终点站，同时还能显示目前车内温度，一般最大显示字符数为 16×16 点阵字符 8 个。

动态地图安装在车门上方的侧顶板上，主要显示动态旅行信息，如列车旅行的线路、方向及终点站；列车将要到达的下一站；客室车门打开侧指示；换乘站和用于换乘的相应线路等。如前文所述，动态地图分为 LED 与 LCD 两种。

LED 动态地图显示，使用 1 排 LED 指示灯配合外层覆盖的贴膜来指示列车到发站、运行方向和开门信息。通常采用当前停靠站和已过站为红色常亮，预报站时相应站指示灯为红色闪烁，未过站绿色常亮。两端各设一个运行方向指示箭头或采用走马灯形式来表示列车运行方向；一端还设有 1 个 16（4×4）个 LED 用于开门侧指示。

LCD 动态地图显示系统，通常采用 16∶3 的高分辨率显示器，利用多媒体显示技术建立起的动态乘客信息显示，可让乘客身处封闭空间仍然能够时刻保持与外部世界的信息交流，充分体现以人为本、以为乘客服务的理念。系统可实现对多种类型信息的管理和发布操作，并能对多来源、多终端、并行、有优先级的信息进行发布。常用的信息类型包括数据量小的文本信息和数据量大的媒体信息。文本信息包括列车线路相关的普通信息、列车站点相关的普通信息、列车动作相关的普通信息、紧急情况时的突发信息和特殊信息、公交换乘信息等；而媒体信息则包括动态地图指示信息、广告信息、电视转播等。以上各类信息根据列车运行的需要，在特定的时间、特定的终端上进行播放或显示，为乘客提供最为合理的信息提示。

三、视频监控

随着人类社会的进步、社会财富的增长和科技水平的提高，人们的生活水平和质量都有了较大的改善，然而由于一些不安全因素往往会导致犯罪的增加，随着城市化进程的加速，不安全因素和犯罪对国家和人民生命财产安全的威胁日益严重。在社会、经济、科技迅速发展的今天，安全问题已经成为整个社会关注的焦点。为此，不少国家在致力于发展社会、经济、科技的同时，根据国家综合实力水平，会加大对社会公共安全防范产业的投入和市场开发。

视频监控技术是社会公共安全防范技术的重要组成部分，而且已被广泛地应用于金融、文博、酒店、交通管理、交通运输、商业、医院、工厂、学校、住宅小区物业管理等各种安防应用领域。实践证明，视频监控对于威慑犯罪分子、减少犯罪行为，效果是十分明显的。

城市轨道交通地铁、轻轨由于其污染小、运量大,而且对于缓解人口密集型大城市的交通压力起着不可替代的作用,因而日益受到各地政府的重视。但是,城市轨道交通系统作为流动的、人员高度集中的公共场所,人员拥挤等不安全因素给了犯罪分子可乘之机,偷窃、抢劫等犯罪行为时有发生,因而加强对城市轨道交通的视频监控十分必要。城市轨道交通视频监控包括两部分:车站内监控和列车内监控。目前,我国各大城市的城市轨道交通车站内安装的都是闭路电视监控系统,一般地,站台、站厅内都装有摄像机来实现站内监控。然而,城市轨道交通列车内监控在国内还刚刚起步,为防范城市轨道交通突发事件的产生,贯彻科学发展观和以人为本的理念,确保人民群众乘车安全,积极发展城市轨道交通列车视频监控系统,是当前十分紧迫而重要的任务之一。

根据城市轨道交通对监控系统的需求,列车视频监控系统由两大部分组成:

(1)车载部分:实现列车司机室对车内的监控;

(2)包括控制中心与车站在内的监控系统一:实现控制中心和邻近车站对车内的监控。

本节只对车载部分的视频监控进行介绍。

闭路电视监视系统(CCTV)为控制中心的行车、防灾和公安调度员、各车站值班员等提供有关列车运行、防灾救灾以及乘客疏导等视觉信息,提供图像摄取显示、控制及录制。PIS系统可以通过CCTV系统提供的视频信息辅助判断需要对乘客提供的服务。

CCTV和PIS系统的主要结合点可以放在车载监视视频信息的下传,将列车上实时监视信息传递到中心或者车站,在事故时为决策者提供决断依据。如果PIS服务系统建设了车地实时通信通道,其主要用途是将PIS信息(视频图像、显示控制命令等)单向上传到列车,而从列车传送到地下的PIS信息非常有限,对于一套完整的车地通信系统,显然有些浪费。所以,将车载视频监视信息通过PIS车地通信通道传递到地下,既可以解决CCTV系统重建车地通信系统的问题,也可以对乘客随时提供更有利的引导和帮助。

同时,随着视频监测技术的日益成熟和完善,视频监测系统也逐渐应用到了地铁组织运营管理中,如上海地铁于2009年12月31日启用了全国首套用于客流监控的"地铁客流实时显示系统",通过不同的色彩显示来表示对应路线的实时运营情况和客流状态,其中绿色表示畅通、黄色表示拥堵、红色表示运营中断。因此乘客可以通过车站站台PIS显示屏、车厢PIS显示屏对整个轨道交通系统的运营情况进行自助查询,以更好地实现自己的出行目的。

为了提高列车视频监控系统的稳定性、可靠性及抗干扰能力,根据视频监控系统的基本组成,列车视频监控系统宜采用数字化、网络化、冗余化的设计思想。

某轨道交通列车视频监控系统的监控系统拓扑结构如图11-13所示。列车监控系统采用了基于IP的数字化视频监控方案,由摄像头、编码器、车载交换机、车载闭路电视(Closed Circuit Television,简称CCTV)服务器、监控触摸屏、无线局域网络(Wireless Local Area Networks,简称WLAN)接口等组成。

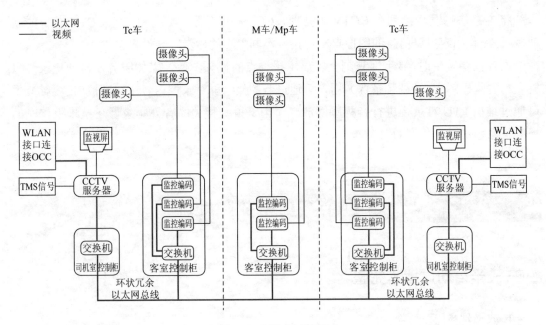

图 11-13 监控系统拓扑结构

根据需求，列车每节车厢内分别设有 2 台固定式全方位一体摄像机，用于实现车厢、车门以及车厢过道的监视。车厢内摄像机采用优化布置的方法，各个摄像机之间的监视图像无缝连接、全覆盖。

编码器是整个视频系统的重要组成部分，负责模拟视频信号向数字视频流的转换，它将前端模拟视频图像转化为 MPEG4/H.264 数字视频送入车载网络。同时，为了节省列车图像车地无线传输的带宽并保证图像的可用性，列车编码器具有录像及实时传输的双码流和实时码流动态变换功能：录像码流可始终保持 1.5Mb/s、25 帧/s、D1（704×576）分辨率进行存储；而实时码流则配合弹性码流变换功能，由无线系统给予的无线带宽信息，通过降低帧数、画面质量、分辨率等方法来降低码流（最低可降至每路 500kb/s），以保证实时图像的传输。

列车安装有高稳定性和高可靠性的工业级车载交换机。为了缩短端端间的传输距离，保证传输可靠性，交换机之间通过跨接的方式实现不同车厢间的数据通信。

列车两端配置触摸屏视频显示及控制终端，列车司机可通过它对车厢视频进行实时监控及录像回放。同时司机可通过监控显示屏（图 11-14）实时监视列车上各车厢及另一司机室的人员活动状况。列车视频监控系统在显示视频图像时还能将文字信息叠加到视频图像上，如：车次号、车辆编号、摄像头编号、显示方式、触发类型、日期时间等。

在发生紧急（如紧急对讲设备、紧急逃生门开启、列车火灾报警、乘客告警等）的情况下，TMS

图 11-14 监控屏显示

系统将告警信息发送给列车 CCTV 服务器，CCTV 服务器将实现和车载 CCTV 系统的联动，将叠加有相应报警信息的图像自动切换到控制中心的显示终端设备。

当有报警发生时，显示屏立刻全屏显示报警点的视频图像。媒体服务器自动记录与报警联动的监控图像（音视频录像），用户可通过监控显示屏对录像内容进行回放（仅视频），也可通过维护 PTU 对录音进行音视频回放。无论是报警相关的音视频录像还是未报警时的视频录像均实时上传到 OCC。

第四节 典型故障处理

一、半自动广播不完整

1. 故障现象

2015 年 2 月 16 日 07:14，××××车在××××站下行出站时，列车广播播放不完整。在××××站复位广播后恢复正常。11:20，××××车在××××站下行线再次出现同样故障。

2. 原因分析

半自动广播预报站的原理，如图 11-9 所示。广播系统中央控制器通过 TMS 接口单元接受速度信号，根据此速度计算列车运行距离，当计算出列车出站 50m 时，中央控制器触发两路控制信号，一路信号控制音频处理器，另一路信号控制 DVA 数字报站器。DVA 数字报站器输出相应站点的音频给音频处理器，音频处理器切换音源通道将音频输出至列车 PA 总线，各节车厢客室接口单元接收到音频并传输至功率放大器，功率放大器将音频信号放大分两路输出至客室左右侧扬声器，完成相应的半自动广播预报站功能。

根据半自动广播预报站的原理及故障现象的分析，列车广播播放仅是音频不完整，说明列车广播系统中央控制器已接收到速度信号，且列车广播系统中央控制器输出至 DVA 数字报站器及音频处理器的控制信号正常，初步判断为音频输出回路故障。列车音频输出回路涉及 DVA 数字报站器、音频处理器两个模块，列车回库后模拟故障情况，发现列车处于半自动广播时，DVA 数字报站器音频输出指示灯及音频处理器 DVA 输入指示灯出现熄灭的情况，鉴于音频处理器的音频由 DVA 数字报站器传输过来，据此判断为 DVA 数字报站器故障，更换新的 DVA 数字报站器后试验功能正常。将故障模块更换至 1 车，故障存在。据此，确定 6 车 DVA 数字报站器故障，如图 11-15 所示。

3. 故障点评

通过故障现象，数字报站音频不完整，排除中央控制器故障。故障初步确定为 DVA 数字报站器及音频处理器故障。采取故障再现形式，发现在进行数字报站时，DVA 数字报站器模块面板音频输出指示灯异常。正常情况下,当调取音库 MP3 文件时,音频输出指示灯闪烁,通过数字报站原理及故障再现,最终判断故障原因为 DVA 数字报站器。此类故障在正线处理过程中,可以采取复位 DVA 数字报站器的方式进行处理。

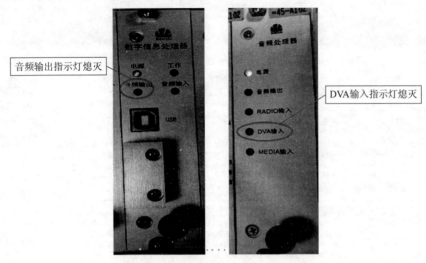

图 11-15　数字信息处理器及音频处理器指示灯

二、整节车 LCD 屏黑屏

1. 事件经过

2015 年 1 月 18 日 7:48 行调报 ×××× 车在 ×××× 站下行,6 车 LCD 黑屏,复位电源键后恢复正常。列车回库后检查为 6 车视频解码器死机,导致 6 车 LCD 黑屏,重新刷新解码器软件后,试验功能正常。

2. 原因分析

电客车整列车 LCD 屏播放功能实现需要顺序经过以下设备:司机室 LCD 播放控制器、司机室视频接口单元、编码器、司机室以太网交换机、客室以太网交换机、解码器、分屏器、客室 LCD 屏。单节车 LCD 屏黑屏初步判断为本节车客室视频播放设备故障,故障范围缩小至客室以太网交换机、解码器、分屏器三个设备;鉴于 LCD 播放视频码流与监控视频码流共用以太网交换机,经查看司机室本节车监控图像正常,所以排除客室以太网交换机故障的可能性;通过故障现象及正线处理情况,判断为软件原因故障导致整节车黑屏,由于分屏器属于硬线连接且无软件控制功能,所以可判断为解码器软件故障。

第二篇 实 务 篇

第十二章 车辆维修流程

岗位应知应会

1. 了解车辆维修制度。
2. 熟悉车辆维修流程。

重难点

车辆维修中的重点项目。

一、维修理论概述

(一) 名词解释

维修是对设备进行维护和修理的简称。

维护是为保持设备良好状态所做的所有工作,包括清洗擦拭、润滑涂油、检查调校等。

修理是为恢复设备设计功能所做的所有工作,包括故障诊断、故障排除、故障排除后的测试以及全面翻修(大修、中修、小修)等。

(二) 维修理论发展史

维修理论是随着维修实践发展起来的。

1. 第一阶段:事后维修阶段

这个阶段大致从出现技术设备到 20 世纪 40 年代中期,此阶段维修是一门技艺,维修领域还没有系统的维修理论,只有一些相关的维修概念。此阶段维修的特点是设备不坏不修,坏了再修。除了简单的日常清扫、润滑等维护工作以外,很少进行系统的维修,主要靠经验来排除故障。

2. 第二阶段:传统维修理论阶段

这个阶段从 20 世纪 40 年代中期到 60 年代中期,以磨耗理论为基础。此阶段技术设备基本上属于机械设备,出现的故障一般为磨损类型的机械故障,设备的可靠性随着工作的时间增加而下降。为了预防故障的发生,逐渐形成了计划预防性维修的概念。

传统计划预防性维修的主要特点:磨损随设备工作时间而加剧,设备的可靠性与时间有关。预防性维修与事后维修相比,在防止故障、减少停时、提高效益等方面有着较大的优越性。

预防性维修设备的故障率变化遵循浴盆曲线规律。在磨合期内,磨损率比较大,而且是递降的;然后进入一个较长时间的稳定期,磨损率较小并保持不变;直至某一点,斜率陡升,此时设备磨损将急剧增大,失效即将发生。

3. 第三阶段:现代维修理论阶段

从20世纪60年代开始,随着近代科学技术的飞速发展,技术设备也越来越复杂,集机械化、电子化、控制和信息化与一体。在此阶段,技术设备的维修已广泛深入地推行以可靠性为中心(RCM)的维修制度。

以可靠性为中心的维修,即用可靠性理论为原则,用设备技术状态为基础,采用先进的检测办法和技术,对设备运行状态进行准确监控,并通过制定合理的检测周期,以提高设备和零部件的可靠性和使用寿命,充分发挥设备质量的内在潜力。

二、城市轨道交通车辆修程修制

城市轨道交通车辆是城市轨道交通中承载旅客的运输设备,其安全、可靠、高效的运营关系到国家财产安全和人民生命安全,在城市轨道交通运营中起着至关重要的作用。城市轨道交通车辆在运营过程中,部件磨损、电气老化等问题随着运行时间的积累会不断增加,必须及时提供全面、有效、高质量的维护,维持或恢复车辆的运行品质。为此,制定科学、合理的城市轨道交通车辆维修策略,对保证车辆不失修、确保行车安全具有十分重要的意义。

(一)维修制度

车辆维修制度是在某种维修理论的指导下,针对车辆维修制定的一套制度与规定,包括维修计划、维修方式、维修等级、维修组织等相关制度和维修技术管理规程以及车辆部件的维修工艺文件。车辆维修制度是城市轨道交通车辆可靠运行的基本保障,也是确定车辆维修体制,保证车辆维修工作顺利进行的基础。车辆维修制度对车辆修程、维修等级、实施检修的车辆运营公里数(时间)、维修停时均做出具体规定。

车辆的维修制度根据目的地不同,分为预防性维修和故障性维修两大类。

1. 预防性维修

预防性维修为事前维修,是故障率没有超过事前确定的指标之前,为了限制故障的产生而对设备采取的措施。预防性维修一般有以下几种形式:计划修、状态修、均衡修。

1)计划修

计划修是根据事先制定的计划,当达到一个事先确定的运营里程和运营时间时,对相关设备进行的检查和修理。对故障发生与工作时间有密切关系但无法监控的零部件,可以采用计划修方式。各种车型的计划修要求内容不大相同,常用的车辆计划修的形式主要包括日检(双日检)、双周检(月检)、三月检、年检等。

2)状态修

状态修是根据设备的技术状态来确定维修的时机。在对车辆设备进行状态检测和技术诊断的基础上,一旦某一参数超过了事先确定的限定警戒值,则需要介入维修,并根据参数的变化趋势及情况对车辆设备进行维修。对故障发生能以参数或标准进行状态检查的零部件,可以采用状态修的方式。

3)均衡修

均衡修通常用于运用维修,即利用列车在非运营时间和非高峰时间进行较小修程的计划性维修。通过调整列车维修修程来创造合适的维修条件,大多以部件为维修单元,以故障间隔、分布为周期的一种维修制度。均衡修针对性强,避免了不必要的预防性维修,缩短车辆停修时间,提高出车率,降低运营成本。

从一定程度上来说,状态修是对计划修的一种探索和尝试,当状态修达到一定的程度积累后,经过归纳总结,可形成均衡修的一部分,以此循序渐进,可逐步建立状态修和均衡修相结合的维修制度。已经运营稳定的线路,从运营成本和设备类型而言,最佳的维修方式还是推荐均衡修,出车率高、设备性能保持较好,运营成本最低。对于一些目前条件还达不到状态修的运营单位,可先采取计划修方式,对具有自动检测功能的系统要积累数据和经验,向状态修过渡。

2. 故障性维修

故障性维修即事后维修,是在某个部件出现故障后所采取的维修方式。故障性维修的工作负荷一般是无法预计和评价的,是由使用者或者检查者发现故障之后报告,并由此展开维修。故障性维修可以是彻底的维修,也可以是临时性的维修。临时维修的车辆设备达到运营标准后,可以等待彻底维修。在故障性维修中,目前一般是通过换件来快速处理故障。对不危及安全的故障,或者通过连续监控可以在故障发生一段时间后进行维修的零部件,可以采用故障性维修方式。各类维修方式的主要优缺点见表12-1。

各类维修方式主要优缺点   表12-1

维修方式		优点	缺点	适用于
预防性维修	计划修	1. 管理相对简单,计划性强; 2. 能保证车辆良好的运行状态,能确保运营要求	1. 维修成本极高; 2. 维修周期与深度的合理性一时难以掌握	运营要求非常严格的系统和设备
	均衡修	1. 车辆设备运行状态保持较好; 2. 维修停时少,出车率最高	1. 对维修队伍素质要求最高; 2. 需要大量的数据参数积累; 3. 要求掌握系统各部件的可靠度、故障分布规律等	已经运营稳定的线路,从运营成本和设备类型而言,最佳的维修方式是推荐均衡修
	状态修	1. 故障设备修复周期短,能保证运营要求; 2. 设备故障消除在发生之前,维修成本最少	1. 检测工作量大,要求的检测装备和水平最高,技术管理难度最大; 2. 检测周期和深度难以确定	具有自动检测功能的与运营密切关联的系统设备
故障性维修		平时维护工作量最少,维护成本最低	1. 备用设备要充足; 2. 初期投资较大; 3. 维修周期较长	对行车无直接联系,设备运行未定且已有足够的备品备件的系统或设备

(二)维修修程

维修修程是指结合现代维修理论,研究制定车辆合理的维修方式、维修等级、维修周期和具体维修内容。城市轨道交通车辆修程的制定取决于运营时间和走行里程数,当两者之中有一个参数达到规定值时,就应实施相应的修程。城市轨道交通车辆检修工从事的工作就是根据车辆的修程对城市轨道交通车辆进行维护和检修。

以某城市轨道交通运营公司为例,其车辆的维修修程包括双日检、双周检、三月检、年检、架修和大修。

1. 双日检(每两日)

对与列车行车安全相关的各主要部件(如:轮对、转向架、一系和二系悬架、空气制动装置、控制装置、车钩及缓冲装置、车门装置、车体)进行外观检查和车辆有电功能检查;并对危及行车安全的故障及时进行重点维修。

2. 双周检(每两周或 5000km)

对车辆外观和一般功能进行检查,即对车辆主要部件(如:转向架系统、受电弓、空调系统)的技术状态进行外观检查和一定的功能试验,并对其进行必要的清洁;对危及行车安全的故障进行全面的修理。

3. 三月检(每季度或 30000km)

对车辆外观和一般功能进行检查,即对车辆主要部件(如:转向架系统、受电弓、车门系统、空调系统、牵引系统、辅助系统)的技术状态进行外观检查、参数测量和功能试验,并对其部件进行有效的清洁;个别部件按照技术要求进行润滑或者更换;对危及行车安全的故障进行全面的修理;在维修工作结束前对列车进行动态调试,调试正常的列车方可投入运营。

4. 年检(1 年或 120000km)

年检主要是预防性的修理,对车辆的各系统进行状态检查、检测和功能调整;对各部件进行全面的检查、清洁、润滑;对车上的仪表、仪器进行校验;对列车蓄电池进行火化处理;对检查发现的故障和遗留未处理的故障进行针对性修理;在维修工作结束前对列车进行静态、动态的全面调试,调试正常的列车方可投入运营。

5. 架修(5 年或 600000km)

架修的目的是恢复车辆的性能,主要作业是检测和修理大型部件(如:走行部、牵引电机、传动装置等);通过架车,对车辆各个部件进行分解和全面的检查、修理、试验;对计量的仪器、仪表,进行更换或校验;对车体重新补漆或油漆标记;对部分密封件、磨耗件、一次性使用件和工作寿命到期的零件进行更换;在列车组装组编后,对列车各系统进行全面的静态、动态调试,调试正常后方可投入运营。

6. 大修(10 年或 1200000km)

大修的目的是全面恢复车辆尺寸和性能,是实现车辆设计寿命周期内保持车辆表现稳定的重要维修形式。要求对车辆实施全面解体,通过检查、整形、修理、试验、重新油漆、组装以及静态、动态调试,完全恢复车辆性能,使车辆状态基本上达到新车水平。

各城市轨道交通运营公司可根据所选车型和车辆利用率的不同要求,灵活制定其适宜的修程。

三、车辆维修作业流程

(一)车辆日常维修流程

该流程适用于车辆日常维修作业,以某轨道交通采用的 B 型车为例,其包括双日检、双周检、三月检和年检。检修流程见图 12-1。

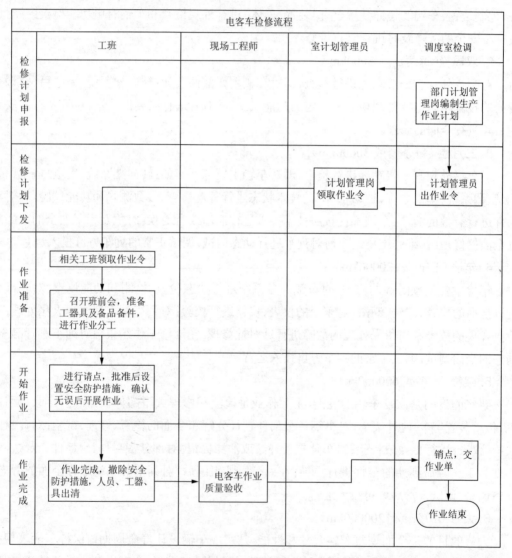

图 12-1　车辆检修流程

（二）库内故障处理流程

该流程适用于车辆在车辆段或停车场发现故障，处理故障，见图 12-2。

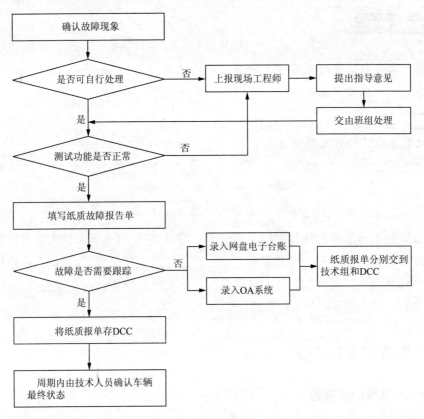

图 12-2　故障处理流程

第十三章 双日检作业流程

岗位应知应会

1. 了解电客车双日检的定义。
2. 熟悉电客车双日检流程。

重难点

熟悉电客车双日检作业关键点。

双日检是电客车维护修程中较小等级的修程,每隔一日电客车回库后都需要对电客车走行部以及客室功能进行一定范围的检查。在进行走行部作业时,需利用检修地沟进行作业,客室功能检查时,电客车必须升弓送高压。下面以某城市轨道交通公司为例,对双日检作业过程的一些注意事项和流程做简单介绍。

一、作业前准备工作

(一)无电作业前准备

(1)作业者按照要求穿着工作服,佩带防护用具。
(2)向 DCC 请点,明确作业车辆编号及作业时间。
(3)明确作业车辆后,在车辆两端分别挂好"严禁动车"牌和"严禁升弓"牌。

(二)有电作业前准备

(1)确认电客车处于无电状态,车底无人,在车辆两端分别挂好"严禁动车"牌。
(2)合电客车激活按钮 =72-S101,检查蓄电池电压表应大于 96V。
(3)解锁司机台。
(4)检查主风缸压力,应大于 7.5×10^5Pa(7.5bar)。
(5)打开司机室照明。

二、作业中的关键点

1. 库用电源盖

库用电源盖(图 13-1)应锁闭良好。

2. 车底两侧盖板及底盖

车底两侧盖板(图 13-2)及底板检查要求：

图 13-1　库用电源盖

图 13-2　车底两侧盖板

（1）检查两侧盖板及底部盖板，要求无变形，安装紧固；方孔锁锁闭良好，锁紧标示对齐。
（2）要求紧固螺栓齐全，防松线应清晰无错位。

三、作业后收尾工作

（1）确认电客车停放制动处于施加状态，停放制动施加按钮 =27-S01 按钮指示灯亮。
（2）清场、设备归位，确认所携带的检修工具、禁动牌齐全，未遗留在车上。
（3）填写相关检查记录表。
（4）向 DCC 销点并提交相关检查记录表。

四、双日检作业流程图

双日检作业流程如图 13-3 所示。

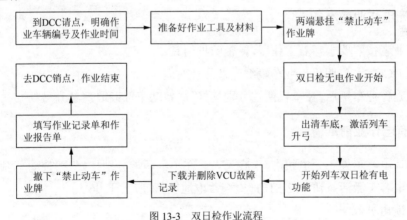

图 13-3　双日检作业流程

第十四章　双周检作业流程

> **岗位应知应会**
>
> 1. 了解电客车双周检的定义。
> 2. 熟悉电客车双周检流程。
>
> **重难点**
>
> 熟悉电客车双周检作业关键点。

电客车双周检按照其相应修程的文本规定和技术要求,对电客车进行维修保养作业,每两周(或者运营公里数到达 5000km)进行一次。由指定的车辆维修班组负责执行。双周检比双日检的检修范围更广,但是比三月检的范围要小,主要根据修程的要求对电客车的重要部件进行检查和维修。下面以某城市轨道交通公司为例,对双周检作业过程的一些注意事项和流程做简单介绍。

一、作业前准备工作

(一)无电作业前准备

(1)作业者按照要求穿着工作服,佩带防护用具。
(2)向 DCC 请点,明确作业车辆编号及作业时间。
(3)明确作业车辆后,在车辆两端分别挂好"严禁动车"牌和"严禁升弓"牌。

(二)有电作业前准备

(1)确认电客车处于无电状态,车底无人。在车辆两端分别挂好"严禁动车"牌。
(2)合电客车激活按钮 =72-S101,检查蓄电池电压,应大于 96V。
(3)解锁司机台。
(4)检查主风缸压力,应大于 7.5×10^5Pa(7.5bar)。
(5)打开司机室照明。

二、作业中的关键点

（1）Mp 车高压箱（图 14-1）闸刀开关在受电弓位。

图 14-1　高压箱

（2）车体箱盖（图 14-2）锁闭良好，电气接线紧固。

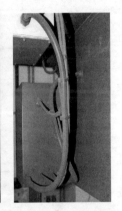

图 14-2　车体箱盖

（3）空调机组（图 14-3）盖板锁闭正常。

（4）受电弓（图 14-4）状态良好。

图 14-3　空调机组　　　　　　　图 14-4　受电弓组件

三、作业后收尾工作

（1）确认电客车停放制动处于施加状态，停放制动施加按钮=27-S01，按钮指示灯亮。
（2）清场、设备归位，确认所携带的检修工具、禁动牌齐全，未遗留在车上。
（3）填写相关维护作业记录表。
（4）向DCC销点并提交相关维护作业记录表。

四、双周检作业流程图

双周检作业流程如图14-5所示。

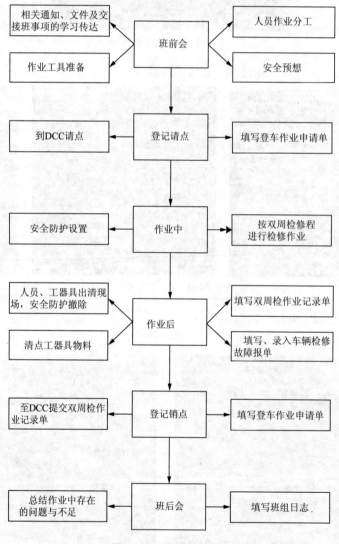

图14-5 双周检作业流程

第十五章 三月检作业流程

> **岗位应知应会**
>
> 1. 了解电客车三月检的定义。
> 2. 熟悉电客车三月检流程。
>
> **重难点**
> 熟悉电客车三月检作业关键点。

电客车三月检按照其相应修程的文本规定和技术要求,对电客车进行维修保养作业,每三个月(或者运营公里数到达 30 000km)进行一次,由指定的车辆维修班组负责执行。下面以某城市轨道交通公司为例,对三月检作业过程的一些注意事项和流程做简单介绍。

一、作业前准备工作

(一)无电作业前准备

(1)作业者按照要求穿着工作服,佩带防护用具。
(2)向 DCC 请点,明确作业车辆编号及作业时间。
(3)明确作业车辆后,在车辆两端分别挂好"严禁动车"牌和"严禁升弓"牌。

(二)有电作业前准备

(1)确认电客车处于无电状态,车底无人。在车辆两端分别挂好"严禁动车"牌。
(2)合电客车激活按钮 =72-S101,检查蓄电池电压,应大于 96V。
(3)解锁司机台。
(4)检查主风缸压力,应大于 $7.5×10^5$Pa(7.5bar)。
(5)打开司机室照明。

二、动态调试

动态调试是三月检作业中的关键内容,是为了确认列车检修完成后动态功能正常,具备自身动力动车条件。动态调试施工负责人到 DCC 填写《调试任务书》试车线调试需 2～3 人完成试验内容,并找现场工程师确认试验数据的准确性。动态调试作业内容见表 15-1。

动态调试作业内容　　　　　　　　　　　　表 15-1

项目	检查内容	检查标准
动态调试作业	进行 40km/h 牵引试验	牵引正常,无任何故障(在两端司机室分别进行)
	进行 40km/h 制动试验	将控制手柄推向 100% 制动位,制动正常,无任何故障,制动距离不超过 68m(在两端司机室分别进行)
	进行客室车门紧急解锁性能试验	拉下紧急解锁把手,HMI 屏状态及位置显示正确,列车运行状态响应及时(每单元随机抽取 3 个进行检查)
	开门牵引封锁及门关好旁路试验	门打开是不能建立牵引,合门关好旁路后可以牵引
	进行警惕按钮功能试验	牵引过程中松开警惕按钮,蜂鸣器鸣响,3s 后列车紧急制动
	检查车底走行部	走行部无异响
	进行轮径值自动校正	当把 VCU 轮径值进行修改并保存后,则在 HMI 信息栏显示"轮径已改,请必须执行一次制动试验以及牵引校正"、"对于牵引校正请将列车速度大于 40km/h 并把主控手柄移回零位"状态信息,按照上述信息执行,修改轮径值完成后,执行一次制动试验以及牵引校正
	检查列车紧急牵引及拖动模式功能	使用 Monitor32 软件监测开关动作情况,HMI 状态区显示紧急牵引/救援牵引,列车限速 30km/h
	检查各旁路开关功能	列车静止状态下使用 Monitor32 软件监测各旁路开关动作情况,各旁路开关功能正常

三、作业后收尾工作

(1)确认列车停放制动处于施加状态,=27-S01 按钮指示灯亮。
(2)清场、设备复位,确认所携带的检修工具、禁动牌齐全,未遗留在车上。
(3)填写相关维护作业记录表。
(4)向 DCC 销点并提交相关维护作业记录表。

四、三月检作业流程图

三月检 9 人三天作业流程如图 15-1 所示。

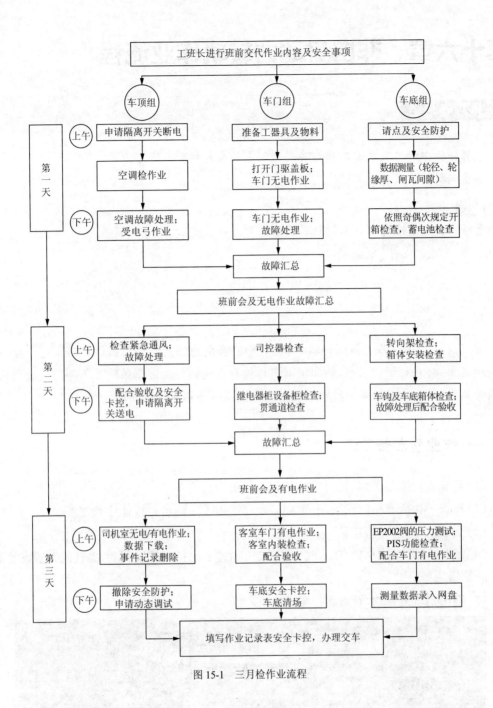

图 15-1　三月检作业流程

第十六章　非自身动力转轨作业流程

> **岗位应知应会**
>
> 1. 了解转轨申请单及电客车非自身动力调车作业流程表的填写。
> 2. 熟悉转轨作业流程。
>
> **重难点**
>
> 熟悉转轨作业前准备工作和转轨作业后恢复工作。

非自身动力转轨即工程车转轨,是为列车检修及调试创造必要条件。转轨之前要办理相关申请手续,并对车辆状态、轨面情况进行检查以达到符合调车条件。下面以某城市轨道交通公司为例,对非自身动力转轨过程的一些注意事项和流程做简单介绍。

一、作业前准备工作

(1)作业者按照要求穿着工作服,佩戴防护用具。

(2)检查确认所有车门已关闭,车底箱盖已锁闭等车辆状态符合技术要求。

(3)到 DCC 办理转轨申请,借用铁鞋。

(4)截断 B05(图 16-1)、B11 阀(图 16-2),通过手动拉环缓解制动,确认闸瓦脱离踏面;设置防溜措施。

(5)确认钢轨无异物,设备无侵限。

图 16-1　B05 阀

图 16-2 B11 阀

二、作业后收尾工作

（1）恢复 B05、B11 施加车辆制动，撤除防溜措施。
（2）关好列车车门出清现场。
（3）归还铁鞋，汇报调车作业完成。
（4）将作业流程表（表 16-1）存档。

电客车非自身动力调车作业流程表 表 16-1

日期：___年___月___日　　　　　　电客车编号：_____
转出位置：_____　　　　　　转入位置：_____

序号	作业内容	签名	时间
1	调车作业负责人到 DCC 检修调度处申请接轨作业		
2	调车作业负责人确认列车所有门关好，车底各箱盖锁闭，放置防溜铁鞋，切除全列车 B05、B11，手动缓解整列车停放制动，确认整列车闸瓦处于缓解状态		
3	调车作业负责人通知调车长"电客车已做好防溜"。调车长检查确认电客车具备连挂条件	/	
4	工程车与电客车联挂试拉良好，调车长通知调车作业负责人"撤除电客车防溜"	/	
5	调车作业负责人与调车长共同确认电客车防溜已撤除	/	
6	电客车转至指定位置，调车长通知调试作业负责人"进行电客车防溜"	/	
7	调车作业负责人做好电客车防溜后，通知调车长"电客车防溜已做好"	/	

注：1. 签名栏目中，带有"/"项目，必须由具体项目的作业双方进行签名确认。
　　2. 铁鞋（是/否）。铁鞋放置在出库方向 Tc 车 1 转的左侧 1、3 轮对外侧打。

三、非自身动力转轨作业流程图

非自身动力转轨作业流程见图 16-3。

图 16-3 转轨作业流程

```
                          转轨申请单
车厂调度：                                    JL/ZJYY·CL·2017
     今计划于____车辆于____日____点____分开始作业【凭自身动力;用工程车】从轨道转
至____轨道进行____作业,请于____日____点____分完成。

转轨前车辆状态:
1.停放股道隔离开关是否断开  【□是,□否】                备注
2.停放股道是否挂接地线  【□是,□否】          1.
3.转入股道是否侵限  【□是,□否】
4.- 状态  【□关断,□打开】                    2.
5.悬挂系统是否正常  【□是,□否】
6.制动系统是否正常  【□是,□否】              3.
7.禁止通气  【□是,□否】
8.禁止通电  【□是,□否】
9.是否放置了铁鞋  【□是,□否】
【铁鞋号:_____】          检修调度:_____  ____年____月____日
【摆放位置:_____】        车厂调度:_____  ____年____月____日
注:在"□"内画"√",其他不作任何标记,若有特殊原因或特殊需求,须在备注栏中注明。

检修调度:
今____车辆已于____日____点____分【凭自身动力;用工程车】从____轨道转至____轨道。

目前车辆状态:
1.列车受电弓状态  【□升,□降】                  备注
2.列车蓄电池状态  【□升,□降】          1.
3.列车停放制动是否施加  【□是,□否】
4.列车 - 状态  【□关断,□打开】          2.
5.是否放置了铁鞋  【□是,□否】
【铁鞋号:_____】                        3.
【摆放位置:_____】
检修调度:_____  ____年____月____日
车厂调度:_____  ____年____月____日
注:在"□"内画"√",其他不作任何标记,若有特殊原因或特殊需求,须在备注栏中注明。
```

图 16-4 转轨申请单

第十七章　岗位安全

> **岗位应知应会**
>
> 1. 了解本岗位存在的危险源。
> 2. 掌握识别危险源的危害因素。
>
> **重难点**
>
> 牢记岗位危险源的安全关键点。

车辆检修工岗位主要从事电客车各系统的检修作业,岗位技能涉及较多,安全知识涉及面广,主要包括通用安全、消防安全、交通安全、岗位安全等,本章将主要讲解车辆检修工岗位涉及的危险源。

车辆检修工的岗位危险源即为车辆检修作业现场所有潜在的各类危险因素,通过对其进行科学评价、分类并采取有效控制措施,从而保证检修生产安全平稳运行。本章讲述车辆检修岗位十大危险源：隔离开关、静调电源柜、登高作业、开箱作业、起复救援演练、非自身动力转轨作业、起重机、洗车机、场内机动车和危化品管理。

一、隔离开关

隔离开关（俗称"刀闸"）,一般指的是高压隔离开关,即额定电压在 1kV 以上的隔离开关,通常简称为隔离开关（图 17-1）,是高压开关电器中使用最多的一种电器,它本身的工作原理及结构比较简单,但是由于使用量大,工作可靠性要求高,对变电所、电厂的设计、建立和安全运行的影响均较大。隔离开关用于各级电压,用作改变电路连接或使线路或设备与电源隔离,它没有断流能力,只能先用其他设备将线路断开后再操作（图 17-2）,城市轨道交通车辆段内隔离开关的电压一般为直流 1500V。

1. 风险描述

操作隔离开关人员未按要求穿戴防护用品,未执行一人操作一人监护标准等,从而造成电击伤害、人员伤亡、设备损害事故事件。

2. 安全关键点

（1）作业人员必须具备该项作业操作资格证。

图17-1 隔离开关及显示屏

图17-2 隔离开关倒闸作业

（2）作业时必须两人进行，一人操作一人监护，并严格执行手指口呼作业标准。

（3）操作人员必须正确穿戴好绝缘靴、硬质安全帽、绝缘手套，监护人员必须戴好硬质安全帽。

（4）制作并现场粘贴危险源警示卡。

（5）编写并组织学习隔离开关断送电工艺卡。

（6）拆挂地线时注意动作幅度，避免碰触到相邻股道接触网。

（7）断送电作业前必须确认对应的股道、隔离开关编号以及接触网负载状态。

（8）挂接地线前，操作人员必须先进行两次验电环节，必须认真确认接触网分段绝缘器位置，在正确的区域挂接地线。

（9）挂验电器和接地线时应先将钢轨端固定完毕后，再挂至接触网上，严禁反步操作。

（10）拆除验电器、接地线时，必须先从接触网上取下验电器和接地线，然后再拆除钢轨端，严禁反步操作。

（11）隔离开关合闸前必须确认该股道接地线已拆除，确认车顶及平台人员和物品出清，平台门锁闭良好。

（12）工班长进行现场安全卡控，并填写相关记录单。

二、车间电源柜

城市轨道交通车辆经过检修之后，需要对列车进行静态调试，在试车线上进行动态调试，合格后才能投入运营。根据检修工艺，静态调试分为辅助系统调试和牵引系统调试两部分。为避免因车辆短路对电网的破坏，辅助系统调试时不能升弓，这就需要在静调库（或检修库）接入DC1500V电源和AC380V/220V电源，通过车间电源柜（图17-3）的控制系统，对列车辅助电源装置（如空压机、空调、通风机、照明、蓄电池及各系统控制系统电路）进行调试。辅助系统调试合格后，断开车间电源柜的接线，将列车高压箱三位开关（图17-4）打至受电弓位后升弓，再对主回路、牵引系统进行检测，合格后列车才能上试车线调试。

图 17-3　车间电源柜

图 17-4　高压箱三位开关

1. 风险描述

操作静调电源柜人员未按要求穿戴防护用品,未执行一人操作一人监护标准,从而造成电击伤害、人员伤亡、设备损害等事故事件。

2. 安全关键点

(1)作业人员必须具备该项作业操作资格证。

(2)操作者必须穿绝缘靴、戴绝缘手套和硬质安全帽。

(3)作业时必须两人进行,一人操作一人监护,按照操作流程卡控表进行作业。

(4)静调电源柜送电前,必须确认列车三位开关位置处于车间电源位;断电完毕后,必须列车三位开关恢复到受电弓位。

(5)制作并现场粘贴危险源警示卡。

(6)编写并组织学习静调电源柜断送电工艺卡。

(7)工班长进行现场安全卡控,填写相关记录单。

三、高处作业

高处作业是指人在一定位置为基准的高处进行的作业。国家标准(GB/T 3608—2008)《高处作业分级》规定:"凡在坠落高度基准面 2m 以上(含 2m)有可能坠落的高处进行作业,都称为高处作业。高处作业高度分为 2～5m、5m 以上至 15m、15m 以上至 30m 及 30m 以上四个区段。其中:高处作业高度在 2～5m 时,称为一级高处作业,如无平台侧车门检修作业(图 17-5);高处作业高度在 5m 以上至 15m 时,称为二级高处作业,如车顶受电弓检修作业(图 17-6);高处作业高度在 15m 以上至 30m 时,称为三级高处作业;高处作业高度在 30m 以上时称为特级高处作业。"

1. 风险描述

人员高处作业安全防护措施不到位时,易发生高空跌落、人身伤亡事故事件。

2. 安全关键点

(1)严格按规定办理登高作业请、销点手续。

图17-5 车顶受电弓检修作业

图17-6 无平台侧车门检修作业

（2）高处作业时必须系好安全带、安全帽，必须穿劳保鞋，衣着灵便，衣袖、裤脚应扎紧。

（3）安全带必须高挂低用，系挂在牢靠处，不准打结使用，不准擅自接长使用。

（4）多人上下平台楼梯时，应依次有序进行，注意脚下踩空和头部磕碰。

（5）登车顶平台前需确认对应股道接触网已挂地线。

（6）任何时候不得翻越检修平台护栏，未经允许严禁使用移动扶梯登上车顶。

（7）在车顶作业、行走时，严禁进入非作业区域；严禁跨越、踩踏列车的折篷连接处；严禁脚踩空调冷凝风机叶片罩。

（8）对列车停放轨道无平台侧进行车门检修作业时，作业人员应佩戴好安全带、安全帽，安全带锁扣端应固定于座椅扶手柱上侧，作业过程中不得将身体伸向车外。

（9）使用移动登车梯作业时，必须将轮座卡销固定，并设一人防护；移动登车梯与车体应保持100～200mm间隙，不得过大或过小；登梯移动过程中，登梯上不得站人；作业人员应佩戴好安全带、安全帽，安全带锁扣端固定于登梯护栏上，登梯上不得超过两名作业人员。

（10）不准把工具、物件等放在平台或车顶边缘，不准往下乱抛工具、物件，以免坠落伤人。

四、开箱作业

在进行电客车计划修、故障修、车辆调试等作业时，需要将电客车空调盖板、客室柜门、车门盖板、高压箱、低压箱（图17-7）、蓄电池箱、牵引箱（图17-8）等箱体盖板打开，进行维护保养、故障处理、普查等均属于开箱作业。

1. 风险描述

电客车开箱检修作业结束后，车底及车顶盖板锁闭不到位、开关恢复不到位、作业现场出请不彻底，造成电客车运行时发生侵限、故障等安全事故事件。

2. 安全关键点

（1）作业结束后，确保所有盖板锁闭到位，确保所有微动开关恢复到位，确保所有扎带固定牢靠,确保现场出清。

图 17-7　车底低压箱检修作业

图 17-8　车底牵引箱检修作业

（2）电客车检修作业严格按照自检、互检、他检的三级检查制度进行确认。

（3）工班长进行安全卡控,检查所有箱体锁闭到位,并填写相关记录单。

五、起复救援演练

起复救援演练（图 17-9）是模拟车辆脱轨后,利用起复救援设备——顶升油缸（图 17-10）,从脱轨车辆下部顶起车辆,使转向架轮对的轮缘超过轨面,然后平行移动,使其到达线路上方后落下复轨。

图 17-9　电客车起复救援演练

图 17-10　顶升油缸

1. 风险描述

救援设备操作不当、防护措施不到位、人员呼唤应答不及时会造成电客车脱轨、倾覆及人员伤亡。

2. 安全关键点

（1）演练前进行桌面推演。

（2）起复车辆时需车辆部质量安全岗、专业工程师和副主任进行现场安全把控。

（3）两侧枕木应按照"左右侧标识"进行搬运和摆放,原则上不混用;枕木以"井"字形摆放,第一层与轨道方向垂直,第二层与轨道方向平行,第三层与轨道方向垂直,依次类推;枕木摆放应稳固,不能悬空、不与车体干涉。

(4)车辆顶升速度不宜过快,顶升高度以转向架中距离轨道面最低的轮对为基准,该轮对的轮缘高于轨道面 10~20mm 即满足车辆横移要求,车辆不得顶升过高。

(5)车辆横移过程应平稳缓慢,横移距离以转向架中偏离轨道最小的轮对为基准,该轮对侧面偏离轨道 10~20mm 满足车辆降落即可,车辆不得横移过大。

(6)油管连接应遵照"一人一管,双人确认"的原则,油管搬运时不得拖地;连接管头时不得戴手套,不可用力过大,确认管头内油针处于自由状态,且管头清洁无尘土。

(7)顶升油缸摆放位置应与车体顶升点对准齐,油缸活塞圆环面应与车体完全接触,不得偏离车体。

(8)车辆顶升后,复轨桥和中间油缸安装人员的身体不得与车体接触;

(9)车辆转向架"C"形夹安装人员,在安装完毕后,应确认"C"形夹位置正确,与车体起吊装置螺栓无干涉。

(10)汽油泵启动前应检查"三油"状态,确认汽油泵内汽油处于满位,演练过程中汽油泵负责人要记录汽油泵启动时间,掌握汽油泵状态。

(11)车辆顶升前,指挥员必须确认:垂向减震器绑带位置正确,绑带力度适中;起吊装置"C"形夹安装方向正确,与车体起吊装置螺栓无干涉;两侧枕木摆放稳固可靠,无悬空、无干涉;所有油管位置连接正确,油管接头处于紧固状态。

六、非自身动力转轨作业

电客车在失去自身动力或线路无法提供电力的情况下,需使用内燃机车连挂进行转换停放轨道的作业(图 17-11)。

图 17-11 内燃机车连挂电客车转轨

1. 风险描述

电客车转轨作业前制动未完全缓解、铁鞋未撤除,易造成轮对擦伤、列车脱轨事故。

2. 安全关键点

(1)按照转轨作业流程进行作业。

(2)转轨前检查电客车所有B05、B11、闸瓦状态,满足转轨条件。

(3)履行铁鞋借用手续,记录铁鞋设置位置和撤除时间。

(4)按照电客车非自身动力调车流程表进行,作业过程中做好安全卡控。

七、起重机

起重机是一种在一定范围内垂直提升和水平搬运重物的多动作起重机械。目前,城市轨道交通公司使用的起重机有桥式起重机(图17-12)、固定式架车机(图17-13)和移动式架车机,用于对城市轨道交通车辆检修时实施架升起吊作业,以方便对列车的转向架、受电弓、空调、贯通道等部件进行拆卸、维修、维护和更换。

图17-12 桥式起重机　　　　　图17-13 固定式架车机

1. 风险描述

操作起重机不当发生高空坠落,架车机作业时顶升不同步,易发生事故导致设备损伤、人身伤害。

2. 安全关键点

(1)作业人员必须具备该项作业操作资格证。

(2)严格按照起重设备操作规程进行作业。

(3)作业现场必须设有专人指挥。

(4)起吊重物前先试吊,确认无危险后再进行起吊作业。

(5)所有人员进入作业现场必须佩戴安全帽。

(6)在上升、下降过程中遇有任何紧急情况应及时按下急停按钮。

(7)联控过程中现场确认人员,认真观察设备运行状态,如发现异常松开确认按钮,必要时拍下急停按钮。

（8）顶升、起吊设备前，应目视检查设备的原始状态是否正常，如车辆位置是否正确的落在轨道梁举升区域、架车点是否准确的和车体架车单元托头对准等。

八、洗车机

洗车机（图17-14）又叫列车清洗机，是用于对城市轨道交通列车外表面实施自动洗车作业的专业设备。列车长期在隧道、地面和高架线路上高速运行，其车体端面和表面会吸附很多灰尘或其他脏物，随着运行时间的增加，尘埃等不断累积，影响车辆外表面美观性，为了消除这些脏物，应予及时清洗，一般每隔3～5天就需要清洗一次，进行车身两侧及车端面的洗刷工作。

图17-14　洗车机

1. 风险描述

洗车作业人员未按洗车机操作流程进行作业，洗车机库门未固定牢固等造成洗车机设备损坏、作业中断、生产组织紊乱等不良情况。

2. 安全关键点

（1）洗车机操作必须经过培训及师徒带教后才能上岗作业。

（2）作业人员严格按照洗车机操作规程及流程进行作业。

（3）洗车作业前，要检查库门固定情况，检查洗车线是否有物品侵限。

（4）洗车作业前试验洗车机功能良好，并确认信号灯状态良好。

（5）洗车作业人员加强与信号楼、检修调度信息沟通。

（6）在洗车机启动和洗车过程中，实时注意屏幕上的提示信息和面板上的各种指示是否正确。

九、场内机动车

厂内机动车是指在作业区域内行驶，由动力装置牵引或驱动，用于运输、搬运或工程施工作业的车辆。目前，城市轨道交通公司运用的厂内机动车主要有蓄电池叉车（图17-15）、内燃叉车（图17-16）、蓄电池搬运车（图17-17）。

1. 风险描述

未按照规定驾驶场内机动车，由于车辆转弯速度过快造成侧翻、物品堆放不整齐不稳固造成滑落，导致人身伤亡和设备损坏。

图 17-15　蓄电池叉车

图 17-16　内燃叉车

图 17-17　蓄电池搬运车

2. 安全关键点

（1）作业人员必须具备该项作业操作资格证。
（2）使用场内机动车必须按规定办理借用手续。
（3）载运的物品要摆放整齐、稳固，不得超载。
（4）驾驶员必须佩戴安全帽和安全带。
（5）转弯时车速要慢，禁止急转弯。
（6）该项作业人员定期参加复训及考试。

十、危化品管理

在电客车检修生产过程中，使用到的油品、喷剂、酒精、蒸馏水等消耗性物资，需要分类存放于安全位置[油品存放间（图 17-18）或防爆柜（图 17-19）]，避免发生火灾、爆炸等安全事故，因此在生产物资管理中，需加强危险化学品的管理。

1. 风险描述

油品、酒精、喷剂、蓄电池等危险化学品的使用、运输、存放不符合规定，从而引起火灾，造成人员伤亡、财产损失。

图 17-18 油品存放间　　　　　　　　图 17-19 防爆柜

2. 安全关键点

（1）作业人员在进行危险化学品的使用、运输、存放过程中,严禁携带火种、使用明火。

（2）危险化学品应分类存放于防爆柜或油品间,存放点应配备消防器材,保持通风良好,定期巡视检查,做好记录。

（3）危险化学品出入库,必须进行核查登记。

（4）危险化学品使用、运输人员必须戴防酸碱手套、口罩等劳动防护用品。

（5）装卸危险化学品时,应根据物品上的搬运标识、规范操作,做到轻装、轻卸,堆放稳妥,防止撞击、重压和摩擦,避免使用金属工具装卸,以防止火花产生。

（6）危险化学品存放地点照明应采用防爆灯具,严禁使用明火灯具或非防爆灯具。

附录　城市轨道交通车辆检修工考核大纲

考核范围为熟悉和精通的培训项目内容如表所示；理论考核分数达80分为合格。

分类	章	节	考核内容	掌握程度	考核形式
基础知识篇	一	一	城市轨道交通的发展	了解	笔试
		二	车辆的分类及基本组成	熟悉	笔试
		三	车辆技术参数	掌握	笔试
	二	一	车体	掌握	笔试
		二	内装	熟悉	笔试
		三	贯通道	熟悉	笔试
	三	一	转向架系统概述	熟悉	笔试
		二	转向架零部件及其重要功能	掌握	笔试
	四	一	车钩系统概述	熟悉	笔试
		二	车钩结构及其工作原理	熟悉	笔试
	五	一	客室侧门	掌握	笔试
		二	司机室侧门	掌握	笔试
		三	司机室通道门	掌握	笔试
	六	一	车辆空调系统的基本功能和特点	熟悉	笔试
		二	车辆空调系统部件	熟悉	笔试
		三	制冷系统	掌握	笔试
		四	通风系统	掌握	笔试
		五	制暖系统	掌握	笔试
		六	控制系统	掌握	笔试
		七	空调系统常见故障处理	掌握	笔试
	七	一	制动系统的发展和类型	了解	笔试
		二	空气制动系统组成及控制原理	熟悉	笔试
		三	制动系统关键部件	熟悉	笔试
		四	防滑控制装置	熟悉	笔试
	八	一	牵引系统的发展及分类	了解	笔试
		二	牵引系统的结构和工作原理	熟悉	笔试
		三	牵引系统控制模式	掌握	笔试

续上表

分类	章	节	考核内容	掌握程度	考核形式
基础知识篇	九	一	辅助电源系统概述	熟悉	笔试
		二	辅助逆变器	掌握	笔试
		三	蓄电池	掌握	笔试
	十	一	控制系统概述	掌握	笔试
		二	列车低压控制电路	掌握	笔试
		三	列车网络控制	掌握	笔试
	十一	一	PIS概述	熟悉	笔试
		二	设备介绍	熟悉	笔试
		三	功能介绍	熟悉	笔试
		四	典型故障处理	掌握	笔试
实务篇	十二		车辆维修流程	掌握	实操
	十三		双日检作业流程	掌握	实操
	十四		双周检作业流程	掌握	实操
	十五		三月检作业流程	掌握	实操
	十六		非自身动力转轨作业流程	掌握	实操
	十七		岗位安全	掌握	实操

参 考 文 献

[1] 人力资源和社会保障部教材办公室,广州市地下铁道总公司. 车辆检修工 [M]. 北京:中国劳动社会保障出版社,2009.

[2] 曾青中. 城市轨道交通车辆 [M]. 成都:西南交通大学出版社,2006.

[3] 董锡明. 轨道列车可靠性、可用性、维修性和安全性 [M]. 中国铁道出版社,2009.

[4] 张月军. SDB—80(B1)型地铁转向架 [J]. 铁道车辆,2008(12).

[5] 李学峰,杨万坤. 我国城市轨道交通车辆技术现状和发展趋势 [J]. 铁道机车车辆,2008(S1).

[6] 陈云. 轨道车辆能量吸收系统 [J]. 铁路技术创新,2011(05):47-49.

[7] 徐洋. 地铁车门系统可靠性分析及应用研究 [J]. 中国铁路,2014(07):49-53.

[8] 陈超. 城市轨道车辆自动塞拉门系统研究 [D]. 南京:南京理工大学,2003.

[9] 李世富,毛军. 北京地铁列车通风空调系统方案分析 [J]. 工程建设与设计,2004(057).

[10] 孙福祥. 列车空气制动机的发明与进步 [J]. 铁道知识,2005,20.

[11] 刘豫湘,方长征,万建兵. 列车制动系统技术现状及发展趋势 [J]. 电力机车与城规车辆,2014(5),37:1-2.

[12] 徐文峰. 轨道车辆牵引传动技术的发展 [J]. 科技与企业,2014(5):267.

[13] 荀军善,侯康鹏. 交流牵引电动机的发展态势 [J]. 机车电传动,2011(3):2-5.

[14] 张晋. 西门子SIBAS32自动控制系统在HXD1型电力机车上的应用 [J]. 电气技术,2009(7):77-82.

[15] 朱恺. 地铁辅助电源系统关键技术研究 [J]. 现在城市轨道交通,2009(4).

[16] 陈恒谦. 城轨车辆辅助逆变器设计选型与发展趋势 [J]. 电力机车与城轨车辆,2012(4).

[17] 王兆安,刘进军. 电力电子技术 [M]. 北京:机械工业出版社,2009.

[18] 阳东,卢桂云. 城市轨道交通车辆检修 [M]. 北京:机械工业出版社,2010.

[19] 张一萍. PIS信息对乘客候车行为的影响 [D]. 北京:北京交通大学,2014.

[20] 吴闯龙. 城市轨道交通乘客信息系统的发展 [J]. 城市轨道交通,2007,4(5):46-48.

图 2-9　司机室结构

 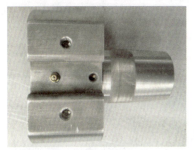

图 2-12　新型铜套组装

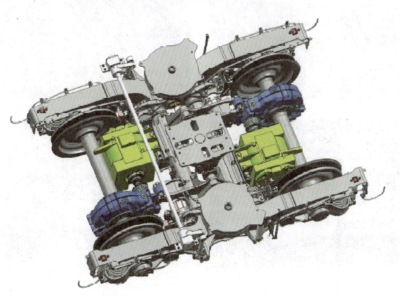

图 3-3　ZMC080 动车转向架

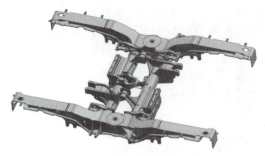
图 3-4 动车构架

图 3-5 拖车构架

图 3-6 拖车轮对

图 3-7 动车轮对

图 3-15 轴箱组成

图 3-16　轴箱组装(装 BECU)　　　图 3-17　轴箱组装(装接地装置)　　　图 3-18　轴箱组装(装信号速度传感器)

 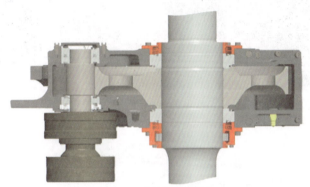

图 3-21　齿轮箱组件　　　　　　　　　　图 3-22　齿轮箱内部结构

图 3-23　基础制动装置（右图为带储能制动器的制动装置）

图 3-26　采用螺旋钢弹簧的一系悬挂　　　　图 3-29　二系悬挂装置

图 3-31 牵引装置

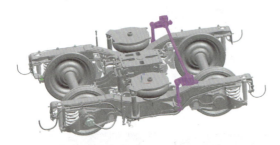

图 3-32 抗侧滚装置

图 3-34 轮缘润滑装置在转向架上的安装

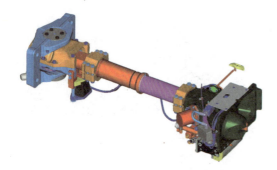

图 4-2 全自动车钩

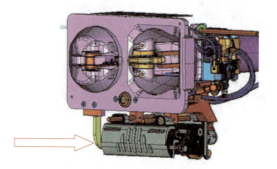

图 4-15 电钩(箭头所指)

图 4-16 连挂时电钩保护盖打开

图 4-17 未连挂电钩保护盖关闭

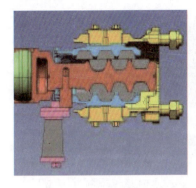 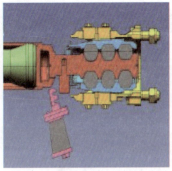 

图 4-20　过载保护装置动作图

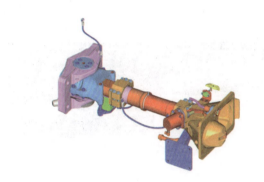 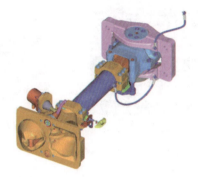

图 4-22　半自动车钩

图 4-24　带压溃管的半永久车钩　　　　　图 4-25　不带压溃管的半永久车钩

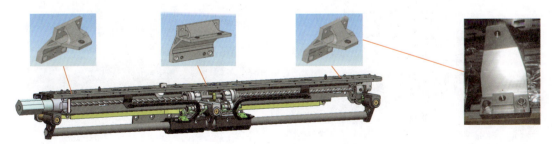

图 5-2　机构安装架与承载驱动机构的连接

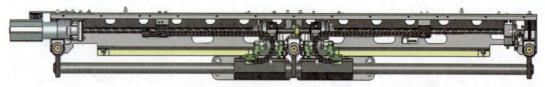

图 5-5　承载驱动部件

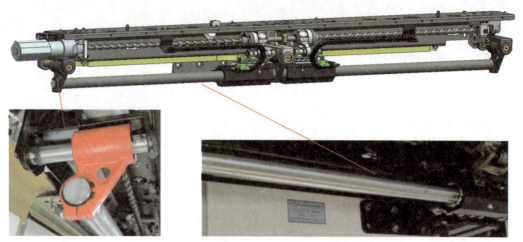

图 5-8　长短导柱

图 5-11　平衡压轮

图 5-12　下滑道与下摆臂组件

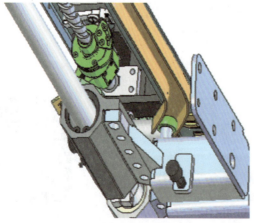

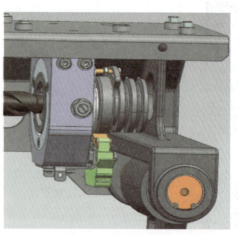

图 5-10　上部导轨

图 5-13　端部解锁装置

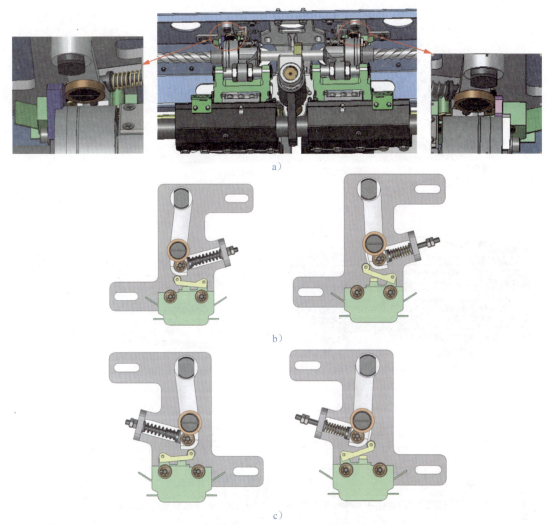

图 5-18 限位开关组件

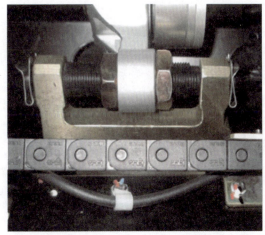

图 5-22 螺母副与"H"形传动架

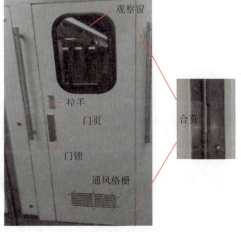

图 5-34 通道门

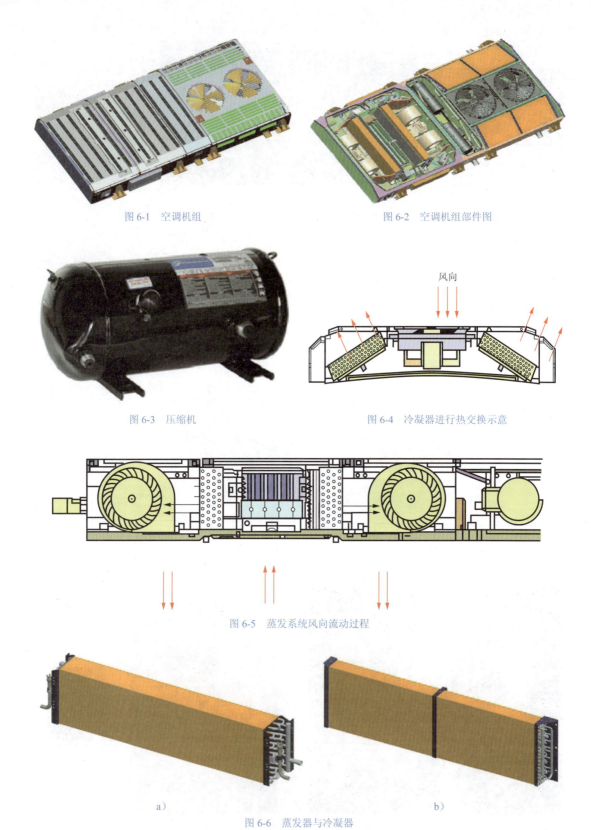

图 6-1 空调机组

图 6-2 空调机组部件图

图 6-3 压缩机

图 6-4 冷凝器进行热交换示意

图 6-5 蒸发系统风向流动过程

a) b)

图 6-6 蒸发器与冷凝器

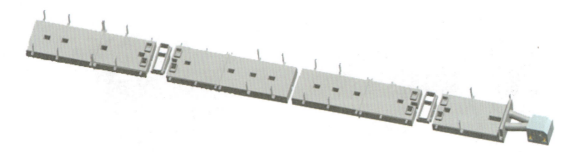

图 6-7　送风道

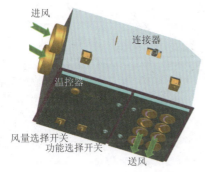

图 6-8　司机室通风单元

图 6-9　温度传感器

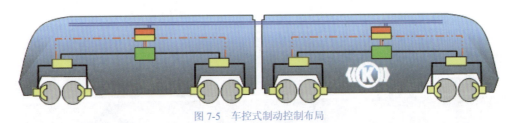

图 7-5　车控式制动控制布局

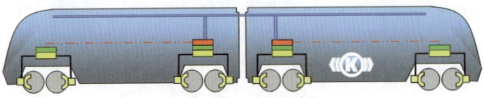

图 7-6　EP2002 分布式控制

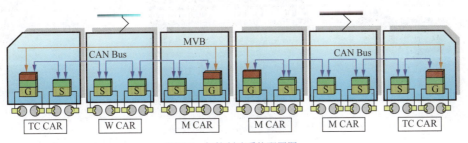

图 7-7　架控制动系统配置图

图 7-10 VV120 空气压缩机

图 7-12 拉西环

图 8-2 受电弓组成

图 8-3 集电靴

图 8-4 高速断路器组成

图 8-8 牵引系统实物图

图 8-13 TCU 实物图

图 8-19 接地装置外观

图 9-1 晶闸管

图 9-2 大功率管

图 9-3 IGBT 模块

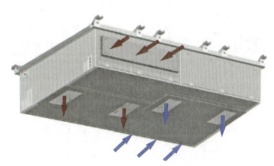

图 9-12 外部进风与出风口

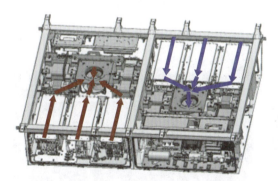
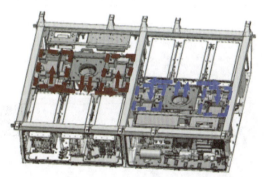

图 9-13 内部风道及循环系统

图 9-20 铅酸蓄电池

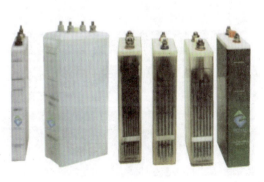

图 9-21 镉镍蓄电池

图 10-2　电磁继电器实物　　图 10-4　电器柜内接触器安装情况　　图 10-5　接触器实物　　图 10-6　电器柜内部接触器的安装情况

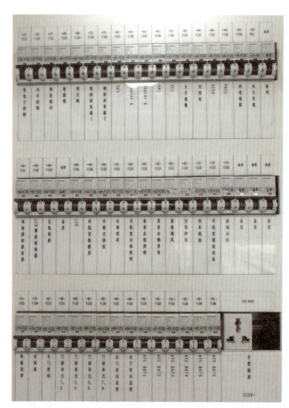

图 10-8　旋钮开关安装实物

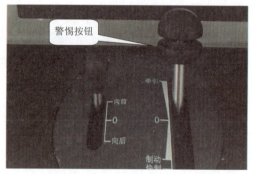

图 10-7　微型断路器安装面板　　图 10-13　司机控制器手柄

图 10-14　城市轨道交通车辆司机控制台布置　　图 10-18　城市轨道交通车辆司控器外观

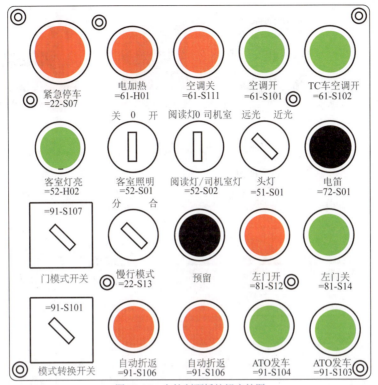

图 10-15　左控制面板按钮实拍图

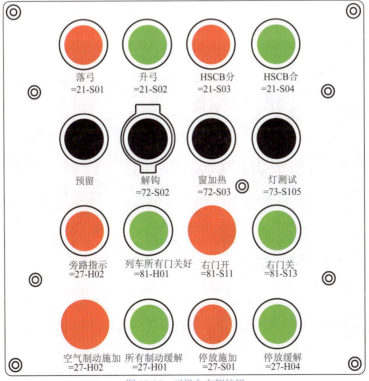

图 10-16　司机台右侧按钮

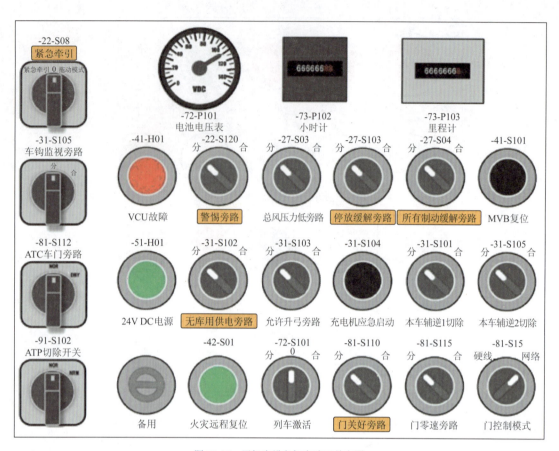

图 10-17 司机室设备柜旁路开关布置

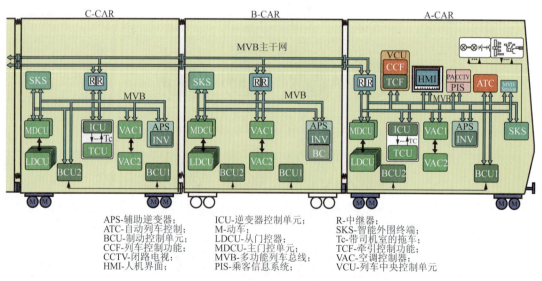

APS-辅助逆变器；
ATC-自动列车控制；
BCU-制动控制单元；
CCF-列车控制功能；
CCTV-闭路电视；
HMI-人机界面；
ICU-逆变器控制单元；
M-动车；
LDCU-从门控器；
MDCU-主门控单元；
MVB-多功能列车总线；
PIS-乘客信息系统；
R-中继器；
SKS-智能外围终端；
Tc-带司机室的拖车；
TCF-牵引控制功能；
VAC-空调控制器；
VCU-列车中央控制单元

图 10-22 TCMS 系统结构示意图

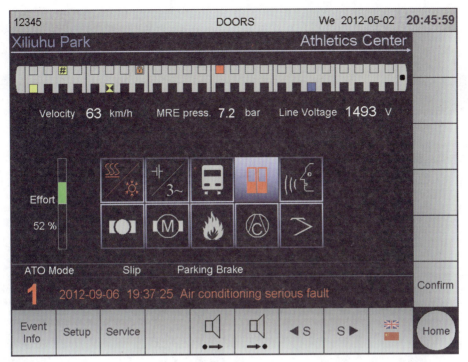

图 10-23　HMI 主界面显示

图 11-4　广播控制盒

图 11-5　紧急报警器

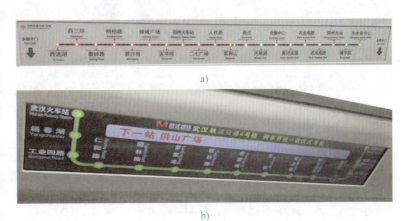

a)

b)

图 11-6　动态地图

图 11-7　LCD 显示屏

图 11-8　LED 显示屏

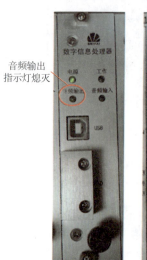

图 11-15　数字信息处理器及音频处理器指示灯

图 13-1　库用电源盖

图 13-2　车底两侧盖板

图 14-1　高压箱

图 14-2　车体箱盖

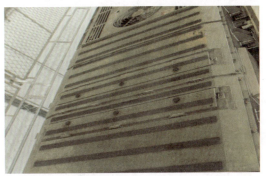

图 14-3　空调机组

图 14-4　受电弓组件

图 16-1　B05 阀

图 16-2　B11 阀

图 17-1　隔离开关及显示屏

图 17-2　隔离开关倒闸作业

图 17-3　车间电源柜

图 17-4　高压箱三位开关

图 17-5　车顶受电弓检修作业

图 17-6　无平台侧车门检修作业

图 17-7　车底低压箱检修作业

图 17-8　车底牵引箱检修作业

图 17-9　电客车起复救援演练

图 17-10　救援设备顶升油缸

图 17-11　内燃机车连挂电客车转轨

图 17-12　固定式架车机

图 17-13　桥式起重机

图 17-14　洗车机

图 17-15　蓄电池叉车

图 17-16　内燃叉车

图 17-17　蓄电池搬运车

图 17-18　油品存放间

图 17-19　防爆柜